Gerd und
Brigitte
Fröhlich

HOCHLAND UNTER TROPENSONNE

Jahre in
Äthiopien

VEB F. A. Brockhaus Verlag
Leipzig

Bildnachweis

Dr. R. Escher: Abb. **9/12/16–20/SU (vorn)**

U. Fischer: Abb. **1/2/5–8/10/14/15/21–23**/26–28/37/38/**54**/67

Prof. G. Fröhlich: Abb. **3/4/11/13/24**/25/29/31/32/39
41/42/43/**44–53/55–59**/60/70/71/72/75/76

Dr. G. Hain: Abb. 66

Dr. R. Helmboldt: Abb. 33–36/77–81

R. Marko: Abb. **SU (hinten)**

ADN-Zentralbild: Abb. 30/40/61–65/68/69/73/74/82

ISBN 3-325-00107-6

1. Auflage

Lizenznr.: 455/150/46/86 · LSV 5379

Kartenredaktion: Rüdiger Thomas

Kartenzeichnung: Gerhard Pippig

Buchgestaltung: Marlis Freitag

Printed in the German Democratic Republic

Satz und Druck: Gutenberg Buchdruckerei und Verlagsanstalt Weimar,
Betrieb der VOB Aufwärts

Buchbinderische Verarbeitung: VOB Südwest Leipzig

Redaktionsschluß: 30. Mai 1985

Bestellnr.: 587 242 7

01160

Vorwort

Wir schrieben September 1978, als wir die letzten Vorbereitungen für unsere Reise nach Äthiopien trafen. Je näher der Abflugstermin rückte, um so mehr drängten sich Fragen auf: Was wissen wir eigentlich über dieses Land, das die UNO im Jahre 1979 noch den achtundzwanzig am wenigsten entwickelten Ländern der Erde zuordnete? Ein Territorium mit kaum vorstellbaren Dimensionen, ein Land mit einer ungewöhnlichen Vielfalt hinsichtlich seiner Topographie, Vegetation, Flora und Fauna. Allein von der Fläche her ist Äthiopien zwölfmal größer als unsere Republik. Wer sind die Menschen, die es bewohnen? Schätzte man die Bevölkerung im Jahre 1977 auf etwa 28 Millionen, so sprach man zwei Jahre später bereits von rund 30 Millionen. Im nächsten Jahrzehnt wird mit einem Anwachsen auf 52 bis 55 Millionen gerechnet.

Wenn wir sie »Äthiopier« nennen, stellt dies einen Sammelbegriff für die in einem Staat vereinten zahlreichen ethnischen Gemeinschaften dar. Sie alle sprechen ihre eigenen Sprachen, entweder kuschitischen, semitischen, omotischen oder nilotischen Ursprungs, ihre Dialekte, haben ihre Sitten und Gebräuche. Um die Verständigung untereinander zu ermöglichen, wurde das Amharische zur Amtssprache erklärt. Daneben dient auch die englische Sprache als Verständigungsmittel, jedoch nur denen, die eine entsprechende Schulbildung erlangen konnten.

Obwohl in den Tropen gelegen, besitzt Äthiopien an zahlreichen Orten ein für Europäer recht angenehmes Klima. Das vorherrschende Hochgebirge, geformt wie ein mächtiges, zerklüftetes Schild, durch den Äthiopischen Graben gespalten, der sich als Teil des Ostafrikanischen Grabenbruches von Südwest nach Nordost erstreckt, kennzeichnet die geographischen Bedingungen. Besonders erwähnenswert erscheint das Zentralmassiv, der Simen, auch das »Dach Afrikas« genannt, mit dem Ras Daschan (4620 m) als höchster Erhebung.

Durch die Revolution wurden am 12. September 1974 der Kaiser entthront, das feudalbourgeoise Regime gestürzt. Für das äthiopische Volk begann damit eine Epoche des Aufbruchs aus Rückständigkeit, Unterdrükkung und Armut. In dieser Zeit weilten wir auf Einladung der Universität Addis Abeba im Land. Es sollte unsere Aufgabe sein, an der Wiedereröffnung der Landwirtschaftlichen Hochschule, des College of Agriculture Alem Maya, bei der Neugestaltung der Ausbildung und der Qualifizierung der dringend benötigten Fachkräfte mitzuwirken.

Während die ersten Hochschullehrer aus der DDR im Jahre 1977 die Arbeit in Addis Abeba aufnahmen, versuchten noch immer Sezessionisten im Norden des Landes, die Region Eritrea mit Waffengewalt von Äthiopien zu trennen, waren somalische Militäreinheiten im Osten eingefallen und standen vor Harer und Dire Dawa. Das zwischen beiden Städten in Alem Maya gelegene College mußte seine Studenten und Lehrkräfte vorübergehend nach dem südlichen Awasa evakuieren.

Im Frühjahr 1978 hatte die revolutionäre Armee Äthiopiens den Aggressor außer Landes getrieben. Doch noch immer operierten versprengte somalische Einheiten, gepaart mit Konterrevolutionären, im ehemaligen Kampfgebiet, errichteten Straßensperren, raubten und plünderten. Erst ein Jahr später wurde die nächtliche Stille nicht mehr von MPi-Garben unterbrochen, das Peitschen der Gewehrschüsse erstarb. Am College begann der Lehrbetrieb, wenn auch unter erschwerten Bedingungen. Noch patrouillierten Tag und Nacht bewaffnete Milizen, noch durften wir in den ersten Monaten nur die Hauptverkehrsstraßen benutzen und mußten vor Einbruch der Dunkelheit in unseren Häusern sein.

Dennoch fanden wir während unseres mehrjährigen Aufenthaltes Gelegenheit, verschiedene Teile des Landes und seine Menschen kennenzulernen. Nach all den vielfältigen Erlebnissen und Begegnungen wollen wir uns in unseren Darstellungen um einen verständlichen Einblick in das Leben dieser Völker bemühen. An die Vergangenheit erinnern, über die Gegenwart berichten und in die Zukunft schauen, soll das Motto sein. »Alem Maya«, der Name der Kleinstadt am höchsten Punkt an der Straße zwischen Harer und Dire Dawa, und gleichzeitig die Bezeichnung für die Landwirtschaftliche Hochschule, die für drei Jahre unser Zuhause wurde, bedeutet in der Übersetzung »Blick in die Welt«. Hier trafen wir viele äthiopische Kollegen und Freunde, die uns durch Erzählungen und Auskünfte lehrten, ihr Volk, seine Geschichte, aber auch seine Probleme zu verstehen, wofür wir uns an dieser Stelle herzlich bedanken möchten. Besonderen Dank schulden wir Herrn Dr. R. Escher für seine ausgezeichnete fachliche Beratung.

Ein Haus kann
nicht für die Regenzeit
erbaut werden,
die bereits vorüber ist.

Dreizehn Monate Sonnenschein

Anfang Oktober, im zehnten Monat des Jahres 1978, starten wir von Berlin in Richtung Ostafrika, und im »Tekemt«, dem zweiten Monat des Jahres 1971, treffen wir in Addis Abeba ein. Zwei Stunden Zeitunterschied haben wir auf dieser langen Strecke nach Südsüdost eingeplant, denn während wir im Flugzeug hoch über den Wolkenfeldern unserem Ziel entgegenstreben, dreht sich die Erde unter uns weiter. Aber mehr als sieben Jahre Differenz versetzen uns doch in Erstaunen. Des Rätsels Lösung ist recht einfach. Es handelt sich nicht etwa um einen Verjüngungsflug als Touristenattraktion, sondern schlicht darum, daß der Äthiopische Kalender (E. C. = Ethiopian Calendar) in der Zeitrechnung von dem heute fast in der ganzen Welt gültigen Gregorianischen Kalender, der das Sonnenjahr in 365, 2 425 Tage einteilt, abweicht. Der gelegentlich zu findende Hinweis, der E. C. beruhe auf dem Julianischen Kalender, scheint uns irreführend. Weit größere Ähnlichkeit zeigt die äthiopische Zeitrechnung mit dem von Rabbi Samuel 338 u. Z. korrigierten Jüdischen Kalender, der aus 12 Monaten mit je 30 Tagen plus einem die Zeitdifferenz ausgleichenden dreizehnten Monat mit 5, in Schaltjahren mit 6 Tagen besteht. Es ist also kein Druckfehler, wenn wir auf Werbepostern und Postkarten lesen: »Äthiopien, das Land mit dreizehn Monaten Sonnenschein.«

Damit haben wir aber noch nicht die »Verjüngung« erklärt. Auch hier soll uns zunächst der Jüdische Kalender helfen, der seine Zeitrechnung mit der »Erschaffung der Welt« im Jahre 3761 v. u. Z. beginnt. Als Anhänger des äthiopisch-orthodoxen Christentums bildet für die Äthiopier die Geburt Jesu von Nazareths den Beginn ihrer Zeitrechnung. Das trifft aber ebenfalls auf den Gregorianischen Kalender zu. Ein äthiopischer Priester erklärt uns: »Während die katholischen Christen behaupten, Jesus sei im Jahre 3761 nach der Erschaffung der Welt geboren, gelangte die äthiopisch-orthodoxe Kirche zu der Feststellung, daß dies bereits im Jahre 3753 geschehen sei.« Wenn seine Datierung der »Erschaffung der Welt«

auch etwas von den hier gegebenen Zahlen abweicht, wer kann sich schon an diesen Tag noch so genau erinnern, die Differenz von sieben Jahren und acht Monaten stimmt genau überein.

Zu unserer Erleichterung umfaßt auch in Äthiopien eine Woche sieben Tage. Aber schon bei den Tageszeiten kommen wir wieder ins Stolpern. Anfangs gab es manch unangenehme Verwechslung. Der Tag beginnt morgens mit Sonnenaufgang 6 Uhr als Stunde Null. Steht auf dem Aushang im College geschrieben, daß in der Geflügelfarm von 3 bis 5 Uhr Eier verkauft werden, dann bedeutet dies nicht zwischen 15 und 17 Uhr oder 3 bis 5 p. m. der englischen Zeitangabe, sondern vormittags von 9 bis 11 Uhr. Und wenn man für 11 Uhr zum Tee eingeladen wird, sollte man nach unserer Zeitrechnung um 17 Uhr seinen Gastgeber aufsuchen. Diese Zeitbestimmung war bereits bei den Juden unter König David Brauch und zählt, offensichtlich durch die semitischen Einwanderer um 750 bis 500 v. u. Z. nach Äthiopien gebracht, zu den sehr alten Traditionen.

Für den Bauern regeln Aussaat und Ernte den Jahresrhythmus. Er richtet sich weniger nach den Monaten, sondern nach Regen- und Trockenzeiten. Vor den Regenzeiten, der kleinen, Belg genannt, und der großen, Kiremt, bestellt er die Felder, bringt die Saat in den Boden. Die Trockenzeit, Bega, läßt Getreide und Hülsenfrüchte reifen, sie ist die Zeit zum Einbringen der Ernte. Im September, nach äthiopischer Zeitrechnung der Jahresbeginn, geht die große Regenzeit ihrem Ende entgegen, die Frühlingssonne strahlt von einem wolkenlosen Himmel, die Erde erwärmt sich, und die Wiesen stehen im saftigen Grün.

Addis Abeba – die »Neue Blume« Langsam rollt die »Boeing 720«, die uns seit Kairo beherbergt, auf der Landepiste aus und wird vor dem Zentralgebäude des internationalen Bole-Flughafens eingewiesen: Addis Abeba, Hauptstadt des Sozialistischen Äthiopiens. Zoll- und Paßformalitäten werden rasch erledigt. Freunde bringen uns mit dem Auto auf der breiten Afrika-Avenue zum Hotel Ghion unweit des Platzes der Revolution. Etwas benommen stehen wir am späten Nachmittag auf dem Balkon und beobachten den wogenden Verkehr. Das Atmen fällt uns schwer, das Hotel befindet sich 2 200 Meter über dem Meeresspiegel.

Von ihrem Gründer zärtlich »Neue Blume« (addis = neu, abeba = Blume) getauft, am Südhang der Entotoberge gelegen, 9° nördlich des Äquators, umgeben von würzig duftenden Eukalyptuswäldern, ist Addis Abeba mit allen Kontrasten ein Kind unseres Jahrhunderts. Seine Einwohnerzahl hat bereits die Millionengrenze überschritten.

Wenn Addis Abeba auch zu den jüngsten Hauptstädten der Welt gehört, ranken sich Legenden um seine Entstehungsgeschichte. So erzählt man sich, daß im 19. Jahrhundert der König von Schewa, Sahle Selassie, auf dem Entoto gestanden und ausgerufen haben soll: »Eines Tages werden von hier aus meine Enkel ganz Äthiopien regieren!« Tatsache ist, daß sein Enkel Sahle Mariam zunächst als König von Schewa und später als bedeutender Kaiser Äthiopiens unter dem Namen Menelik II. (1889–1913) vor der Jahrhundertwende sein Heerlager des öfteren an den Hängen des Wuschaschiberges, etwa 25 Kilometer westlich von Addis Abeba gelegen, aufschlug. Von hier aus durchstreifte er mit seinen Jagdgesellschaften die wildreichen Wälder der Umgebung. Eines Tages gewahrte er Ruinen auf dem Entoto, die als Reste der Residenz des berühmten Königs David I. (1382–1411) gedeutet werden. Überrascht von dieser Entdeckung rief der junge König: »Gott hat uns zu den Ruinen auf dem Entoto, zur Stadt Davids geführt. Unsere Pflicht ist es, sie wieder aufzubauen.«

Glaubhafter erscheint, daß strategische Erwägungen König Sahle Mariam veranlaßten, hier seinen Hauptsitz zu gründen, denn der Entoto ermöglicht mit seiner Höhe um 2 700 Meter sowohl nach Norden als auch Süden einen weiten Blick ins Schewaland.

Zunächst ließ er auf den Entotobergen zwei Kirchen errichten, Bete Mariam, Haus der Maria, und Bete Raguel, heute beliebte Ausflugsziele für Touristen. 1880 begann der Bau der neuen Residenz. Bald erwies sich jedoch das rauhe, feuchte Klima auf diesem Höhenzug als recht unbehaglich. Deshalb drängte die Königin Taitu, die Residenz in das wärmere Filwohatal am Südhang des Entoto, in die Nähe der heißen Mineralquellen zu verlegen. Es sei dahingestellt, ob der Wunsch der Königin oder der Rheumatismus des Herrschers ausschlaggebend waren. Im Jahre 1886 wurde der Grundstein für das erste Gebäude an einer der heißen Quellen gelegt und ein Jahr später mit dem Bau des Palastkomplexes, dem Gibbi oder Bete Mangist, an der Stelle begonnen, an der er sich noch heute befindet. Im östlichen Teil, am Hang gelegen, überragt er mit seinen Flachbauten die Hauptstadt.

Im Jahre 1889 verlieh Menelik II., nunmehr gekrönter Kaiser Äthiopiens, der »Stadt« den Namen Addis Abeba. Bald darauf zerstörte eine Feuersbrunst die Residenz, doch es bedurfte nur sehr kurzer Zeit, bis ihr Wiederaufbau erfolgte. Die kilometerlange Umfriedungsmauer schloß über fünfzig Gebäude ein, darunter eine mächtige Empfangshalle, Adarasch genannt, deren dreifach geschwungenes, rotes Dach von massiven Säulen getragen wird. Sie bot mehr als 7 000 Gästen Raum, wenn sich diese nach altem Brauch dicht nebeneinander auf dem Boden niederließen. Gelegentlich lud der Kaiser sein Volk, Reiche wie Arme, Bettler wie Fürsten, zum traditionellen Festschmaus, zum Gibja, ein. Dann strömten Zehntausende zum Palast und füllten die große Halle. In drei bis vier Schüben servierten bis zu 250 Diener das begehrte Nationalgericht Injera mit Wot und Tella. Als Architekt des Palastes gilt der Ingenieur Alfred Ilg, ein Schweizer, der am kaiserlichen Hof großes Ansehen genoß. Er bemühte sich auch um die Wasserversorgung der Residenz durch den Anschluß einer Rohrleitung an eine der Quellen am Berghang.

Jenes Addis Abeba am Ende des vergangenen Jahrhunderts ist nicht mit der heutigen Stadt zu vergleichen. Um diese Zeit konnte man eher von einer Siedlung sprechen, in der Günstlinge des Kaisers Land erhielten, um Häuser und Gärten für ihre Familien und ihre Bediensteten entstehen zu lassen. Zählte die Residenz auch bald 15 000 Bewohner, so handelte es sich doch zumeist um Soldaten, das beweisen die zahlenmäßigen Schwankungen der Bevölkerung vor allem während kriegerischer Auseinandersetzungen mit den unterdrückten benachbarten Völkerschaften. Eine solche Garnison verschlang stets den gesamten natürlichen Baumbestand ihrer Umgebung, denn der Bedarf an Feuerholz als einzige Energiequelle war groß. Deshalb wechselten früher nach einem solchen Kahlschlag derartige Heerlager häufig den Standort. Ein fester Herrschersitz erforderte jedoch andere Lösungen. Und so soll Kaiser Menelik II. der Initiator für die Anpflanzung des schnellwüchsigen, silberblauen Australischen Eukalyptusbaumes in Äthiopien sein, dessen dichte Wälder heute das Tal und die angrenzenden Hügel des Plateaus bedecken. Andere Quellen schreiben dem französischen Historiker Mondon-Vidaillet dieses Verdienst zu. Wie dem auch sei, der Waldgürtel um die Hauptstadt bringt würzigen Duft, versorgt die Stadt mit Holz und gereicht den Initiatoren zur Ehre. Man sagte uns, daß Eukalyptusbäume binnen fünf Jahren bereits eine Höhe von 12 Metern erreichen und sich nach 12 Jahren bis zu 20 Meter hoch in den Himmel recken.

Stadt der Kontraste Mit Beginn des 20. Jahrhunderts wuchs Addis Abeba zur Großstadt heran. Sie entfaltete sich als politisches, ökonomisches und kulturelles Zentrum des äthiopischen Staates. Die geographische Lage, der zentrale Kreuzungspunkt der Allwetterstraßen, die die Hauptstadt strahlenförmig verlassen und mit den Regionshauptstädten verbinden, begünstigten diese Entwicklung. Eine Millionenstadt unter tropischer Sonne, aber in kühler Höhenlage entstand, eine Stadt der Kontraste.

Besondere bauliche Aktivitäten entfaltete zur Zeit der Stadtgründung der orthodoxe Klerus. Noch ehe Straßen angelegt waren, ragten die Kuppeln von sieben Kirchen als Wahrzeichen seiner Präsenz empor. Durch die Schlacht bei Adwa und den Sieg Meneliks II. über die italienische Kolonialarmee im Jahre 1896 erhöhte sich das Ansehen des Kaisers in aller Welt. Als Folge davon wurden Botschaften zahlreicher Länder eröffnet und ließen palastartige Gebäude, umgeben von parkähnlichen Anlagen, im damaligen Zentrum der Stadt entstehen. Dicht daneben siedelten sich Würdenträger und Großgrundbesitzer, Günstlinge des Feudalsystems, an. Den Armen blieb für ihre dürftigen Hütten nur die Stadtperipherie. Anfang des 20. Jahrhunderts wuchs eine Mittelschicht aus Staatsbeamten, Offizieren, Höflingen, Hoflieferanten, Großhändlern und Priestern heran, die der sich ausbreitenden Stadt gleichfalls ihr Gepräge gab. Nach den Angaben des Journalisten Ladislas Farago, der im Jahre 1935, kurz vor der faschistischen Invasion nach Addis Abeba reiste, zählte die Einwohnerschaft der Hauptstadt damals 130 000 Menschen, davon etwa 5 000 Europäer, insbesondere Griechen und Armenier.

Es mangelte an elektrischer Straßenbeleuchtung, an einem Wasserversorgungssystem. Öffentliche Verkehrsmittel stellten allein die Taxis dar. Eine gezielte Stadtplanung gab es bis zur Mitte unseres Jahrhunderts nicht, sie begann erst um 1958.

Nach der Befreiung von der italienischen Okkupation wuchsen unter Haile Selassi I., gleichsam zur Demonstration der kaiserlichen Macht, mächtige Bauten empor, wie das Rathaus, die Nationalbank, die Berhane-Salem-Druckerei, das Außenministerium, der Justizpalast, das Black-Lion-Krankenhaus, die Handelskammer und zahlreiche repräsentative Hotels. Nicht zu vergessen ist der Jubiläumspalast des letzten Kaisers, »des Erwählten Gottes, des siegreichen Löwen aus dem Stamme Juda, des Königs von Zion, des Neguse Negest, des Königs der Könige«, den er sich außerhalb der alten kaiserlichen Residenz gegenüber der heutigen Afrikahalle inmitten eines großen Parkes in Erinnerung an seine Krönung vor 25 Jahren erbauen ließ.

Abseits der repräsentativen Bauten stehen in engen, während der Regenzeit verschlammten Gassen die rechteckigen, aus einem mit Lehm verschmierten Holzgeflecht errichteten und mit Wellblech abgedeckten, flachen Chika, die Hütten der Armen und Ärmsten. Ihre Bewohner stammen meist aus ländlichen Gebieten. Vertrieben durch unmenschliche Lebensbedingungen, kamen sie in die Hauptstadt, wo sie sich ein besseres Leben erhofften. Sie landeten in den Slums und wurden wie Aussätzige behandelt. Schamlos ausgebeutet, zu Massenarbeitslosigkeit verurteilt, an den Bettelstab gebracht oder in die Prostitution getrieben, blieben ihnen selbst die primitivsten Rechte vorenthalten. Und es wäre auch unangemessen zu behaupten, daß diese Probleme in den wenigen Jahren seit der Revolution vollständig gelöst werden konnten.

Dennoch spürt man einen zunehmenden Wandel. Mit der im Juli 1975 proklamierten Stadtreform wurde der ausbeuterische Hausbesitz durch Enteignung der Miethausbesitzer beseitigt, wurden Mietschulden annulliert und die Mieten für die große Masse der Bevölkerung herabgesetzt. Dazu muß man wissen, daß vor der Revolution etwa 85 Prozent des städtischen Grundbesitzes der kaiserlichen Familie, ihren Vasallen und der heranwachsenden nationalen Bourgeoisie gehörten. Die von ihnen betriebene Boden- und Grundstücksspekulation enthielt sich jeglicher Zurückhaltung und erreichte schließlich ein erschreckendes Ausmaß.

Die Stadtreform umfaßt aber auch Maßnahmen im Kampf gegen Konterrevolution und Spekulantentum, zur Überwindung des ererbten Bildungsrückstandes der Bürger und zur Verbesserung ihrer gesundheitlichen Betreuung. Grundpfeiler für die Realisierung dieser Maßnahmen war die Bildung demokratischer Einwohnervereinigungen, der Kebele, die inzwischen den Status örtlicher Selbstverwaltungsorgane erhielten. Ihren Aktivitäten ist es mit zu verdanken, daß das einst zur Obdachlosigkeit, zu Bettelei und Kriminalität verurteilte Lumpenproletariat allmählich von den Straßen der Hauptstadt verschwindet. Waren wir bei unserer Ankunft noch Scharen von Bettlern begegnet, so sind es nach etwa zwei Jahren vornehmlich Kinder, die sich besonders an den Verkehrsampeln zwischen den haltenden Autos drängeln und sich durch ein vorgetragenes Liedchen ein »Bakschisch«, eine Gabe oder ein kleines Geschenk, erhoffen. Weit schwieriger ist der Kampf gegen Kriminalität und Prostitution.

Von morgens bis abends herrscht in Addis Abeba Geschäftigkeit. Für den Neuankömmling erscheint diese Stadt wie ein unübersehbares Gewirr von Straßen, Plätzen und Gassen. Er braucht geraume Zeit, um sich zwischen den ununterbrochenen Auto- und Busschlangen, dem Menschenstrom, den in langen Reihen geführten, mit schweren Lasten hochbeladenen Eseln, den Verkaufsständen, den frei umherlaufenden Ziegen und Rindern zurechtzufinden. In den repräsentativen Hauptstraßen reihen sich Reiseagenturen, Restaurants und Cafés, Buchläden, Souvenir- und Schmuckgeschäfte aneinander. Davor sitzen die Zigaretten- und Erdnußverkäufer, auch die kleinen emsigen Schuhputzer. Zeitungsjungen flitzen laut rufend von einem Kunden zum anderen.

Hunderte von Taxis und Bussen bilden das öffentliche Transportsystem. Für Busfahrten gibt es einen festen Tarif, doch nicht immer für eine Taxifahrt. Hier muß der Fahrgast möglichst vor dem Einsteigen mit dem Fahrer einen Preis aushandeln. Überhaupt ist die Benutzung eines Taxis für den ortsunkundigen Fremden recht kompliziert, weil jeder Fahrer vorwiegend bestimmte Routen fährt und man nicht selten zum Umsteigen gezwungen ist.

Um Mitternacht tritt in dieser pulsierenden Stadt Ruhe ein – es herrscht Ausgangssperre zur eigenen und der anderen Sicherheit bis 5 Uhr morgens. Kein Autolärm, menschenleer die beleuchteten Straßen, nur ab und zu hallen die derben Schritte der Miliz- und Militärposten in der nächtlichen Stille. Unberührt von diesen Regeln sind die streunenden Hunderudel, die uns mit lautem Gekläff bei ihrem Kampf um die Rangordnung aus dem wohlverdienten Schlaf reißen. Markerschütternd klingt auch das nächtliche Katzenkonzert zur Paarungszeit. Manchmal dringt das heisere Rufen der Hyänen bis an unsere Ohren.

Mitten in der Millionenstadt weckt uns morgens das Krähen der Hähne. An der Kreuzung der Churchill-Avenue unterhalb des Rathauses treiben Hirten ihre Schafherden über die Straße, auch wenn die Ampel rot zeigt. Selbst die temperamentvollsten Autofahrer, die sonst ihren Finger kaum von der Hupe lassen, warten geduldig. Selbstverständlich gelten auch in Addis Abeba die internationalen Verkehrsregeln. Aber selten erzwingt sich ein Fahrer die ihm zustehende Vorfahrt. Man richtet sich nach der Verkehrsdichte und paßt sich an, blinkt nicht beim Spurwechsel, betätigt dafür mehr das lärmende Warnsignal.

Platz der Revolution Nicht immer hieß er Platz der Revolution, und nicht immer trug er, weithin sichtbar und abends angestrahlt, die Bilder von Marx, Engels und Lenin. Noch vor wenigen Jahren nannte man ihn »Meskal«, das Kreuz. Hier nahmen der Kaiser und sein Gefolge in prunkvollen Aufzügen die Huldigungen eines geknechteten Volkes entgegen. Heute ist er zum Platz der Revolution, zum Platz des Volkes, geworden.

Niemand wird genau sagen können, wie es zu der machtvollen Demonstration am 13. Januar 1974 auf den Straßen der Hauptstadt kam. War sie ein spontaner Ausbruch des angestauten Unwillens im Volke? Bereits seit Beginn der sechziger Jahre gingen zahlreiche Aktionen voraus, die von der feudalen Staatsmacht stets im Keime erstickt werden konnten, so der mißlungene Staatsstreich im Dezember 1960, die ständigen Unruhen an der Universität von Addis Abeba, die 1966 aufgedeckte Verschwörung in der Armee, eine weitere im Jahre 1969. Ein Jahr später wurde in Eritrea der Ausnahmezustand ausgerufen, 1971 revoltierten die Bauern in verschiedenen Provinzen. Hinzu kam die Hungersnot im Norden des Landes, die mit Hunderttausenden von Opfern 1974 ihren Höhepunkt erreichte. Auch der äußerste Süden litt Not durch Mißernten. Die innenpolitischen Konflikte erreichten einen Grad an Zuspitzung, der die Volksmassen auf die Straße trieb.

Wer wird je erfahren, welcher Grund den einzelnen zu solchen Aktionen bewog. Zuerst streikten die Taxifahrer wegen einer 50prozentigen Benzinpreiserhöhung. Für den 18. Februar hatten die Lehrer zum Streik gegen die Mißstände im Bildungsbereich aufgerufen. Ihnen schlossen sich die Arbeiter von Transportunternehmen an und legten den Verkehr in vielen Orten des Landes lahm. Am 20. Februar demonstrierten Studenten und Wissenschaftler und bezichtigten die Regierung des Verrates am Kaiser. Bewaffnete Truppen stellten sich ihnen entgegen. Brutal gingen sie gegen die Demonstrierenden vor; mehrere Tote waren zu beklagen. Sechs Tage später revoltierten die in Asmera stationierten Unteroffiziere und jüngeren Offiziere der II. Infanteriedivision. Bereits am 12. Februar mußte Premierminister Aklilu Habte Wolde, Vertreter der Feudaloligarchie, dem kaiserlichen Schwiegersohn, Lij Edalkatschau Mekonnen, weichen. Damit ergaben sich jedoch keine tiefgreifenden politischen Veränderungen. In den Märztagen forderten die Studenten in Versammlungen und Demonstrationen unter anderem eine sofortige Agrarreform, Pressefreiheit, kostenlose Bildung für alle, demokratische Rechte, Freilassung der politischen Gefangenen, Ausschreibung von Wahlen. Auch diese Demonstrationen endeten in Zusammenstößen mit der Polizei. Zur gleichen Zeit rebellierten Einheiten der Armee, besonders Unteroffiziere und junge Offizierskader, mit der Forderung um Bildung eines zivil-militärischen Komitees zur Vorbereitung und Durchführung sozialökonomischer Veränderungen. Als völliges Novum in diesem Lande rief die Gewerkschaft zum Generalstreik auf und führte ihn am 7. März auch durch. Der Kaiser berief eine Untersuchungskommission, die sich mit der Veruntreuung von öffentlichen Mitteln und staatlichem Eigentum durch Staatsbeamte befassen sollte.

In Addis Abeba brodelte es. Die vielseitigen Aktionen der Volksmassen mit unterschiedlichen Motiven zeigten zwar gewisse Wirkungen, aber sie waren spontan, zu wenig koordiniert. Zunehmend übernahm deshalb die Armee, die am besten organisierte Kraft im Lande, die Führung über die sich anbahnenden revolutionären Prozesse. Am 3. Juli stimmte die kaiserliche Regierung der Bildung eines militärischen Koordinierungskomitees zu, wohl in der Hoffnung auf dessen Loyalität. Zunächst ging es diesem Komitee um die zunehmende Eliminierung der Aristokratie im Machtapparat. Am 22. Juli mußte die Regierung unter dem Schwiegersohn des Kaisers abdanken. Zum neuen Premierminister wurde der für seine fortschrittliche Haltung bekannte, aber bereits betagte Ras Mikael Imru ernannt. Seine Verdienste im Kampf gegen die italienischen Aggressoren hatten ihm auch bei seinen einfachen Landsleuten höchstes Ansehen eingebracht. Und er war es auch, der noch vor der Verkündung der kaiserlichen Pseudoagrarreform den Bauern und Pächtern seines Wirtschaftsbereiches Erleichterungen verschaffte.

Am 16. August wurden vom Derg, dem militärischen Koordinierungskomitee, die drei wichtigsten Organe der kaiserlichen Macht liquidiert: das Oberste Gericht, der Kronrat, das Militärgericht. Eine Woche später folgte die Verstaatlichung des kaiserlichen Palastes, danach die der dem Kaiser und hohen Würdenträgern unterstehenden profitablen agraren und industriellen Unternehmen. Der Korruption überführte Staatsbeamte wurden verhaftet, Todesurteile verhängt und vollstreckt.

Die am 5. September veröffentlichten Pressemeldungen übertrafen jedoch alle Vermutungen und Erwartungen. Die scheinbar blütenweiße Weste des kaiserlichen Halbgottes zeigte arge Flecke: Er und sein Familienclan hatten ihre Macht mißbraucht und sich ein riesiges Vermögen angeeignet, das zum großen Teil wohlverwahrt auf Schweizer Banken lag. Am 11. September forderte das Koordinierungskomitee den Kaiser auf, dieses Geld zurückzubeordern und dafür einzusetzen, das Land aus seiner schweren ökonomischen Krise herauszuführen. Aber seine Majestät stellte sich taub. So sah sich die militärische Führungsgruppe gezwungen, den Kaiser der öffentlichen Kritik preiszugeben, eine Ungeheuerlichkeit für dieses Kaiserreich, ein gewagtes, kühnes Unternehmen. Wie würde das Volk diese Enthüllung aufnehmen? Würde es wie bisher trotz dieser Offenbarungen weiterhin loyal zum Kaiser stehen? Es war die besorgte Frage derer, die die weiteren Schritte zu verantworten hatten, denn in der Phantasie des Volkes verkörperte »sein« Kaiser bisher den über allem stehenden, den unfehlbaren weltlichen und geistlichen Herrscher. Doch die vorangegangenen Wochen und Monate hatten das Volk hellhörig gemacht, hatten es gelehrt, wozu eine untergehende Macht in ihren letzten Stunden fähig ist. Vom Kaiser enttäuscht, über sein Verhalten empört, schlug die Vergötterung in Haß um. Der Kaiser mußte unter Hausarrest gestellt werden.

Am 12. September 1974 verkündete das militärische Koordinierungskomitee den Sturz des Kaisers, die Aufhebung der Verfassung aus dem

Jahre 1955, die Auflösung des Parlaments und die vorläufige Übernahme der Regierungsgeschäfte durch die Streitkräfte, durch einen Provisorischen Militärischen Verwaltungsrat (PMAC) – »Ethiopia Tikdem!« – »Äthiopien voran!« – »Alles für unser Vaterland Äthiopien!«

Es folgten schwere Jahre des Kampfes gegen konterrevolutionäre Banden, die Feudaladel und Großgrundbesitzer organisierten, gegen die sezessionistische Bewegung in Eritrea, gegen die somalischen Invasoren, gegen Renegaten in den eigenen Reihen. Nachdem am 12. September 1978 einundzwanzig Salutschüsse und ein Tagesfeuerwerk die Feierlichkeiten zum 4. Jahrestag der Revolution einleiteten, versammelten sich Zehntausende gemeinsam mit Gästen aus mehr als 60 Ländern, unter ihnen Fidel Castro und Luis Corvalan, auf dem Platz der Revolution zu einer eindrucksvollen Manifestation für ihre Heimat Äthiopien.

Nicht weit vom Platz der Revolution entfernt, vorbei an der prunkvollen St.-Stefans-Kirche, befindet sich in der breiten Menelik-II.-Avenue die Afrikahalle, Sitz der OAU (Organization of African Unity), der Organisation der Afrikanischen Einheit mit dem großen Sitzungssaal der ECA (Economic Commission for Africa), der Ökonomischen Kommission der UNO für Afrika. Das Gebäude gilt als ein bedeutendes internationales Zentrum und beherbergt fast ständig Teilnehmer internationaler Konferenzen und Beratungen. Eine breite Freitreppe führt hinauf zum Portal und zur großen Empfangshalle, in der die verschiedensten Ausstellungen gezeigt werden. Besonderen Blickpunkt bildet die prachtvolle Arbeit des bekannten äthiopischen Künstlers Afework Tekle. Ein riesiges Bleiglasfenster symbolisiert den Kampf der afrikanischen Völker um ihre Befreiung.

Als wir um die Mittagszeit das Speiserestaurant in einem der Nebengebäude betreten, treffen wir James Owusu, einen guten Bekannten aus der Zeit unserer Tätigkeit in Ghana. Heute ist er Mitarbeiter der ständigen OAU-Arbeitsgruppe Ghanas in Äthiopien. Nach dem Essen lädt er uns ein, den großen Sitzungssaal der Afrikahalle zu besichtigen. Bald stehen wir vor dem mächtigen Wandbild mit den Porträts der Präsidenten der mehr als dreißig unabhängigen afrikanischen Staaten, die am 25. Mai 1963 an der historisch bedeutsamen Gründungsversammlung der OAU in der äthiopischen Hauptstadt teilnahmen. Wir erkennen neben Dr. Kwame Nkrumah Sekou Touré, Gamal Abd al-Nasser, Modibo Keita, Dr. Nyerere, Milton Obote und andere. Diese Staatsmänner unternahmen den Versuch, eine einheitliche Plattform aller politisch selbständigen Staaten und der Bevölkerung in den noch kolonial unterdrückten Ländern im antiimperialistischen, im antikolonialen Kampf zu schaffen. »Natürlich gibt es bei der Diskussion der Probleme Meinungsverschiedenheiten, es geht nicht immer alles so glatt, wie wir es möchten«, weiß Owusu zu berichten. Nach wie vor geht es der OAU um Einheit und Solidarität der afrikanischen Völker, die Verteidigung ihrer Selbständigkeit und territorialen Integrität sowie die Beseitigung aller Formen des Kolonialismus. Die Anerkennung der OAU als regionale Organisation der UNO bot Gelegenheit, durch ein einheitliches Auftreten in wichtigen politischen Fragen die internationale Autorität der afrikanischen Völker zu stärken und durch politische und ökonomische Boykottmaßnahmen koloniale und rassistische Regimes auf dem afrikanischen Kontinent zu isolieren.

Am Gibbi, der alten kaiserlichen Residenz und dem jetzigen Sitz des Provisorischen Militärischen Verwaltungsrates, beginnt ein anderer bemerkenswerter Stadtteil, der sich vom Palastkomplex bis zum Haupteingang der Universität erstreckt, und das Parlamentsgebäude mit seinem aufragenden viereckigen Glockenturm, das Erziehungsministerium, die Trinitatius-Kathedrale, moderne Wohnhäuser und Schulen und den Yekatit-Platz einschließt. Das Wahrzeichen dieses Platzes ist ein hoher, viereckiger, sich nach oben verjüngender Monolith, das Denkmal für die 30 000 äthiopischen Patrioten, die im Jahr 1937 den Kugeln der italienischen Faschisten zum Opfer fielen. Ihren heldenhaften Kampf für die Unabhängigkeit ihrer Heimat spiegeln die in zwei Etagen angebrachten, aus Metall gegossenen, mannshohen Reliefs wider, die die Säule umschließen.

Mercato Addis Ketema, »Neue Stadt«, im Volksmund »Mercato« oder auch »Arada« genannt, soll der größte Markt Afrikas sein. So weist es zumindest die Touristenreklame aus. Er ist ein Stadtteil für sich, ein Irrgarten aus kilometerlangen Reihen von Ständen und Verkaufsbuden, Werkstätten, überdachten Ladenstraßen, kleinen und großen Geschäften, ambulanten Händlern, die ihre Ware auf der Straße ausgebreitet haben, modernen Supermärkten. Ein buntes Gewimmel von Farben, von unterschiedlichsten Waren, von Menschen und von Tieren. »How are you«, »Salute«, »Dobri wetscher«, »Karascho«, »Guten Tag – sprechen deutsch« ist die Vokabelserie, die dem »Fremdenführer« zur Annäherung dient. Man bekommt rasch Erfahrung, welchen Marktführer man anheuern kann. Nötig sind die jungen Burschen schon, die sich für diese Dienste zur Verfügung stellen, denn in diesem Gewirr ist es für einen Uneingeweihten fast unmöglich, sich zurechtfinden.

Wie die städtischen Behörden angeben, finden sich hier täglich bis zu

150 000 Händler ein. Dazu kommen noch Zehntausende von Käufern, die nicht nur aus Addis Abeba, sondern aus den Städten und Dörfern der näheren und ferneren Umgebung zum Markt reisen. Hier, im Westen der Stadt, sind die Handwerker und kleinen Händler angesiedelt, konzentriert sich die Stadtarmut. Im Marktbezirk lebt auch die Mehrheit der mohammedanischen Stadtbevölkerung. So verwundert es nicht, daß sich mitten in diesem Getümmel die Große Moschee geradezu als Wahrzeichen erhebt. Stündlich ruft der Muezzin, heute bereits unterstützt durch Tonband und Lautsprecher, zum Gebet.

Schon vor Sonnenaufgang ist der Markt erfüllt vom Drängen und Rennen, vom vielsprachigen Lärm und Geschrei der Händler um den günstigsten Platz unter freiem Himmel. Und auch zu fortgeschrittener Tageszeit hat man das Gefühl, daß die Zahl der Händler weit größer ist als die der Käufer. Dennoch scheint das Geschäft seinen Mann zu ernähren.

Der Mercato stellt nicht allein einen Marktbezirk dar, sondern auch eine riesige Werkstatt, wo geschickte Handwerker und Heimarbeiter viele der Waren produzieren, die sofort an Ort und Stelle angeboten werden. Hier hämmern die Schmiede, dort werden Möbel gezimmert, gleich daneben auf ebener Erde Matratzen genäht und gestopft. Ein Stück weiter werken die Töpfer. In oder vor den Geschäften sitzen die Schneider, Sticker und Stricker, alles Männer, die tagaus, tagein die Nadel führen.

Eine gewisse Spartenordnung wird eingehalten. So durchwandert man den Komplex der Stoffverkäufer, nicht weit entfernt von den Schneidern und den Ständen mit Kleiderangeboten. Die Schuster bilden mit den Schuhläden ein eigenes »Viertel«, und in einer der Hallen drängen sich die Souvenirstände aneinander. Für europäische Augen besonders anziehend: die hölzernen Masken, geschnitzten Bestecke, Kämme, äthiopischen Musikinstrumente, Wandbehänge und Teppiche, Körbe, Felle, Straußeneier, Töpferartikel und Schmuck. Schmuck in allen Variationen: feinste Silberfiligranarbeiten, goldene Ketten, Elfenbeinarmreifen und -ringe und vieles mehr; volkskünstlerische Arbeiten und Plunder dicht beieinander. Den Sitz der Gewürzhändler spürt man schon von weitem, es prickelt in der Nase. Der Bauernmarkt mit Getreide, Linsen, weißen und schwarzen Bohnen, Öl, mit riesigen Kürbissen, Eiern, Melonen, Honig, Bananen, Mango und Papaya, Orangen, Zitronen befindet sich außerhalb der Hallen wie auch der geräuschvolle Tiermarkt mit blökenden Schafen, Ziegen, Eseln, aufgescheucht gackernden Hühnern mit zusammengebundenen Beinen, damit sie sich nicht selbständig machen können. Etwas seitlich davon hängen auf Stangen oder liegen in Stapeln auf der Erde getrocknete Häute. Die

Schmiede stellen ihre eisernen Erzeugnisse nicht weit vom Bauernmarkt aus ebenso wie Töpfer ihre Wasserkannen, Krüge und Schüsseln aller Form und Größe.

Feste Preise gibt es hier nicht. Wehe dem Neuling, falls er ungenügend vorbereitet zum Einkauf geht. Er wird tief in die Tasche greifen müssen. Selbst bei genauerer Kenntnis der Landessitten wird es dem Ausländer schwerlich gelingen, einem einheimischen Händler ebenbürtig zu sein. Handeln gehört auf dem Markt wie das Salz zur Suppe. Ein Äthiopier tätigt seine Einkäufe ohne Hast. Und handelt es sich gar um den Erwerb eines Kleidungsstückes, für das er oft lange Zeit sparen mußte, geht er besonders bedächtig zu Werke. Es wird ausgewählt, betrachtet, geprüft, verglichen, verworfen und wieder von neuem begonnen. Ist die Entscheidung gefallen, muß der Preis im wahrsten Sinne des Wortes ausgehandelt werden. Das erste Angebot macht der Verkäufer. Es liegt oft weit über dem eigentlichen Wert, den der Kunde annähernd kennen sollte, um im gleichen Maße darunter zu bieten. So geht es eine Weile hin und her, wortreich, höflich, gelassen, bis sich die Partner einigen.

Im Kontrast zum Mercato steht der »Piazza«, wie im Volksmund der General-de-Gaulle-Platz zusammen mit der sich anschließenden Wingate-Straße genannt wird. Nördlich davon überragt ihn das weithin sichtbare repräsentative Rathaus der Stadt mit dem Glockenturm. Es fehlt auch hier nicht an lärmender Geschäftigkeit, Kunden und Schaulustigen. Den Gegensatz bilden die zahlreichen Geschäfte mit exklusivem Warenangebot zu festen Preisen, für zahlungskräftige Kundschaft gedacht. Gleichzeitig trifft man am Piazza auf eine der kontrastreichen Nahtstellen der Stadt zwischen den Armenvierteln des Tekle-Haimanot-Stadtbezirkes im Süden und dem modernen Nordosten.

Vom Rathaus schauen wir hinunter zum Bahnhof, der am anderen Ende die schnurgerade Nord-Süd-Tangente, die Churchill-Avenue, begrenzt. Hinter dem breiten, flachen Gebäude mit turmartigem Haupteingang beginnt die einspurige Eisenbahnlinie nach Djibouti. Davor steht auf hohem Sockel das Symbol der ehemals kaiserlichen Macht, der »siegreiche Löwe vom Stamme Juda«, majestätisch schreitend, den Schwanz kampfeslustig hochgestellt, das Maul aufgerissen, auf dem Kopf die goldene Kaiserkrone und in der linken Pfote das stabähnliche Zepter mit Kreuz.

Injera und Wot Essen und Trinken halten Leib und Seele zusammen. Das weiß man auch in Äthiopien, und so ist besonders in der Hauptstadt das Speisenangebot recht vielseitig. Neben europäischer Kost in den

Hotels bieten die chinesischen und indischen Restaurants zu stattlichen Preisen Spezialitäten für den verwöhnten Gaumen. Ein preiswertes, schmackhaftes Mittagessen erhält man in den italienischen Speisegaststätten. Wer sich jedoch auf einen Aufenthalt in ländlicher Gegend vorbereitet, ist gut beraten, sich mit den würzigen einheimischen Gerichten vertraut zu machen, denn diese wissen die kleinen Herbergen an den Landstraßen vortrefflich zuzubereiten.

Zu den bekanntesten, ursprünglich zum Speisezettel der Amharen gehörend, zählt das Nationalgericht »Injera und Wot«. Besonders landestypisch wird es unter anderem im Restaurant »Fin Fin Adarasch« in der Hauptstadt serviert. Der gepflegte Speiseraum in der ersten Etage bietet eine Atmosphäre äthiopischer Gemütlichkeit. Mächtige Holzbalken stützen das Dach. Handgewebte Teppiche dienen als Raumteiler. Dazwischen umringen hölzerne Armsessel, Stühle und Hocker die runden, aus naturfarbenem und buntem Stroh kunstvoll geflochtenen Tische. Mit ihrem kegelförmigen Mittelfuß, der ausladenden runden Tischplatte mit breitem, erhöhtem Rand und dem flachen, kegelförmigen Deckel ähneln sie großen Pilzen. Das Bild ändert sich schnell, wenn um die Mittagszeit Gäste an einem dieser Tische, am Mesob, Platz nehmen. Dann wird der Deckel abgehoben, und die auf einem runden Emailletablett aufgeschichteten graubraunen Injerafladen kommen zum Vorschein.

Injera ist ein rundes Fladenbrot, einige Millimeter dick, von leicht säuerlichem Geschmack. Zu seiner Zubereitung wird Tefmehl benötigt, gewonnen aus einer grasartigen, sehr feinsamigen Hirse, Tef, die man in Äthiopien zur Mehlgewinnung anbaut. Da dieses Mehl kein Klebereiweiß enthält, kann es nicht wie das Weizenmehl zu Brot in unserem Sinne verbacken werden. Mit Wasser angeteigt, braucht es 24 bis 48 Stunden zur Fermentation. Danach gießt man die flüssige Masse auf eine über dem Holzkohlefeuer erhitzte Ton- oder Metallplatte von der erforderlichen Größe und bedeckt sie mit einem flachkegelförmigen Deckel, damit der Fladen gleichmäßig durchbäckt. Nach wenigen Minuten erhält man ein bräunlichgraues Fladenbrot, unterseits porös, oberseits glatt glänzend. Es wird im Mesob gestapelt und aufbewahrt. In große Bananenblätter oder feuchte Tücher gehüllt, trocknet es nicht aus und hält sich mehrere Tage frisch.

Serviert wird Injera mit Wot, einer scharfen roten Soße mit Fleisch- oder Gemüseeinlage. Die Zubereitung will gelernt sein. Ausschlaggebend ist die ausgewogene Zusammenstellung der Gewürze. Als Hauptgewürz dient Berbere, scharfer roter Paprika. Hinzu kommen geringere Mengen an zerstoßenem Muskat, Ingwer, Nelken, Kardamom, Fenchel, Koriander, schwarzem Pfeffer und viele kleingehackte Zwiebeln, ergänzt durch Gemüse, wie Weißkraut, Möhren, Wirsing, Rote Rüben und Kartoffeln, oder kleingehacktes Rind-, Hammel- oder Hühnerfleisch mit hartgekochten Eiern.

Zurück zum Fin-Fin-Restaurant. Mit Freunden sitzen wir um einen Mesob. Der Kellner bringt das von uns Bestellte. Aus mehreren Schüsseln strömen die würzigen Düfte der verschiedenen Wotsorten. Besteck wird beim Verzehr des Nationalgerichtes nicht benötigt. Mit der rechten Hand reißen wir ein Stück vom Injerafladen ab, tunken es in Wot und versuchen gleichzeitig ein Stück Fleisch, Gemüse oder Ei zu erfassen. Es ist gar nicht so schwierig, wie es sich anfangs anläßt. Vor allem macht es Spaß, das Essen schmeckt, auch wenn man zuerst glaubt, Mund, Gaumen und Speiseröhre gingen in Flammen auf.

In alten Zeiten war es Sitte, hohe und besonders liebe Gäste mit den besten Happen zu füttern. Und heute? Ein junges Pärchen am Nachbartisch sitzt sich in angeregter Unterhaltung gegenüber. Sie essen gemächlich. Ab und zu schiebt sie ihm liebevoll einen Bissen in den Mund – ein hübscher Anblick. »Ein Gläschen Tej gefällig?« unterbricht der Kellner unsere Beobachtungen. Was er uns anbietet, ist ein schmackhafter, schwach alkoholischer Honigwein, ein gelblichtrüber, süßer Met. Man erzählt sich, daß dieses aromatische, wohlschmeckende Getränk ursprünglich nur an Fürstenhöfen ausgeschenkt wurde. Das Rezept für seine Herstellung soll die Königin von Saba einst aus dem Land des weisen Königs Salomo nach Äthiopien gebracht haben.

Wie es auch sei, Tej setzt sich aus Honig, Wasser und den Blättern des Geschobaumes zusammen. Bisweilen werden noch andere Gewürze, Chatblätter und Ingwer zugesetzt. Der Gärungsprozeß erfolgt in riesigen bauchigen Tonkrügen, die vorher mit den frischen Blättern und den bitteren Wurzeln von Rhamnus-Sträuchern ausgerieben wurden. Die Weinzubereitung ist Sache der Männer. Getrunken wird Tej aus langhalsigen, Karaffen ähnlichen Gläsern.

Mit der Herstellung von Tella, dem einheimischen Bier, befassen sich die Frauen. In einen mit Blättern und Wurzeln ausgeriebenen Krug kommen Malz, zerkleinerte Geschoblätter und gekeimte Gerste, dazu eine ganz bestimmte Menge Wasser. Nach zwei Wochen gilt der Gärungsprozeß weitestgehend als abgeschlossen. Das kühle, leicht säuerliche Bier kann getrunken werden. Aber Vorsicht vor Mengen!

Es wäre verfehlt zu glauben, Injera und Wot, Tej und Tella wären in Äthiopien die einzigen typischen Speisen und Getränke, verbunden mit bestimmten Verzehrgewohnheiten. Sie alle aufzuzählen, würde jedoch Seiten füllen. Jede Mahlzeit beginnt mit dem Waschen der Hände. Dafür steht ein irdendes Gefäß, gefüllt mit Wasser, bereit. Als Vorspeisen bietet der Gastgeber gewürzten Quark oder gewürzte Molke an. Nach der Hauptmahlzeit reicht man gelegentlich eine honigtriefende Bienenwabe. Den Abschluß bildet traditionsgemäß Kaffee, Buna. Seine Zubereitung basiert auf einer seit Jahrhunderten geübten Prozedur, die mit dem Rösten der grünen Kaffeebohnen über offenem Holzkohlefeuer beginnt. Ein unvergleichlicher Duft verrät, was vor sich geht. Die frisch gerösteten Bohnen zerstößt die Hausfrau grob in einem Mörser, versetzt sie mit Wasser, Nelken und einer Prise Salz und füllt sie in einen Tonkrug. Die tiefdunkle, bald brodelnde Flüssigkeit verbleibt über dem Feuer, bis die richtige Konzentration erreicht ist. Dann serviert sie den kohlrabenschwarzen Kaffee mit viel Zucker in kleinen, henkellosen Tassen. Übrigens, wenn in Gesellschaft Kaffee aufgetragen wird, beenden die Gäste langsam das Gespräch, um sich bald danach zu verabschieden.

Zu den besonderen Delikatessen gehört im ganzen Land der Verzehr von frischem, rohem Rindfleisch. Kommt es auf den Tisch, zücken die Männer ihre Taschenmesser, wählen mit sicherem Griff ein zartes Stück, schneiden es zunächst in Streifen, danach in mundgerechte Happen, die scharf gewürzt oder in Wot getunkt vorzüglich munden. So gut es schmekken mag, der Genuß von »Gebur« wirkt sich auch nachteilig aus. Mit dem rohen Fleisch werden nicht selten die Finnen des Rinderbandwurms, des »Brundo«, aufgenommen, die die Schlemmer zwingen, sich ab und zu einer Wurmkur zu unterziehen. Für diesen Zweck hat die Natur gut vorgesorgt, indem sie in Äthiopien den Kossobaum wachsen läßt, dessen Blütenstände zu »Kosso«, einem Antiwurmmittel von außerordentlicher Wirkung, verarbeitet werden.

Kebele 5.30 Uhr in Addis Abeba. Zu dieser Zeit scheinen die Ausfallstraßen den Vierbeinern zu gehören. Mit Brennholz schwerbepackte Esel kommen uns in Karawanen entgegen, zwingen uns, das Tempo unseres »Lada« vorsorglich zu verringern. Stets muß der Kraftfahrer damit rechnen, daß unvermittelt eines der Tiere ausbricht. Aber noch etwas versperrt zumindest eine Seite der Fahrbahnen auf den breiten Chausseen: die Mitglieder der Miliz der Kebele, die noch vor Arbeitsbeginn antreten, um ihre militärischen Übungen zu absolvieren, freiwillig, fast täglich. Was bewegt sie dazu?

Auf dem Lande war es die Bodenreform, in den Städten die Stadtreform, die im Jahre 1975 die Gemüter erregten. Während das einfache Volk über die Maßnahmen der revolutionären Regierung jubelte, waren die Besitzer riesiger Ländereien und einträglicher Miethäuser nicht bereit, diese Reformen ohne weiteres zu akzeptieren. Im Gegenteil, reaktionäre Kräfte schürten die Konterrevolution, deren Frontalangriff von den Provinzen aus gescheitert war und deren Aktivitäten sich nun auf die Städte, besonders auf die Hauptstadt, orientierten. Von den neu gebildeten Einwohnervereinigungen verlangten die zunehmenden Unruhen, in aller Eile Volksmilizen zum Schutz der Revolution aufzustellen. Der Kommandeur der örtlichen Volksmiliz der Kebele 15 kann sich noch gut erinnern: »Ihre größte Bewährungsprobe mußten unsere Milizionäre um die Jahreswende 1977/78 bestehen, als die reaktionären Kräfte in Addis Abeba zum entscheidenden Schlag gegen die Revolution ausholten. Entschlossen liquidierten wir antirevolutionäre Widerstandszentren, geduldig wurden von pseudorevolutionären Losungen der Anarchisten irregeleitete Jugendliche in mehrwöchigen Seminaren von revolutionären Kadern politisch geschult. In unseren Reihen gab es damals hohe Verluste. Über 200 Revolutionäre, darunter nicht wenige der gewählten Vorsitzenden von Einwohnervereinigungen, wurden von Diversionsbanden heimtückisch ermordet. Meist traf es junge Männer und Frauen, die sich mutig zu Äthiopiens Aufbruch in eine neue Zeit bekannten. Ihre Fotos im Sitzungssaal des Rathauses erinnern an die jüngste Vergangenheit und mahnen zur Wachsamkeit. Das haben die Volksmilizen verstanden. Und deshalb kommen sie morgens mit Sonnenaufgang zum Treffpunkt, um ihre ständige Bereitschaft zur Verteidigung der Revolution zu demonstrieren.«

Aus der Kebelebewegung entstanden in den folgenden Jahren die städtischen Selbstverwaltungsorgane. In Addis Abeba umfassen sie je nach Siedlungsdichte eine oder mehrere Straßen, Gassenkomplexe oder Vorstadtsiedlungen. Die Hauptstadt zählt heute 289 solcher Kebele, die ihre Vertreter in die 23 Oberbezirke delegieren. Aus ihrer Mitte wird ein zentraler Stadtrat mit dem Oberbürgermeister an der Spitze gewählt.

In Kebele 8, in der wir heute zu Gast weilen, leben 1 423 Familien, das sind rund 8 000 Menschen. Auf unsere Frage an den schon etwas betagten Vorsitzenden, was sich durch die Entwicklung der Einwohnervereinigung zum Selbstverwaltungsorgan verändert habe, erhalten wir von ihm zunächst eine Einführung in das Programm der Nationaldemokratischen Revolution Äthiopiens. Die Kebele selbst gleicht einer breiten Massenbewegung, in der alle für ein einheitliches Ziel wirken. Jeder, gleich ob Mann oder Frau, kann für den Kebelevorstand kandidieren, vorausgesetzt, er hat das 21. Lebensjahr vollendet und seine Bereitschaft erklärt, das Programm der Revolution zu unterstützen sowie die Interessen des Volkes über seine eigenen zu stellen.

»Neben politischen und administrativen Aufgaben üben wir auch gewisse juristische Funktionen aus, die sich auf Arbeits- und Wohnungsfragen, Schulen und Kindergärten, Versorgungs- sowie Sicherheitsfragen erstrekken«, berichtet der Vorsitzende weiter. Dann erzählt er uns nicht ohne Stolz, wie durch seine Initiative ein Laden eröffnet werden konnte, der die Mitglieder regelmäßig mit Nahrungsmitteln zu festen Preisen versorgt. »Das ist ein Beispiel dafür, wie wir helfen können, Spekulation und Preistreiberei ein Ende zu setzen.« Ein guter Gedanke, aber woher nimmt die Kebele die Mittel dafür? »Unser Budget setzt sich unter anderem aus Einnahmen dieses Ladens sowie aus Mietzahlungen zusammen. An Wochenenden oder zu Festtagen organisieren wir Basare mit praktischen Dingen für das tägliche Leben. Sie finden regen Zuspruch und bringen der Kebele einen kleinen Gewinn. Mit diesen Geldern können wir unter anderem die Ausstattung unserer Schule verbessern und nicht zuletzt die Ärmsten unseres Gebietes unterstützen. Als nächstes ist der Bau einer kleinen Sanitätsstation geplant. Am besten, Sie schauen sich diese Tafel mit dem Bericht des Stadtrates an.« Seine Augen strahlen, als er uns vorliest, daß seit der Revolution in Addis Abeba 30 Kindergärten entstanden, 3 000 Familien menschenwürdige Wohnungen beziehen konnten. 207 Kebele-Läden die Bevölkerung mit Nahrungsmitteln und Kleidung beliefern, 68 Stadtbezirksbibliotheken den Kampf um Bildung unterstützen und noch vieles mehr. »Natürlich ist das ein bescheidener Anfang in unserer Millionenstadt.« Und beschwörend fügt er hinzu: »Vergessen Sie nicht, wir haben mit nichts begonnen. Hätten wir aber den Anfang nicht gewagt, würden die Menschen heute noch in Slums leben, hätte das Elend noch weiter zugenommen.« Wir können ihn gut verstehen, gehören wir doch zu jener Generation, die daheim das Erbe des zweiten Weltkrieges bewältigen mußte.

Unser kurzer Aufenthalt in Addis Abeba neigt sich seinem Ende entgegen. Alle Vorbereitungen und Formalitäten sind erledigt, und somit steht der Abreise zu unserem Einsatzort nichts mehr im Wege. Am Tage vorher führen uns Freunde in das zwischen Afrikahalle und Hiltonhotel im zehnten Stockwerk eines Hochhauses gelegene Kokebrestaurant. Von hier oben bietet sich uns ein herrliches Panorama. Im Hintergrund ragen, begrenzt von den dunklen Silhouetten des dicht bewaldeten Wuschaschigebirgszuges und des Entoto, die Hochhäuser der Innenstadt empor, schimmern die Paläste und Kirchen zwischen dem Grün der Bäume und gepflegten Parkanlagen – der Nationalpalast, das Parlament mit dem Glockenturm, die Trinitatius-Kathedrale. Einen besonderen Reiz erlangt die Millionenstadt abends, wenn entlang der breiten Avenues bis hinauf zum hell angestrahlten Rathaus die bunten Lichterbögen aufflammen, wenn der wogende Autoverkehr in funkelnden Schlangen seine Bahnen zieht, wenn die Hitze des Tages vom kühlen Abendwind verdrängt wird.

Wie schreibt doch der äthiopische Reporter Girma Lema im »Ethiopian Herald« über die Hauptstädter: »Abgesehen davon, daß eine gravierende Revolution unser Land in Atem hält, die Addiser haben ihre Anmut, ihr Behagen und ihren Humor. Sie haben inmitten der revolutionären Wirren ausgehalten. Sie behielten einen kühlen Kopf und packten auch in den Augenblicken kräftig zu, als Einheit und territoriale Integrität des Vaterlandes sowie die Volksrevolution durch die vielseitigen Aktionen von Subversion, Banditentum und Aggression auf dem Spiele standen. Wenn der Abend hereinbricht, wird es in der Hauptstadt stimmungsvoll. Geselligkeit, Gesprächigkeit, Lachen und Charme dominieren in der häuslichen Runde wie an öffentlichen Plätzen. Verliebte Pärchen und Familien bevölkern die Boulevards und Parkanlagen der Stadt. Zum abendlichen Vergnügen gehört der Besuch von Kinos und Theatern.«

Das erste Kamel
im Zug einer Karawane
kann jeder aufhalten,
es bekommt aber zuallerletzt Prügel.

Mit dem Dieselexpreß gen Osten

Um an unser Reiseziel, das College in Alem Maya, zu gelangen, müssen wir über 500 Kilometer ostwärts in die Nähe der somalischen Grenze fahren. Zunächst bringt uns die Eisenbahn bis Dire Dawa. Es ist sechs Uhr morgens. Sehr sorgfältig nimmt die Bahnhofsmiliz in Addis Abeba Personen- und Gepäckkontrolle vor, ehe wir unseren Platz im Wagen erster Klasse gleich hinter der Lokomotive finden. Das Abteil ist restlos ausverkauft. Vierzehn Reisende, eine illustre Gesellschaft von Ausländern und Äthiopiern, Zivilisten, Milizionären und Offizieren der Armee und nicht zuletzt zwei bewaffneten Volksmilizionären als Begleitschutz an der Tür, warten geduldig, daß sich der Zug in Bewegung setzt. Nach zwei Stunden ertönt endlich das Abfahrtssignal. Die Fahrt gleicht eher einer Seeals einer Zugreise, so sehr schaukeln die gut gefederten Waggons mit 30 bis 40 Stundenkilometern über den eingleisigen, schmalen Schienenstrang. Von über 2 400 Meter Höhenlage geht es zunächst hinab ins Awaschtal. Wir passieren Akaki, Dukem und nach etwa eineinhalb Stunden Debre Zeyit, eine Stadt, die mit ihrer industriellen Entwicklung zunehmend an Bedeutung gewonnen hat. Hier befindet sich eine Landwirtschaftsschule, mit der wir künftig eng zusammenarbeiten. Nach einer weiteren Stunde erreichen wir das rund 100 Kilometer von Addis Abeba entfernte Nazret, die letzte größere Stadt vor dem Äthiopischen Graben, der vom Süden, dem Omobecken, kommend, in die Danakilsenke übergeht. An der südlichen Grenze dieser riesigen Ebene schlängelt sich die Eisenbahnlinie bis Dire Dawa. Nazret liegt nur 1 700 Meter über dem Meeresspiegel. Im Abteil wird es zunehmend wärmer.

Bisher ging es vorbei an schroffen, erodierten Berghängen, tief eingeschnittenen Flußtälern, aber auch über ausgedehnte Hochflächen, nur vereinzelt von Hügeln oder kleinen Bergen unterbrochen. Nach und nach verändert die Landschaft ihr Bild. Die Dornbuschsavanne mit verstreut stehenden, weit ausladenden, schattenspendenden Schirmakazien dominiert oder geht in ausgedehnte Grassavannen mit guten Weideflächen über. Hier leben Nomaden, die das ganze Jahr über mit ihren Herden von Weideplatz zu Weideplatz ziehen. Ihre luftigen Rundhütten sind aus Ästen und Zweigen zusammengefügt und mit Stroh abgedeckt. Umgeben von dichtem Dornengestrüpp bilden sie einen Kraal, in dem auch die Tierherden nachts Schutz vor Raubtieren finden. Ihre Lager liegen weit voneinander getrennt. Nur entlang der Eisenbahnlinie sind an den Haltepunkten Dörfer entstanden. Und dort, wo die parallel verlaufende Fernverkehrsstraße dicht an die Bahnlinie heranreicht, erhalten diese Siedlungen kleinstädtischen Charakter. Kurz nach Metehara, einer solchen Kleinstadt, überquert der Schienenstrang auf einem hoch aufgeschütteten Damm den nördlichen Teil des Besekesees, eines Kratersees, dessen Wasserspiegel im Laufe der Jahre ständig anstieg. Auch die Fernverkehrsstraße mußte dammförmig erhöht werden, an beiden Seiten wird sie vom Wasser umspült. Die Fahrer nutzen hier die Gelegenheit, ihre LKW und sich selbst einer gründlichen Wäsche zu unterziehen. Bis weit hinein in den See ragen abgestorbene Bäume aus dem Wasser. Das spärlich bewachsene nördliche Ufer bedeckt eine schwarze Schlackeschicht erkalteter Lava, die dereinst vom nahe gelegenen Vulkan Fantale, der das Tal um 600 Meter überragt, ausgeschleudert wurde. Nach beiden Seiten bietet sich uns ein phantastisches Panorama. Wenn der Zug auf diesem schmalen Damm nur nicht so schaukeln würde!

Die Hitze nimmt zu. Im Abteil wird es trotz geöffneter Fenster immer schwüler. Gegen Mittag erreichen wir die Station Awasch. 225 Kilometer liegen schon hinter uns. Der »tiefste« Punkt auf der Wegstrecke mit 860 Meter über NN ist erreicht. Der Gegenzug auf dieser eingleisigen Strecke hat bereits auf uns gewartet. Fast zwei Stunden beträgt nun schon die Verspätung. Unsere vorsorglich eingepackte Kaltverpflegung und der in der Thermosflasche gekühlte Tee munden uns als Mittagsmahl. Erbarmungslos heizt die Sonne die Blechdächer der Waggons. Im Schatten sollen es über 40 °C sein.

Endlich setzt sich die Diesellok wieder in Bewegung. Die Begleitmannschaft des Zuges wurde ausgewechselt, jetzt haben Soldaten der Armee den Schutz übernommen. Sie sitzen in den geöffneten Türen und lassen die Beine nach draußen baumeln. Sobald der Zug seine Geschwindigkeit verringert, beobachten sie angespannt die Strecke. Bei jedem Halt springen sie hinaus. Bald passieren wir die stählerne Brücke, die sich hoch über das schmale, tiefe Flußbett des Awasch spannt. Etwa 80 Meter unter uns brodeln und schäumen die braunen Wassermassen. Die Brücke wird streng bewacht. Entlang der Bahnlinie häufen sich die Feldlager militärischer

Einheiten, die zu zusätzlichen Haltepunkten werden. Soldaten steigen ein und aus.

In Asobot wird der Zug kontrolliert. Man sucht Agenten und Waffen. Zu uns kommt eine stramme Milizionärin. Sie will wissen, woher wir kommen und wohin es gehen soll. Das Wort GDR läßt sie erfreut aufhorchen, und bei der Erwähnung des College of Agriculture strahlt sie, schüttelt uns die Hände und wünscht uns viel Erfolg.

Mieso, die nächste Station, gilt als ein strategisch wichtiger Ort. Während die alte Fernverkehrsstraße nach Dire Dawa weiter parallel zur Bahnlinie verläuft, biegt hier die neue Chaussee nach Süden ab, hinauf in das Amhargebirge. Auf dem kleinen Bahnhof herrscht Geschäftigkeit. Junge Mädchen bieten auf runden Tabletts in kleinen Gläsern zuckersüßen, starken Kaffee an. Kinder rennen laut rufend am Zug entlang, um während der kurzen Haltezeit ihre Bananen und Orangen an den Mann zu bringen.

Seit wir die Station Awasch verließen, sind wir schon wieder auf etwa 1 300 Meter über NN angelangt. Der Durst quält uns. Die Hitze wird unerträglich. Kein Wunder, der ständige Verlust an Wasser, das als Schweiß nicht nur von der Stirn tropft, sondern auch als Bächlein den Rücken hinabrieselt, fordert Ersatz. Zu unserer Freude tritt die Zugversorgung in Aktion. Die Tür zu einem kleinen Raum zwischen erster und zweiter Klasse wird geöffnet. Alles drängt sich nach einer Erfrischung, und bald rollen die leeren Flaschen unter den Sitzen hin und her. Hätten wir zu dieser Zeit bereits gewußt, welchen Wert in Äthiopien leere Flaschen haben, wir hätten doch einige eingesammelt. Aber Erfahrungen macht man nacheinander.

Inzwischen ist es 18 Uhr, es wird dunkel. Nur ab und an tauchen hier und dort gespenstige Lichtpunkte auf, Siedlungen oder Militärlager. Bald herrscht stockdunkle Nacht. Einzig das fast ununterbrochene Aufheulen der Zugsirene stört die Stille. An dieses ständige Signalgeben haben wir uns auf der langen Fahrt gewöhnt. Es gilt vor allem den Hirten und deren Herden, die das spärliche Gras entlang der Bahnlinie abweiden. Nicht selten muß der Lokführer anhalten, wenn Tiere die Bahnlinie überqueren oder die auf den Schienen lagernden Rinder sich von dem nahenden Zug nicht stören lassen. Einmal scheint ein Bulle den Zug als Feind betrachtet zu haben. Seinem Angriff folgt ein scharfes Bremsen. Noch lange hängt im Abteil ein Geruch von verbranntem Horn. Schließlich erreichen wir in tiefem Dunkel gegen 21 Uhr wohlbehalten Dire Dawa.

Ein Mitarbeiter des College holt uns mit einem Kleinbus ab, bringt uns aber vorerst nur bis zum Rashotel. Hinter uns liegt ein erlebnisreicher, aber auch anstrengender Tag. Für ein Abendessen fehlt uns der Appetit. Auch der geplante Spaziergang wird verschoben. Trotz Hitze und Mückengesumm fallen wir todmüde ins Bett.

Dire Dawa – Railway town Am nördlichen Fuß der Harerger Berge gelegen, 1 217 Meter über NN, grenzt Dire Dawa an die weite Danakilebene. In der Mittagshitze erwärmt sich hier die Luft am Boden so stark, daß sie den feinen rotbraunen Sand in kegelförmigen Windhosen mit sich nach oben zieht. Diese Windhosen wandern über große Strecken und können in der Ebene weithin beobachtet werden, immer von neuem aufsteigend, um nach gewisser Zeit zusammenzubrechen. Wer aus kühleren Gebieten kommt, sieht sich hier in einen Brutkessel versetzt, der von diesen trockenen, heißen Wüstenwinden beheizt wird. Dem Vordringen dieser Heißluft bieten die felsigen Berge im Süden der Stadt Halt und lassen sie in den Kessel zurückströmen.

Dire Dawa, von der Bevölkerung liebevoll »Didi« genannt, einst wohl mehr ein Ort, an dem sich Karawanenstraßen kreuzten, Umschlagplatz für Waren, den heute noch ein wenig die Altstadt repräsentiert, besitzt seit der Jahrhundertwende auch eine Neustadt. Entsprechend ihrer Entstehung und auch Funktion sind beide Stadtteile im Charakter sehr unterschiedlich. Räumlich werden sie durch das breite Dekatuwadi, ein während der Trokkenzeit ausgedörrtes Flußbett, einer Sandstraße vergleichbar, getrennt. Wenn sich jedoch zur Regenzeit alle Schleusen des Himmels öffnen, wird das Wadi durch die aus den Bergen strömenden Wassermassen zum reißenden Fluß. Deshalb verbindet heute eine moderne Steinbrücke beide Stadtteile.

Jenseits der Brücke bis hin zu den steil aufsteigenden Felsen reicht die Altstadt mit flachen, eng aneinander gepreßten Häusern, winzigen Höfen, winkeligen Gassen, nur von wenigen schattenspendenden Bäumen bewachsen, in ihrer Gesamtheit deutlich islamischen Einfluß ausstrahlend. Gleich nach der Brücke gabelt sich die Hauptstraße in zwei Richtungen. Die rechte führt zum Markt. Ohne Mühe und Umsicht kommt man mit dem Auto in den engen Straßen nicht voran. Stets hat man den Eindruck, daß nahezu alle Einwohner auf den Beinen sind. Dazwischen zuckeln die Gerries, einachsige Pferdedroschken ähnlich den bei uns bekannten Trabrenngefährten. Der harte Holzsitz über der Achse läßt neben dem Kutscher maximal zwei weiteren Personen Platz. Die Räder sind gummibereift, oft recht wackelig und gelegentlich von einem Schutzblech überwölbt. Kleine Glöckchen am Kumt des Pferdes, das an einer Doppeldeichsel eingeschirrt ist, gehören dazu. So rumpeln die Droschken klingelnd über das holprige Pflaster und bringen, wenn auch nicht gerade bequem, so doch relativ schnell und preiswert Marktfrauen und Käufer mit ihrem Gepäck an den gewünschten Ort. Sie drängen sich zwischen Menschen, Eseln, Ziegen, Schafen, Kamelen und Autos hindurch, meist in Richtung Marktplatz. Jeder strebt seinem Ziel zu, viele dem Gemüse-, Obst- und Gewürzmarkt, dem Tier- und Holzmarkt oder zu den Werkstätten der Handwerker.

Dort, wo die Straße im Ringverkehr endet und ein Weg zum Wadi abzweigt, laden Geschäfte mit Haushaltwaren, Werkzeugen, Körben und vielem anderen zum Kaufen ein. Unterbrochen wird diese Ladenfassade durch zwei Steintore mit großen Bögen, die den Eingang zum Marktplatz bilden. Wir gehen durch das mittlere Tor, und schon strecken uns die Eierverkäufer ihre Ware entgegen. Auf der rechten Seite füllen junge Mädchen Öl für den Verkauf in zerbeulte Kanister. Fast stolpern wir über die Zwiebelauslagen, kleine, exakt abgezählte und säuberlich aufgeschichtete Türmchen zum jeweils selben Preis. Will man mehr, werden Türmchen wie Cents sorgfältig nacheinander abgezählt. Das Zentrum bildet der Gemüse- und Obstmarkt. Kartoffeln zählen zum Gemüse, und das bekommt man sehr deutlich am Preis zu spüren. Hier wird selten gewogen, entweder ist die Ware in Portionen aufgeschichtet, oder der geforderte Preis bezieht sich auf zehn Apfelsinen, zehn Zitronen, Pampelmusen, Mangonen. Nicht das Gewicht macht den Preis, sondern die Zahl. Und diese richtet sich nach der Saison, nach Angebot und Nachfrage. Kosten heute zehn Apfelsinen einen Birr, weil ein großes Angebot vorliegt, so gilt der gleiche Preis eine Woche später vielleicht nur noch für fünf Früchte. Töpfer, Korbflechter, Gewürzhändler, das Gewirr scheint kein Ende zu nehmen. Etwas abseits wird temperamentvoll und lautstark über den Preis von Eseln, Schafen, Ziegen und Kamelen verhandelt. Seitlich des Marktes beginnt das Wadi. In seiner Mitte haben sich während der Trockenzeit die Holzhändler etabliert. Weit aus den Bergen kommen die Bäuerinnen, die bunten Tücher als Schutz vor der sengenden Sonne um Kopf und Schultern geschlungen, mit ihren mit gespaltenem Holz hoch bepackten Eseln oder Kamelen.

An den Markttoren vorbei führt der Weg zum Zentrum der Altstadt. In den engen Gassen reihen sich in beinahe geordneter Folge die Arbeitsplätze der Handwerker sowie die kleinen Läden und Verkaufsstände. Hier die Schuhmacher, die aus alten Autoreifen Sandalen herstellen, dort die Schmiede mit ihren Gerätschaften. In einer anderen Gasse findet man die Tuchhändler. Vor ihren Geschäften rattern die Nähmaschinen der Schneider. Dicht beieinander liegen offensichtlich ohne Konkurrenzneid die kleinen Bars mit großen Kühlschränken, die tagsüber jedoch nur alkoholfreie Getränke bieten. Erst nach 18 Uhr wird hier wie in allen Lokalen des Landes mit dem Bierausschank begonnen.

Neben den übersichtlich ausgestatteten Läden der Inder und Libanesen, der Italiener und Äthiopier mit relativ festen Preisen befindet sich der Kleidermarkt, der früher verstreut verschiedene Seitenstraßen und den zentralen Park der Altstadt blockierte. Als Anziehungspunkt dominiert er noch immer. Vom Kopftuch bis zum Babyschuh, vom Tonband über Zigaretten bis zu Sandaletten, Stoffen, Oberhemden, Pullis, Blusen, Schirmen und Taschen reicht das Angebot und wechselt ständig. Viele dieser Waren kommen per Kamelkarawanen aus dem Freihafen Djibouti nach Dire Dawa.

Die Sonne hat ihren Kulminationspunkt erreicht und brennt erbarmungslos auf die schutzlosen Gassen. Es wird Zeit, die Altstadt zu verlassen und zur Neustadt überzuwechseln. Hohe Bäume säumen die breiten Straßen und spenden angenehmen Schatten. Gleich hinter der Brücke ragt der Palast des ehemaligen Herrscherhauses empor, ein massiver, klotziger Bau. Heute beherbergt er die Stadt- und Regionalverwaltung. In der Neustadt finden wir die Geschäfte mit modernem Angebot, wie Elektrobedarf, Autozubehör, Werkzeuge, Importe an Haushaltartikeln, Büromaschinen. Hier haben mehrere große Banken ihren Sitz, die Post, die Fernsprechzentrale, Tankstellen, kleine und große Hotels, wie das »Ras«, das erste Haus am Platze, mit seinem gepflegten Garten, seiner Terrasse und seinem Swimmingpool. Von besonderem Interesse für uns ist der nur wenige Minuten entfernte Bahnhof der Franco-Äthiopischen Eisenbahn, die das Wachstum vor allem der Neustadt begründete, der »Railway town«, wie sie oft genannt wird.

Der Bau der Eisenbahnlinie Addis Abeba–Djibouti muß im Zusammenhang mit den kolonialpolitischen Aktivitäten der europäischen Großmächte um die Jahrhundertwende gesehen werden. In der Zeit von 1880 bis 1890 hatten sich Italien, Frankreich und Großbritannien des Horns von Afrika bemächtigt und die Kolonien Französisch-Somaliland (heute Djibouti), Britisch- und Italienisch-Somaliland (heute DR Somalia) unter ihre Kontrolle gebracht. Im Sudan wurde die Macht Großbritanniens durch einen Generalgouverneur repräsentiert (1874–1885), und in Ägypten waren 1882 britische Truppen zur Niederschlagung des Volksaufstandes unter Arabi Pascha einmarschiert. Italiens Expansionsbestrebungen von der Basis Eritrea aus hatten mit der vernichtenden Niederlage in der Schlacht bei Adwa ein jähes Ende gefunden. Frankreich sah darin eine günstige Gelegenheit, vom benachbarten Stützpunkt Somaliland aus seinen Einfluß auf das Kaiserreich Äthiopien auszudehnen, und kam in wirtschaftlichen wie politischen Fragen der Vorstellung des regierenden Kaisers entgegen. Als Menelik II. durch seinen Berater dem Präsidenten der französischen Regierung den Vorschlag zum Bau einer Eisenbahnlinie von Djibouti über Dire Dawa, Harer bis Addis Abeba und später weiter bis Kefa unterbreiten ließ, scheiterte dieser zunächst an der Forderung des Kaisers nach Anerkennung seiner Souveränität in Äthiopien. Offensichtlich fühlte sich Frankreich in der Durchsetzung seiner kolonialen Interessen sehr eingeschränkt. Das geschah 1889.

Nach drei Jahren wurde das Projekt erneut aktuell. Initiator des weiteren Unternehmens war der Schweizer Alfred Ilg, der bereits erwähnte Berater von Menelik II. Im März 1894 erhielt er die Urkunde zum Bau der Eisenbahn und hob die »Ethiopian Imperial Railway Company« aus der Taufe. Der tatsächliche Baubeginn erfolgte jedoch erst im Oktober 1898. Fünf Jahre später rollte der erste Zug über die fertiggestellte Strecke Djibouti–Dire Dawa. Damit war aber auch das Budget nahezu erschöpft. Da französische Unternehmen vorerst eine finanzielle Beteiligung ablehnten, eröffnete sich für Großbritannien eine Chance, und es entstand der »International Ethiopian Railway Trust«. Das lag aber bei weitem nicht im Interesse Frankreichs. Es kam zu neuen Verhandlungen und Vereinbarungen, in denen es galt, die Briten zu eliminieren. Gleichzeitig versuchte die französische Regierung, politische Rechte auf äthiopischem Territorium zu erlangen und damit dessen Souveränität einzuschränken. Schließlich entstand durch einen Vergleich die Franco-Äthiopische Eisenbahngesellschaft, wie sie noch heute besteht. Die ständigen finanziellen Schwierigkeiten und Streit um Vorrechte verzögerten die Realisierung des Projekts erheblich. Auf den Bauabschnitt Dire Dawa–Harer mußte wegen zu hoher Kosten verzichtet werden. Und so vergingen 20 Jahre, ehe die 784 Kilometer lange Strecke bis Addis Abeba ihre Vollendung fand.

Dire Dawa wurde dadurch zu einem bedeutenden Knotenpunkt zwischen der Hafenstadt Djibouti und der Hauptstadt Äthiopiens und entwickelte sich zum wichtigsten Handels- und Wirtschaftszentrum im Osten des Landes. Der Flugplatz sichert heute mehrmals wöchentlich die Verbindung zwischen Addis Abeba, Asmera, Aseb und Djibouti. Außerhalb der Stadt entstanden große Industriebetriebe, wie das Zementwerk und der Komplex der Baumwollspinnerei, der auch die Weiterverarbeitung zu hochwertigen Baumwollerzeugnissen einschließt.

»Piazza« – Geschäftsviertel in Addis Abeba

Blick zum Rathaus der äthiopischen Hauptstadt (oben)
»Steinerne Löwe«
vor dem Nationaltheater am Adwa-Platz

Komplex der äthiopischen Nationalbank (oben)

Relief am Denkmal für die Gefallenen im Kampf gegen die italienische Aggression im Jahre 1937

Kampfdemonstration in Addis Abeba

Große Moschee am Mercato

Berhane-Silam-Druckerei

Im Zentralen Hochland bei Debre Libanos

Menelik II. war es nicht vergönnt, seinen Traum einer Eisenbahnverbindung zwischen seiner Hauptstadt und Djibouti vollendet zu erleben. Er zählte zu den äthiopischen Kaisern, die sich mit Erfolg bemühten, den äthiopischen Staat zu formieren, ihn durch Kontakte zu den europäischen Großmächten aus seiner Isolierung zu lösen, was vor ihm Theodros II. (1855–1868) letztlich versagt blieb. Bereits als König von Schewa, zu dem er sich unter seinem Taufnamen Sahle Mariam im Jahre 1865 erkor, intensivierte er die südwärts gerichteten Expansionsbestrebungen der Schewa-Amhara. Hatte er sich 1876 im Norden die Weloprovinz unterworfen, folgten nun große Gebiete im Südwesten des Landes (1876–1882). Bis 1887 gelang es ihm, seine Macht über die Gurage und Arsi auszudehnen. Siegreich marschierte er in Harer, der östlichen Provinzhauptstadt, ein. Die Strategie dieser amharischen Expansionskriege basierte auf den im Gesetzeswerk »Fetha Negest« bereits im 13. Jahrhundert niedergeschriebenen Leitgedanken, daß vor Eroberungen eines Gebietes den Bewohnern der Frieden unter der Bedingung anzubieten sei, sich freiwillig zu unterwerfen und Tribut zu entrichten. Eine Weigerung erzwinge unerbittlich den Kampf und die Unterjochung, wobei Gott den Amharen zum Sieg verhelfen werde.

Der Sultan von Jima, Abba Jifar II., entschied sich beim Einmarsch von Meneliks Truppen im Jahre 1877 für den Frieden und wurde somit zum Vasallen und gleichzeitig zum Bundesgenossen des Schewa-Königs.

Als gekrönter Kaiser setzte Menelik II. die »Politik der Vereinigung« des äthiopischen Reiches fort. Er eroberte die Baleregion, Sidamo, Wolamo, Kefa, Ilubabor sowie den Ogaden. Mit Feuer und Schwert fügte er Äthiopien in seinen heutigen Grenzen zusammen, ausgenommen der zu dieser Zeit von Italien annektierten Gebiete. Gleichzeitig leiteten diese Eroberungskriege eine neue Etappe in der gesellschaftlichen Entwicklung im Süden und Südosten des Landes ein, indem hier die Feudalordnung die bis dahin vorherrschende altorientalische Klassengesellschaft dieser ethnischen Gemeinschaften ablöste.

Kaiser Menelik II. rief europäische Wissenschaftler und Techniker an seinen Hof und bemühte sich um diplomatische Beziehungen zu Frankreich, Großbritannien und Italien. Trotz Handels- und Bündnisabkommen (1883 und 1887) versuchte jedoch Italien von seiner Basis Eritrea aus, Äthiopien fortschreitend zu kolonialisieren und schließlich zu okkupieren. Auf diese Weise gelang es italienischen Siedlern, im Januar 1890 bis Adwa vorzudringen. Das eklatante Ziel Italiens bestand in der Proklamierung Äthiopiens zum italienischen Protektorat. Dieses Drängen zwang den Kaiser

1895 zur Mobilmachung und zum Aufbruch mit seiner Armee in Richtung Norden.

Im Morgengrauen des 1. März 1896 ritt Menelik II. die Front seiner Armee ab. 120 000 Mann waren zu den Waffen geeilt, barfuß, mit Sturmverpflegung, mit Schild und Speer, zu Pferde die Offiziere, zu Fuß die Soldaten. Nur wenige verfügten über Feuerwaffen, doch alle waren fest entschlossen, ihr Vaterland vor den kolonialistischen Bestrebungen Italiens, die Unabhängigkeit ihrer Heimat zu verteidigen. Den äthiopischen Kriegern mit alten Gewehren und Speeren, mit primitiven Kanonen stand auf italienischer Seite eine zwar kleine, aber mit den damals modernsten Waffen ausgerüstete Armee gegenüber. General Baratieri, Befehlshaber der italienischen Streitkräfte, hatte den Sieg bereits vor Augen. Angesichts dieser waffentechnischen Überlegenheit beschloß der Kaiser mit seinem Kriegsrat, nicht selbst anzugreifen. Die Italiener eröffneten das Gefecht. Fast zwei Tage und zwei Nächte währte ein erbitterter Kampf am Berg Aba Garim. In geeinter Front kämpften der äthiopische Heerführer mit seinen Dienstkriegern und den bäuerlichen Landwehren aus Schewa und Begemder, die Amhara neben den Oromo-Kriegern, unterstützt von den als Waffenträger fungierenden Hilfstruppen aus dem Süden. 4 000 Tote und 2 000 Gefangene waren das Ergebnis auf italienischer Seite. Es zwang den Aggressor zu Friedensverhandlungen. Aber auch Meneliks Armee erlitt hohe Verluste, die eine Weiterführung kriegerischer Auseinandersetzungen als unzweckmäßig erscheinen ließen. Es kam zu einem Vergleich, der den Italienern die bereits kolonialisierten Gebiete, sprich Eritrea, überließ, während alle anderen Provinzen, vom Kaiser zusammengefügt, die Unabhängigkeit behielten. Dieser Kompromiß wurde am 26. 10. 1896 in Addis Abeba besiegelt.

Der Sieg über die italienische Kolonialarmee in der Schlacht bei Adwa ließ die europäischen Kolonialmächte aufhorchen. Mußten sie auch hier und dort Verluste einstecken, die Welt hatten sie letztlich unter sich aufgeteilt. Auf Äthiopien durften sie nun wohl verzichten! Frankreich und Großbritannien erkannten die Souveränität des äthiopischen Kaisers an, respektierten die territoriale Integrität und begannen, ihre politischen und wirtschaftlichen Beziehungen zu vertiefen. Der Erfolg stärkte das Ansehen des Kaisers und förderte seine Vereinigungsbestrebungen im Lande, unterstützte die Kontakte zu den Nachbarn und zu den europäischen Ländern, und das stimulierte letztlich Meneliks Modernisierungspläne in Wirtschaft und Verwaltungsstruktur. Dennoch blieben unter seiner Herrschaft Sklaverei und Ausbeutung nach wie vor erhalten. Alljährlich am 2. März, dem

Tag des Sieges bei Adwa, einem nationalen Feiertag, erinnern Paraden und die einundzwanzig Salven der Artillerie an diesen Sieg. Der »Ethiopian Herald« schrieb zu diesem Ereignis: »Adwa wird Kolonisatoren wie auch Nichtkolonisatoren daran erinnern, daß Afrika in der Lage ist, eine weitere Schlacht bei Adwa zu gewinnen, falls dies erforderlich wird.«

Weiter nach Alem Maya Wie versprochen, holt uns am folgenden Morgen der Fahrer pünktlich mit dem Kleinbus ab. Die letzte Etappe der langen Reise nach Alem Maya liegt vor uns. Wieder strahlt die Sonne, aber die Nachtkühle hat die Hitze des Vortages für kurze Zeit verdrängt. Vorbei am Sportstadion und der Schule verlassen wir auf einem schmalen Pfad, eingerahmt von aufgetürmten Felsen, die Stadt. Nach kurzem Anstieg kreuzt die Teerstraße das Dekatuwadi, das oben in den Bergen beginnt, bis hinunter nach Dire Dawa reicht und in der Sandwüste endet. Zur Trockenzeit läßt sich das Flußbett leicht überqueren, wenn auch der Sand unter den Rädern unseres Fahrzeuges hoch aufwirbelt. Während unseres Aufenthaltes erleben wir später, wie sich die Wassermassen über die Straße wälzen und eine nicht passierbare Barriere bilden. Dann bleibt dem Kraftfahrer nichts anderes übrig, als den Motor abzustellen, sich dieses quirlende Schauspiel zu betrachten und abzuwarten. Ist der Wolkenbruch verebbt, dauert es noch kurze Zeit, bis der Zufluß aus den Bergen nachläßt, bis das letzte Wassertröpfchen im Sand versickert. Trotzdem kann sich der Aufenthalt bis zu zwei Stunden ausdehnen.

Wir erfreuen uns an der herben, sonnenüberfluteten Gebirgslandschaft. Die Straße führt in Serpentinen steil nach oben. Der Kleinbus, nicht mehr der neueste, müht sich redlich, die Steigung zu schaffen. Immerhin muß er auf zwanzig Kilometer Strecke einen Höhenunterschied von 800 Metern überwinden. Eine Kurve folgt der anderen. Kamelkarawanen kommen uns entgegen, vollgepackt mit großen Holzladungen, Esel mit umgehängten Wasserkanistern, Gruppen von Frauen in bräunlichweißen Leinenkleidern, bunten Kopftüchern und Bündeln auf dem Rücken. Ihr Ziel wird der Markt von Dire Dawa sein. Plötzlich rast ein vollkommen mit Wunden und Eiterbeulen übersäter Schimmel über die Straße, ein scheußlicher Anblick. Tamri, unser Fahrer, erklärt uns, daß die alten Pferde und Esel nicht getötet werden. Man gibt ihnen in Anerkennung ihrer treuen Dienste die Freiheit. Ob dieser abgemagerte, kranke Klepper wohl damit etwas anfangen kann?

Immer weiter geht es bergauf, links die aufragenden Felsen, rechts tiefe Täler. Weit unten erkennen wir als hellen Streifen das Wadi. Die Hänge sind nur spärlich mit Latschengebüsch bewachsen. Am Straßenrand bieten Bauern Feuerholzbündel an. Auf den entfernter gelegenen Erhebungen lassen sich strohbedeckte Hütten ausmachen, umgeben vom Grün der Gemüsegärten, am Hang terrassenartig angelegte Feldstreifen mit Mais, Sorghum und Chat. Während wir unsere Augen über die Landschaft schweifen lassen, sitzt Tamri sehr konzentriert hinter seinem Lenkrad, immer scharf rechts bleibend, um mit dem um diese Zeit zunehmenden Gegenverkehr nicht zu kollidieren. Etwa 50 Meter vor uns huscht ein kräftiges Pavianmännchen, das, seiner Herde vorauseilend, den Wechsel sichert, über die Straße. Rechts lärmt die Pavianherde, unruhig von Ast zu Ast springend, uns beobachtend. Tamri fährt langsam. Kaum sind wir an der Herde vorbei, hetzen die kleinen und großen Tiere über die Straße, klettern an den Felsen empor und verschwinden laut bellend im Busch.

Unser Kleinbus hat etwa 200 Meter Höhenunterschied überwunden. Wir wechseln in ein anderes Tal über. Wieder muß ein Kontrollposten passiert werden. Auf dem gegenüberliegenden Höhenzug erkennen wir einen eigenartigen Streifen unterhalb des Kammes. Es sei die alte Karawanenstraße zwischen Harer und Dire Dawa, erklärt Tamri, die auch heute noch von Fußgängern, Esel- und Kamelkarawanen benutzt werde. Bis zu drei Tagen soll man unterwegs sein, um von der einen zur anderen Stadt zu gelangen. Wir werden auf eine praktische Überprüfung wohl verzichten!

Tief haben sich schmale Rinnsale ihren Weg in die Felsen gefressen. Kleine Brücken führen über das sprudelnde Wasser, das kaskadengleich nach unten strebt. Die Bewohner der Berghänge haben kleine Staumauern gebaut, um das Wasser zu sammeln und sich und ihren Tieren die Trinkwasserbeschaffung zu erleichtern. Von hier klettern die Frauen täglich mehrmals über schmale Pisten und Steinbrocken und bringen die gefüllten Wasserkrüge auf dem Kopf tragend nach Hause. Welch hartes Los für die Menschen, die hier leben und sich tagaus, tagein mühen müssen, dem kargen Boden an den Hängen das tägliche Brot abzuringen.

107 Kurven haben wir gezählt, als wir die Hochebene erreichen, dort, wo die Straße Addis Abeba–Harer einmündet. Von hier, dem Rande des Hochplateaus, kann man weit über Berge und Täler bis hin zur Danakilebene schauen. Erneut werden wir hier einer Kontrolle durch die Miliz unterzogen. Vor uns liegen noch etwa 15 Kilometer Strecke. Eukalyptusbäume säumen die Straße. Als herrliche Landschaft, eingerahmt von Bergen, dazwischen Felder und grüne Hügel mit kleinen Ansiedlungen, ausgedehnten Wasserflächen, bietet sich uns das Plateau. Auf den Wiesen, vor allem um die Teiche und Seen tummeln sich Hütejungen mit ihren

Viehherden. Wir durchfahren mehrere Ansiedlungen, die sich vermutlich mit dem Bau dieser Straße entwickelt haben. Links blinkt ein großer, nierenförmiger See. An seinen Ufern herrscht zu dieser morgendlichen Stunde bereits reges Leben. Hier wird Wäsche gewaschen und zum Trocknen ausgebreitet, dort baden Kinder im kühlen Naß, Autos werden abgespült. Einen Kilometer weiter überspannt ein hölzerner Torrahmen, geschmückt mit Fahnen, Blumen und Girlanden, die Straße. Endlich haben wir die Kreisstadt Alem Maya erreicht.

Etwa 8 000 Einwohner leben in dieser Stadt, die sich in zwei Kebele untergliedert. Sie beherbergt die Stadt- und Kreisverwaltung, das Polizeikommissariat, mehrere Schulen, Großlieferanten, Kleinhändler und einen großen Bauernmarkt unter freiem Himmel. Ständig dicht von Wartenden umlagert sind die Busstation und die Taxizentrale, die Knotenpunkte, die die Verbindung zwischen den größeren Städten und den zum Kreis gehörenden Bauernsiedlungen herstellen. Eine kleine Stadt, vom Äußeren her eher ein großes Dorf, in dem auch viele der Mitarbeiter des College ihr Zuhause haben. Am Ortsausgang weist ein Pfeil auf einem Steinblock den Weg zum »College of Agriculture«, fünf Kilometer staubige Piste, von der letzten Regenzeit noch zerfurcht und aufgerissen.

3

Ein Mensch,
der ohne Erziehung aufwuchs,
wird eher mit dem Mund
als mit den Füßen ausrutschen.

In Alem Maya

In einem Prospekt steht zu lesen: »Der Aufbau der Landwirtschaftlichen Hochschule Alem Maya begann im Jahre 1951 auf der Grundlage einer Vereinbarung zwischen den Regierungen Äthiopiens und den USA.« Warum gerade Alem Maya als Standort gewählt wurde, bleibt uns unverständlich. Es gibt weit größere Agrarzentren im Lande als hier auf dem Hochplateau in der Nähe von Harer. Vielleicht war das günstige Klima entscheidend. Oder wollte der Kaiser seine Heimatregion fördern?

Fünf Jahre nach der Grundsteinlegung konnten die ersten 87 Studenten immatrikuliert werden. Die jungen Landwirte, deren Studienabschluß etwa dem Fachschulabschluß in unserer Heimat gleichkam, nahmen nach Beendigung des Studiums leitende Positionen auf dem Agrarsektor ein. Wer sein Wissen erweitern und wissenschaftlich arbeiten wollte, war gezwungen, seine Studien im Ausland, vornehmlich in den USA, fortzusetzen.

Viele der Alemayaner, wie sich die Absolventen des College nennen, nutzten diese Chance. So wuchs eine junge Intelligenz heran, die sich bereits zu Beginn der siebziger Jahre anschickte, die Leitung der Hochschule in die eigenen Hände zu nehmen. »Wir waren alle noch sehr jung, unerfahren und ehrgeizig«, berichtet der Dekan beim Begrüßungskaffee. »Statt die wissenschaftliche Arbeit voranzubringen, steigerte sich die Fluktuation der Lehrkräfte, sank das Niveau. Im Zuge der revolutionären Veränderungen mußten wir uns und die Ausbildung an der Universität einer gründlichen Analyse und Kritik unterziehen. Ich denke, wir haben gelernt, daß neue Ausbildungsziele, neue politische Inhalte zu bestimmen sind – sagen wir, der Umdenkungsprozeß begonnen hat. Seitens der revolutionären Regierung wurden im Januar 1977 Richtlinien zur Neugestaltung der wissenschaftlichen Arbeit an der Universität herausgegeben. Eine besondere Bedeutung nimmt dabei das Diplomprogramm ein, das den Studenten die Möglichkeit bietet, einen höheren akademischen Grad im Heimatland zu erreichen, gleichzeitig aber auch zur Entwicklung der Forschung am College zwingt.«

Aber noch ehe diese Gedanken in die Tat umgesetzt werden konnten, drangen somalische Truppen in Äthiopien ein, auch in das Gebiet um Alem Maya. Erst als der Aggressor nach seiner Niederlage im Frühjahr 1978 außer Landes getrieben wurde, kann das über ein Jahr verwaiste College im Oktober seine Tore wieder öffnen. 14 Hochschullehrer, zwei Drittel davon Ausländer aus sozialistischen Ländern und Indien, treffen ein. 900 Studenten aus allen Teilen des Landes werden in Alem Maya erwartet.

»Es wird für uns alle kein leichter Anfang sein«, meint Dr. Ephraim, als er uns durch das College führt. Das Mobiliar in den Internaten hat durch die Kriegseinwirkungen stark gelitten. Die Fensterscheiben sind teils zerschossen, teils zerschlagen, die Öffnungen notdürftig mit Pappe verschlossen. Im Wäldchen neben dem Haupteingang befindet sich ein Militärlager. Die Studentenklinik dient als Lazarett. Im Bibliothekskomplex bemühen sich Mitarbeiter, der Verwüstung Herr zu werden, die Bücher zu ordnen und Verluste zu erfassen. In den Labors fehlt es an den notwendigen Arbeitsmitteln. Das Werkzeug aus der Werkstatt wurde gestohlen, ebenso das Gestühl der Seminarräume. Kaum anders sieht es in den einst schmucken, in einem parkähnlichen Gelände eingebetteten Bungalows aus. Durch hohes Gras gelangen wir zum Bungalow 19, den wir beziehen sollen. Die Tür wurde aufgebrochen, und auch im Innern erwartet uns ein trostloser Anblick. Mit Hilfe einiger Handwerker mühen wir uns redlich, trotz Mangel an geeignetem Material und Werkzeugen, zu reparieren, zu improvisieren. Unter solchen Bedingungen lernt man so manche »Kostbarkeit« des Alltags zu schätzen, die daheim in den Müllcontainer wandert. So dienen leere Konservenbüchsen nicht nur für Reparaturen im Haus, sondern zunächst auch zum Eierkochen.

Trotz aller Schwierigkeiten und Probleme wird Ende Oktober das neue akademische Jahr eröffnet. Wir haben alle Hände voll zu tun, zunächst die Grundausbildung unter neuen Aspekten zu sichern. Besonderes Augenmerk gilt einer engen Verbindung zwischen theoretischem Wissen und praktischer Anwendung. Die Situation am College erfordert auch von den Studenten ein hohes Maß an Disziplin. Das Studium ist kostenlos, auch für Unterkunft und Verpflegung sorgt seit der Revolution der Staat, aber die Internatsplätze sind knapp, die Zimmer mehr als überbelegt, die Ausstattung der Schlaf- und Aufenthaltsräume spartanisch. Als Schreibpapier dienen die Rückseiten von überholtem Lehr- und Informationsmaterial, für Kurznotizen die Handflächen. Lehrbücher gibt es nur in begrenzter Zahl. Sie müssen kursieren und mit Sorgfalt behandelt werden, damit sie auch nachfolgenden Jahrgängen noch zur Verfügung stehen. Zur Unterstützung des Lerneifers erarbeiten die Lehrkräfte neben jeweils fünfzehn Wochenstunden Vorlesungen Kurzfassungen als Studienhilfen, die vervielfältigt werden. So ist jeder Tag voll ausgefüllt.

Die Revolution braucht junge Wissenschaftler, braucht Forscher und Erfinder mit hohem Niveau. Die bisherige Ausbildung bis zum Bakkalaureus, dem ersten akademischen Grad, kam dieser Forderung nur bedingt entgegen. Darauf aufbauend, macht sich ein Programm zur Heranbildung des »Masters of Agricultural Sciences«, in unserem Sinne zum Diplomlandwirt oder moderner zum Diplomagraringenieur, erforderlich. Bei der Gestaltung dieses Programms mitzuwirken, unsere Erfahrungen in der Hochschulausbildung wirksam zu machen, sind unsere speziellen Aufgaben am College. Theoretisch lassen sie sich leicht formulieren, praktisch bedeutend schwerer realisieren. Im März 1979 begrüßen wir die ersten zwanzig Diplomanden. Bereits ein Jahr später wächst ihre Zahl auf 53. Durch ihren großen Fleiß und Elan können 32 Kandidaten bis Juli 1982 ihre Diplomarbeiten erfolgreich verteidigen. Erstmalig in der Geschichte des College nehmen nach hartem Ringen um wissenschaftliche Ergebnisse junge Diplomanden ihre Urkunden entgegen. Wir freuen uns mit ihnen.

Extension Service Eine wichtige Quelle jeglicher Wissenschaft bleibt die Praxis. Sie stellt die Probleme, prüft die Ergebnisse. Die Landwirtschaftswissenschaften bilden darin keine Ausnahme. Ihre Erkenntnisse finden Bewährung bei den Bauern, in den Genossenschaften, in den Staatsgütern – nicht im Hörsaal. Die Bauern aufzusuchen, mit ihnen zu diskutieren, sie zu beraten, zählt zu den Aufgaben der Ausbildung an einer Hochschule. In Alem Maya nennt man dies »extension service«. Wie einfach ist es daheim, selbst in das entfernteste Dorf zu gelangen. Vor welch komplizierten Problemen stehen wir dagegen hier in Äthiopien. Mit der Eisenbahn kann man nur die an der Bahnlinie Addis Abeba–Dire Dawa gelegenen Orte erreichen, mit dem Bus oder PKW nur jene an den Hauptstraßen. Dazwischen liegen Hunderte Kilometer beschwerlichen Fußmarsches oder Rittes auf einem Maultier oder Esel. Und dennoch brauchen gerade die Bauern und die Bauernvereinigungen in abgelegenen Gebieten, aber auch die neu gegründeten Staatsfarmen Anregungen für moderne Produktionsverfahren.

Liest man in älteren Büchern, wie der äthiopische Bauer vor hundert Jahren seinen Acker bestellte, und beobachtet ihn heute bei der Arbeit, möchte man glauben, die Zeit sei stehengeblieben. Genau wie damals spannt er auf den ausgedehnten Hochebenen und in den weiten Tälern seine zwei Ochsen in das einfache Joch, ein Querholz mit vier dünnen, senkrecht angeordneten Hölzern, durch Lederstreifen verbunden. Dieses »Kumt« wird dem Ochsen auf den Nacken gesteckt und daran der Pflugbalken befestigt, ein langer, schlanker Stamm, durch einen Holzgriff schräg nach oben als Leitstange verlängert. Als Pflugschar dient ein Metallkeil oder -meisel. Dieser Hakenpflug reißt den Boden nur zehn- bis fünfzehn Zentimeter tief auf. Das zwingt den Bauer, seinen Acker längs, quer und diagonal zu pflügen. Um einen Hektar für die Saat vorzubereiten, muß ein Mann zwei Tage schwerste körperliche Arbeit leisten. Natürlich fehlt es nicht an Bestrebungen, den Hakenpflug durch einen eisernen Scharpflug zu ersetzen. Dem stehen aber zwei Probleme entgegen, erfahren wir vom Vorsitzenden der Bauernvereinigung in Adebe: »Einerseits sind unsere Zugtiere oft nicht kräftig genug, andererseits darf die Erosionsgefahr für den Boden besonders bei Hängen nicht unbeachtet bleiben.« Das wären bereits Themen für die wissenschaftliche Forschung.

Was die Bodenerosion betrifft, müssen wir ihm recht geben. Nur wer selbst erlebt hat, welche Naturkräfte ein heftiger Tropenregen entfesselt, kennt die Folgen. In Windeseile wird der lockere, fruchtbare Mutterboden vom felsigen Untergrund gerissen und ins Tal gespült. Zurück bleiben verkarstete Hänge nackten Gesteins, ein trostloser Anblick, der in Äthiopien nicht selten die Mißwirtschaft vergangener Jahrzehnte im Waldbau erkennen läßt. Auf den Hängen am Rande der Hochebenen, beispielsweise zwischen Alem Maya und Dire Dawa, ist auch mit dem Hakenpflug nichts mehr auszurichten. Hier bietet nur der Bau von Terrassen den Bauern eine Chance zum täglichen Broterwerb. Entlang der Höhenlinien schichtet er vorher aufgelesene Steine zu Mauern auf, die ein Abgleiten des Bodens verhindern. Bei der Bodenbearbeitung weicht das Ochsengespann der Muskelkraft. Mit einer winkelig gestielten, kurzen, schaufelartigen Hacke lockert der Bauer tief gebückt den Boden und hebt damit auch die Pflanzlöcher aus.

Noch anstrengender wird es bei Rasenumbruch auf Schwarzerdeböden mit dem Handpflug, der Dongora, einem Metallkeil an einer langen Stange. Wie der Terrassenbau zwingt er geradezu zur Gemeinschaftsarbeit. Nicht selten begegnen wir auf unserem Weg nach Alem Maya Gruppen von Bauern mit nackten, schweißbedeckten Oberkörpern, die, im Halbkreis aufgestellt, die Meisel in den Boden rammen und mit vereinter Kraft die Scholle umwenden.

Wir kommen am Druschplatz von Bati vorbei, als nach der Mittagsrast etwa dreißig bis vierzig junge und ältere Männer der Produktionsgenossenschaft ihre »Mewkia«, eine Druschkeule, schultern und ihren Platz im großen Kreis aufsuchen. In der Mitte türmen sich getrocknete Maiskolben. Da wir den Dreschern nicht unbekannt sind, begrüßen sie uns mit Handschlag. Unsere Kameras verraten, daß wir einige Schnappschüsse vorhaben. »Goi goi – wartet, wartet«, rufen sie. Immer mehr drängen sich in den Kreis, jeder möchte mit auf das Bild kommen. Wir haben Zeit, bis alles wohl arrangiert ist. Dann geht es los. Ein kräftiger Wuschelkopf im karierten Wickelrock gibt den Ton an, und schon fallen die anderen im Rhythmus ein: »Hoi, hoi, ho, ho, hoi, hoi, ho, ho«, – dabei reißen sie die hölzernen Keulen im Takt hoch und lassen sie mit Wucht auf die Maiskolben prasseln. »Hoi, hoi, ho, ho«, erst die Männer der linken Kreishälfte, dann die der rechten. Am Rand der Szene stehen Bäuerinnen und junge Mädchen des Dorfes und schauen den kräftigen Burschen bei der Arbeit zu. Durch hohe, gurrende Laute feuern sie die Drescher an. »Hoi, hoi, ho, ho.« Jeder läßt vor den Kameras und den Augen der Frauen seine Muskeln spielen – ein imposantes Schauspiel für denjenigen, der solch schwere Arbeit nicht verrichten muß. Die älteren Männer stehen mit hölzernen Gabeln und kurzstieligen Schaufeln hinter den Dreschern bereit, während der kurzen Pausen die Kolben umzuwenden.

Feinkörniges Getreide wird auf andere Art gedroschen. Man schüttet es auf einen mit Steinen gepflasterten Platz und läßt mehrere Ochsen im Kreis darauf laufen, bis auch das letzte Körnchen aus den Ähren oder Rispen getreten wurde.

Eines Nachmittags, wir sitzen im Büro über unserer Arbeit, wird vorsichtig die Tür geöffnet. Herein blicken zwei schwarze Strubbelköpfe, Bauern aus der sieben Kilometer vom College entfernten Ansiedlung Finkele. In Begleitung befindet sich ein europäisch gekleideter junger Mann. Zögernd legen sie von Raupen zerfressene Pflanzen auf den Tisch und erwarten unseren Rat. Wenngleich sich die Schädlinge leicht bestimmen lassen, schwierig wird es mit der Verständigung, weil diese Bauern Oromo sprechen. Wir rufen unseren Mitarbeiter Theodros, der als Dolmetscher von Englisch in Amharisch fungiert. Aber auch er kann sich nicht in Oromo verständigen. Die Übersetzung von Amharisch in Oromo übernimmt der junge Mann namens Tessema. Und das Palaver geht los: Mitteilung der Bauern in Oromo an Tessema, Übersetzung an Theodros in Amharisch, dann von ihm in Englisch an uns und die Antwort in umgekehrter Reihenfolge. Nach einiger Zeit haben wir ausreichende Informationen, gehen ins Labor und übergeben mit entsprechenden Anweisungen ein Pflanzenschutzmittel mit der Aufforderung, nach zwei Wochen über das Ergebnis zu berichten.

Wir haben den Vorfall fast vergessen, als eines Tages Tessema strahlend in eine Beratung hereinplatzt und sich erschrocken entschuldigt, daß er doch zur Berichterstattung kommen sollte. Aus seiner Erzählung werden wir aber nicht so recht klug und beschließen, uns das Ergebnis am Nachmittag an Ort und Stelle anzuschauen. Es gelingt uns, einen alten Landrover aufzutreiben und vom Leutnant Lulil vier bewaffnete Männer als Schutztruppe zu erhalten. Gegen 14 Uhr treffen wir uns am Eingangstor des College, und ab geht die Fahrt durch Bati auf der alten Karawanenstraße in Richtung Dire Dawa.

Nur gut, daß wir den Rat unserer äthiopischen Mitarbeiter befolgen und nicht unseren »Lada« benutzen. Tiefe Querrinnen auf der Straße, Erinnerungen an vergangene Tropenregen, komplizieren die Fahrt. Nach etwa zwanzig Minuten biegen wir von der Straße auf einen Feldweg ab, fahren einen Hügel hinauf und halten vor einem Zaun. Hier endet der Fahrweg. Aus einem Lehmhäuschen, das gleichzeitig als medizinischer Stützpunkt dient, treten drei bewaffnete Männer heraus und begrüßen unseren Begleiter. Tessema verschwindet im Haus und kehrt kurz darauf mit umgehängter MPi zurück. Zu Fuß geht es weiter über Gräben, auf engen, sandigen Wegen den Hügel hinunter. Auf beiden Seiten säumen mehr als zwei Meter hohe Opuntienhecken mit ihren langen, nadelspitzen Stacheln den Weg. Dann passieren wir reifende Hirsefelder, die uns nach allen Seiten die Sicht nehmen. Hinter einer Biegung schimmern Strohdächer durch das Gestrüpp, eine Ansiedlung mit vier Tukuls. Ausgelegte Kuhfladen trocknen in der Sonne. Sie liefern gutes Brennmaterial. Vor einem der Tukuls sitzen zwei kleine Mädchen und sortieren frisch ausgedroschene Linsen. Schüchtern blicken sie von ihrer Arbeit auf, als die Fremden, die »Ferenchi«, näherkommen.

Wieder gelangen wir auf einer Art Hohlweg nach etwa 300 Metern zum nächsten Gehöft, das scheinbar menschenleer vor sich hinträumt. Dahinter gestaltet sich das Gelände übersichtlicher. Auf einem breiten, mit Gras bewachsenen Weg treiben zwei Frauen Rinder, Ziegen und Schafe zu den zurückliegenden Gehöften. Andere rupfen von den Mais- und Sorghumpflanzen angetrocknete Blätter und bündeln sie als Viehfutter für den Abend und den nächsten Morgen. Eine Schar junger Mädchen kehrt mit gefüllten Krügen auf dem Kopf von der Wasserstelle zurück. Während sie uns neugierig mustern, verstummt für kurze Zeit ihre Unterhaltung, um gleich darauf mit Tuscheln und Kichern von neuem zu beginnen. Endlich blinkt uns in einiger Entfernung ein kleiner See entgegen, der das Wasser für die Bewässerungsanlagen dieser Genossenschaft liefert. Sie widmet sich vornehmlich der Gemüseproduktion. Die Pflanzen gedeihen auf Schwarzerdeboden, der beim Abtrocknen aufreißt und tiefe Rinnen bildet. Oberflächenkanäle, durch Erdwälle geformt, leiten von einer am See installierten Pumpe das Wasser zu den verschiedenen Beeten und ermöglichen auf diese Weise eine ganzjährige Produktion von roten Rüben, Zwiebeln, Weißkohl und Möhren. Aber nicht allein Erdraupen haben hier großen Schaden angerichtet. Eine Überflutung und Überstauung der Pflanzen bewirkte eine Herzfäule des Weißkohls, und in den Wurzeln lebende Würmchen, Nematoden, hindern die roten Rüben am Wachsen. Während wir kranke Pflanzen beurteilen und Bodenproben entnehmen, sichern nunmehr sechs Bewaffnete unser Tun. Die uns umringenden Bauern beobachten unsere Arbeit und lassen sich über den bekannten Dolmetscherweg Fragen beantworten. Wir legen Maßnahmen fest; übergeben nochmals Pflanzenschutzmittel. Schon werden die Schatten länger und länger. Es wird Zeit, den Rückweg anzutreten. Die Kinder und das Vieh sind bereits in den Tukuls verschwunden und lugen aus den offenen Türen heraus. Einer der Bauern, der vor uns geht, barfuß wie alle anderen, ist auf einen dornigen Ast getreten. Ohne große Beachtung schüttelt er ihn ab und läuft weiter. Seine Fußsohlen besitzen offenbar nahezu die gleichen Qualitäten wie unsere Schuhsohlen. Die Sonne sinkt rasch, es dunkelt und wird kühl, als wir das Campus erreichen. Weitere Laboruntersuchungen und der Bericht bleiben für später.

Ein anderes Mal erhalten wir kranke Pflanzen zur Beurteilung zugesandt. Auch diesmal macht sich eine Ortsbesichtigung notwendig. »Wo befinden sich die Pflanzungen, von denen die Proben stammen?« fragen wir unseren Mitarbeiter Solomon. »Gleich hinter Dire Dawa«, lautet die Antwort. So starten wir eines Mittags gemeinsam mit sechs Diplomanden im Landrover. Bis Dire Dawa sind es 45 Kilometer auf asphaltierter Straße in Serpentinen bergab, also kaum eine Autostunde. Hier beginnt die Suche nach einem Ortskundigen, bis sich schließlich ein Milizionär unserer Gruppe anschließt. Bald tauschen wir die Teerstraße gegen eine Steinpiste, die am Hang entlangführt. Im Tal schlängelt sich ein Wadi. Als wir auf der Höhe anlangen, versperrt uns ein Schwerbewaffneter den Weg. Kontrolle! Nach kurzer Information über unseren Auftrag winkt er zur Weiterfahrt.

Der Landrover rumpelt langsam auf der steinigen Piste voran. Steil geht es abwärts, durch ein verschlammtes Wadi hindurch und auf der anderen Seite wieder steil hinauf. Seit Dire Dawa sind einundeinhalb Stunden vergangen. Die ersten Hütten, viereckig, aus groben Steinbrocken zusammengefügt und mit einem flachen Strohdach abgedeckt, kommen in

Sicht. Nur Frauen und Kinder befinden sich im kleinen Ort. Die Männer treffen wir etwa einen Kilometer weiter bei Straßenbefestigungsarbeiten an. Bereitwillig führen sie uns über schlammigen Boden zu ihren Bananen- und Zitruspflanzungen sowie Maiskulturen, wo wir unsere Untersuchungen vornehmen. Bald stellt sich jedoch heraus, daß es sich hier nicht um den Ort handelt, von dem die an das College geschickten Proben stammen. Bis dorthin wäre noch eine Stunde Fahrt notwendig. Am Himmel zieht ein Gewitter auf. Wenn es uns erreicht, können wir an diesem Tag nicht mehr durch das Wadi zurück. Was tun? Aus Unkenntnis der wahren Entfernung und der Straßensituation haben wir uns viel zu spät auf den Weg gemacht. Jetzt wäre es sinnlos weiterzufahren. Ohne Zweifel haben wir auch hier eine nützliche Beratung durchgeführt, aber das eigentliche Ziel wurde nicht erreicht.

Sturm kommt auf, die ersten Tropfen fallen, höchste Zeit zum Aufbruch. Gerade als der Regen zu strömen beginnt, durchqueren wir das sumpfig gewordene Wadi. Es dunkelt bereits, aber der Rückweg kann uns nicht mehr abgeschnitten werden. Spät am Abend treffen wir im College ein, man hatte sich schon Sorgen gemacht.

Ein großer Tag der Genossenschaft Lege Ambo Wir schreiben den 5. Januar 1980; ein Sonnabend, an dem wir zum Einkauf nach Harer fahren wollen. Aber wie so oft, kommt auch heute der Verwaltungsleiter in letzter Minute, um uns zu einer Festlichkeit in die Genossenschaft Lege Ambo, etwa fünf Kilometer vom College entfernt, einzuladen. Ein Blick in den Kühlschrank – wir werden in den nächsten Tagen nicht verhungern. Um 11 Uhr treffen wir uns mit anderen Kollegen am Verwaltungsgebäude. Ein Landrover soll uns zum Ziel bringen. Zunächst geht es durch Bati, ein kleines Dorf am Haupteingang des College, vorbei an vielen Menschen, die demselben Ziel zustreben wie wir. Den Weg säumen Fahnen in den Landesfarben Rot, Gelb, Grün und rote mit den gekreuzten Symbolen der Arbeiter und Bauern. Das letzte Stück zum Festplatz oben auf dem Hügel müssen wir zu Fuß zurücklegen. Mitten auf einem brach liegenden Acker wurden zwei langgestreckte Zelte oder besser Zeltdächer als Sonnenschutz aufgebaut. Darunter stehen roh gezimmerte Bänke und Tische. Der ganze Festplatz wird von einem aus zusammengebundenen Mais- und Sorghumstengeln bestehenden Zaun umsäumt. Da die Zelte nicht ausreichen, um allen Gästen und Genossenschaftsmitgliedern Platz zu bieten, werden als weitere Schattenspender kräftige, duftende Eukalyptuszweige im nahe gelegenen Wäldchen geschlagen und in den Boden gerammt. Die

Genossenschaft Lege Ambo, auf deren Grund und Boden wir uns befinden, feiert heute ihren großen Tag. Als Sieger im Wettbewerb der 48 Genossenschaften der Region Harerge, gemessen an den Ernteerträgen, erwartet sie zusammen mit anderen Preisträgern ihre Auszeichnung. Um die Wartezeit zu überbrücken, marschieren Jungen und Mädchen zwischen sechs und zehn Jahren, Kinder der Kulturgruppe von Bati, in grünen und roten Overalls in die Mitte des Festplatzes. Hell erklingen revolutionäre Lieder, wobei sie den Text durch Gesten und kleine, exakt eingeübte turnerische Übungen untermalen. Es macht Freude, den kleinen Volkskünstlern zuzuschauen, wie sie sich völlig unbefangen im Rhythmus der Trommeln bewegen.

Unterdessen hat sich der Platz gefüllt. Als gegen 13 Uhr der stellvertretende Vorsitzende der Region Harerge eintrifft, beginnt eine Feldbesichtigung. Der Vorsitzende der Genossenschaft zeigt nicht ohne Stolz die unter Bewässerung stehenden, sauber gehackten Kartoffel-, Weißkraut- und Blumenkohlfelder. Der Mais wurde bereits geerntet und gedroschen, wovon sich die Gäste auf dem bewachten zentralen Dreschplatz überzeugen können. Die geernteten Fruchtbündel der Sorghumhirse liegen in Haufen, den Weizen haben die Bauern in Hocken aufgeschichtet.

Nach der Wanderung über die sonnenüberfluteten, hügeligen Felder wird zu Tisch gebeten. Wieder einmal erleben wir die Gastfreundschaft, die keine Mühe scheut und die man in Äthiopien allerorts findet. Man bewirtet seine Gäste selbst im ärmsten Tukul. Heute gibt es für jeden eine Riesenportion Rindfleisch, einige geröstete Kartoffeln und Brot, dazu nach Wunsch Erfrischungsgetränke. Und da das Geschirr für die vielen Hungrigen nicht ausreicht, erfolgt die Essenausgabe in mehreren Schüben. Für Unterhaltung der Gäste sorgt eine zweite Kulturgruppe aus Bati. Diesmal sind es vier junge Männer und die gleiche Anzahl Mädchen, alle in weißer Kleidung, die Jungen mit einem geschnitzten Holzkamm im Haar, den eine rote Wollbommel ziert, die Mädchen mit bunten Stirnbändern und Perlenhalsketten, die Taille mit einer Kordel gegürtet. Begleitet von einer Ziehharmonika singen sie, ebenfalls mit tänzerischen Gesten verbunden, Lieder der Oromo und der Revolution, die die Gäste zu spontanem Beifall anregen. Die Begeisterung geht so weit, daß einige der Anwesenden aufspringen, nach vorn laufen und den Tänzern einen Geldschein an die Stirn heften oder den Mädchen in den Ausschnitt stecken. Die Melodien sind einprägsam und werden von den Frauen der Genossenschafter, die sich heute besonders schön gemacht haben, leise mitgesummt.

Während die hier wohnenden Kottu-Oromo wie die Somali-Männer einen bis über die Knie reichenden, großkarierten Wickelrock tragen, den sie nach der Arbeit durch ein Hemd, einen Pullover und Jacken ergänzen, zeigt sich die Kleidung der Frauen weitaus einfallsreicher. Ursprünglich scheint das weiße Leinenkleid, wie wir es eben bei der kleinen Volkskunstgruppe sahen, das Bild bestimmt zu haben. Mit zunehmendem Angebot farbig bedruckter Baumwollstoffe aus einheimischer Produktion hat sich die Mode gewandelt. Heute dominiert farbiges Material, getupft, gestreift oder mit Blumenmotiven versehen. Das Oberteil der Kleider ist eng anliegend, miederartig, der Rock weit. Und damit er beim Gehen schön schwingt, gehört darunter ein leichter, weißer Baumwollrock mit besticktem Saum, fünf bis zehn Zentimeter länger als das Kleid, die Wade bedeckend. Keine der Frauen scheint sich zu grämen, wenn zehn andere ein Kleid aus dem gleichen Material tragen. Es gelingt ihnen auf andere Weise, ihre Individualität zur Geltung zu bringen. Nicht selten glitzert eine zierliche Gold- oder Silberkugel an einem der Nasenflügel. Hinzu gesellen sich Stirnbänder und -reifen, kleine rote Punkte, meist drei bis fünf untereinander auf Stirn oder Wangen, Ohrringe, bunte Halsketten, Armreifen und Fingerringe. Ein dünner, farbig gemusterter Schal, kunstvoll um Kopf und Schulter geschlungen, wirkt nicht nur attraktiv, er schützt zugleich vor den sengenden Sonnenstrahlen und vor Staub. Die verheirateten Frauen haben ihr Haar im Nacken links und rechts zu zwei Wuschelbällen zusammengebunden. Darüber schimmert ein schwarzes Haarnetz mit bunten Tupfen. Das erinnert uns an die dicke Händlerin auf dem Markt in Alem Maya, der der Schalk aus den Augen lachte, wenn sie immer wieder unseren Frauen solche Haarnetze verkaufen wollte. Blitzschnell hatte sie sie auf deren Köpfen plaziert, was natürlich nicht wenig zur Belustigung der Marktbesucher beitrug.

Nach dem Essen eröffnet der Vorsitzende des Kreises Alem Maya den Reigen der Ansprachen. Er hatte uns vor wenigen Tagen im Office besucht, als er gerade von einem achtwöchigen Lehrgang in Potsdam zurückgekehrt war. Begeistert erzählte er uns von der DDR, seinen Reisen nach Berlin, Leipzig, Halle, Dresden und Karl-Marx-Stadt. Danach nimmt der Vorsitzende der Genossenschaft Lege Ambo das Wort. Seine Rede wirkt urwüchsig und herzerfrischend, das zeigen die Heiterkeitsausbrüche und der Beifall. Er spricht Oromo wie die meisten Einwohner unserer Umgebung. Für die Verständigung zahlreicher Gäste übersetzt ein Dolmetscher in Amharisch, und für uns bleibt nur eine Kurzfassung durch unseren Nachbarn in englischer Sprache.

Vor der Revolution waren die heutigen Mitglieder der Genossenschaft wie das Gros der äthiopischen Bauern Pächter, »Gebar«, die Landeigentümer der Kaiser, der Feudaladel und die Kirche, doch hatten sich auch andere Landeigentum erschlichen und zu Großbauern aufgeschwungen, auch in Lege Ambo. »Dort drüben das Gehöft war sein Herrensitz«, flüstert uns unser Nachbar zu. Zu dieser Zeit fielen die Früchte der harten Arbeit der Pächter sehr karg aus. Sie mußten nicht nur die Felder der Großbauern in Fronarbeit bestellen, sondern ein Viertel und mehr ihrer eigenen Ernte floß in deren Speicher. Während die Pächter um das tägliche Brot rangen, konnte der Großbauer ohne eigene Mühe sich, seine Familie und die große Verwandtschaft ernähren.

»Durch die Revolution, durch das Dekret über die Bodenreform vom März 1975 und die damit verbundene entschädigungslose Nationalisierung des Bodens und seine Bewirtschaftung durch Bauernvereinigungen wurden wir, die Pächter, von unserer schweren Last befreit«, schallt es laut über den Festplatz. »Wer wird es uns verdenken, daß wir die Ausbeuter vertrieben und uns zu freien Bauern machten. Wir waren von jeher gewöhnt, aus der Not heraus uns gegenseitig zu helfen. So bildeten wir zunächst eine Bauernvereinigung mit gemeinsamem Brunnen, Dreschplatz und gegenseitiger Hilfe bei der Ernte. Während wir, die ehemaligen Pächter, uns um einen Zusammenschluß bemühten, während der ehemalige Großgrundbesitzer mit bewaffneten Banditen versuchte, die alten Zustände zu restaurieren, und unsere Frauen und Kinder bedrohte, drang die somalische Armee in unsere Heimat ein. Wir liefen Gefahr, durch sie und die mit ihnen kollaborierenden feudalen und klerikalen Kreise erneut unserer soeben erst erworbenen Freiheit beraubt zu werden. Deshalb griffen wir zu den Waffen, um unsere Rechte, unser Land und unsere junge Vereinigung zu verteidigen. Kampflos wollten wir ihnen nicht in die Hände fallen, auch darin waren wir uns einig. Und so schützten wir uns und unser Vaterland!«

Daß es auch heute noch der Wachsamkeit bedarf, beweisen die bewaffneten Milizionäre, die, im weiten Rund um den Festplatz aufgestellt, die Veranstaltung absichern. Im weiteren geht der Vorsitzende der Genossenschaft in seiner durch stürmischen Beifall des öfteren unterbrochenen Rede darauf ein, wie die Bauern der Vereinigung begannen, ihre Felder zusammenzulegen, sie gemeinsam zu bestellen und das Ergebnis ihres Fleißes, die Ernte, gerecht zu verteilen. Es entstand die Genossenschaft Lege Ambo. Immer mehr spürten ihre Mitglieder, daß Gemeinschaftsarbeit größeren Gewinn bringt. Das spornte an, machte sie zum Sieger im Wettbewerb. Und darauf sind sie mit Recht sehr stolz.

Zuletzt betritt der Stellvertreter des Vorsitzenden der Region Harerge,

Blick ins Awaschtal

Dekatuwadi zwischen Dire Dawa und Alem Maya

Blütenreiche Flora am Rande der Savanne

Im wildreichen Awasch-Nationalpark leben: Oryx-Antilopen, Gazellen, Paviane, Warzenschweine . . .

Vielfältiges Angebot und buntes Leben bestimmen
die Märkte in Äthiopien

Alem Maya – Hauptgebäude im College of Agriculture

der auch unserer Arbeit am College große Aufmerksamkeit schenkt, das Zentrum des Festplatzes, um die Auszeichnungen vorzunehmen. Der erste Preis ist ein eiserner Pflug für Ochsenanspannung. Stolz wird er vom Vorsitzenden und einem Mitglied der Genossenschaft in die Mitte des Platzes getragen. Händeschütteln, Glückwünsche, Umarmung. Aber nicht nur diese Genossenschaft wird ausgezeichnet, auch andere mit guten Ergebnissen und einzelne Mitglieder, die sich bei der Genossenschaftsentwicklung besonders verdient gemacht haben. Einer nach dem anderen wird aufgerufen und tritt nach vorn, bescheiden und zögernd, um seine kleine Auszeichnung in Empfang zu nehmen. Unter ihnen befindet sich auch ein alter, weißhaariger Bauer, der es offenbar nicht glauben will, als sein Name genannt wird. Zunächst sträubt er sich, in die Mitte des Platzes zu gehen, wenn so viele Augenpaare auf ihn schauen. Als er es endlich doch wagt, leuchten Glück und Stolz aus seinen Augen.

Bei dieser Gelegenheit erfahren wir, daß bald nach der Revolution 23 032 Bauernvereinigungen mit über 7 Millionen Mitgliedern entstanden. Im Durchschnitt umfaßt eine Vereinigung 250 Familien, die etwa 800 Hektar Land individuell bewirtschaften. Vor zwei Jahren, im April 1978, wurde auf dem 1. Bauernkongreß der Alläthiopische Bauernverband, AEPA (All Ethiopian Peasant Association), aus der Taufe gehoben. Auf dem 2. Bauernkongreß im Mai 1979 wird nach gründlicher Analyse über die Genossenschaftsentwicklung diskutiert. Im Ergebnis schlägt der Kongreß die Unterscheidung von drei Typen landwirtschaftlicher Produktionsgenossenschaften vor, die sich in der Größe des genossenschaftlichen Anteils am Gesamteigentum unterscheiden: die »Melba«, eine Semiproduktionsgenossenschaft, die »Welba«, die genossenschaftliche Produktionsinstrumente einschließt und das Ziel für die folgenden Jahre darstellt – 1981 gab es davon etwa 132 –, und als künftig höchste Stufe die »Weland«, die mit einem uns bekannten Agrarindustriekomplex vergleichbar wäre. Als bisheriger Erfolg kann verbucht werden, daß das monatliche Einkommen der Bauern in den Bauernvereinigungen etwa 41 Birr, in den Produktionsgenossenschaften durchschnittlich 127 Birr beträgt, drei- bis viermal mehr als vor der Revolution.

Zum Abschluß der Veranstaltung marschieren noch einmal die beiden Kulturgruppen aus Bati in den Kreis und bringen unter viel Beifall ihre Lieder dar. Schließlich treten die Jüngsten einen halben Schritt vor, strekken die kleinen geballten Fäuste nach vorn und stimmen die »Internationale« an – in Oromo. Feierlich erheben sich alle von den Plätzen. Es folgt die Nationalhymne des Sozialistischen Äthiopiens und mit Hochrufen auf die revolutionäre Regierung, ihren Vorsitzenden, auf die vor wenigen Tagen berufene »Kommission zur Gründung der Partei der Werktätigen Äthiopiens« findet das Fest seinen Ausklang.

Wenn der Regen ausbleibt Der letzte Regen fiel im Oktober, die Wiesen standen im saftigen Grün, um unsere Häuser herum blühte es üppig. Der See von Alem Maya reflektierte die warmen Strahlen der Sonne und blendete den Spaziergänger, der mit ungeschütztem Auge zu ihm hinabstieg. Durch die Regenzeit frisch aufgefüllt, spendete er in den folgenden Monaten das Wasser für Küche, Bad und Garten.

Jeder Tag bringt herrliches Sommerwetter. Kein Wölkchen zeigt sich am Himmel. Das Thermometer steigt im Schatten auf 26 °C, und die kühlen Nächte werden mit Einzug des Monats Januar wieder wärmer. Das Gras auf den Wiesen trocknet ab, wird zuerst strohig, schließlich graubraun, es verbrennt. Langsam beginnen wir uns nach einem erfrischenden Schauer zu sehnen. Voriges Jahr fielen die ersten Regentropfen gegen Ende Januar/Anfang Februar, nicht allzuviel, aber sie ließen Pflanzenwelt und Menschen aufatmen. In diesem Jahr brennt die Sonne erbarmungslos. Der März zieht ins Land, kein Tropfen Regen. Der Boden wird steinhart, rissig. Mit Mühe halten wir unseren kleinen Garten feucht, in dem die Gemüsepflanzen und Kartoffeln zu einem Zeitpunkt heranwachsen, an dem das Gemüse- und Obstangebot auf dem Markt ständig zurückgeht. Bei der anhaltenden Trockenheit bangen wir um die ständige Wasserversorgung. Deshalb der Appell an alle, das Gießen im Garten auf das Nötigste zu beschränken, so steht es auf dem Aushang im Verwaltungsgebäude. Zwangsläufig läßt der Wasserdruck bald nach, das Leitungswasser zeigt zunehmend Verunreinigungen und kommt schließlich braun aus dem Wasserhahn. Unter den Studenten treten die ersten Krankheitsfälle auf. Wir beeilen uns, in Dire Dawa Wasserfilter zu kaufen. Vierundzwanzig Stunden dauert es, bis etwa fünf Liter Wasser die Filterkerzen passiert haben.

Mitte März versiegen die ersten Brunnen im Dorf Bati, und auch im Campus muß die Hauswasserversorgung eingestellt werden, sollen die Pumpen nicht leer laufen. Von nun an müssen wir das Wasser in Kanistern von einer entfernten, tiefer gelegenen Zapfstelle holen. Welch zusätzliche, zeitaufwendige Arbeit zum täglichen Pensum, bis die Badewanne als Sammelbecken für die Versorgung wenigstens halb gefüllt ist. Die Gemüsepflanzen hinter dem Haus, die Blumen entlang der Wege werden gelb und verdorren. Unser ganzer Stolz, zwei prächtige Bananenstauden, bekommen gelbe Blätter, ihr Wachstum stockt. Durstige Vögel machen sich über die noch grünen Tomatenfrüchte her, zerhacken sie vollständig. Das Kartoffelkraut liegt flach auf dem Boden. Alle hoffen auf die kleine Regenzeit, aber wann wird sie beginnen, »Wenn der Wind vom Süden kommt und sich im Nordosten die ersten Wolkentürme zeigen, dann gibt es Regen«, erklären uns die äthiopischen Kollegen. Noch immer weit und breit kein Wölkchen, auch nicht am nördlichen Himmel. Die Büsche werden allmählich kahl. Das trockene Laub raschelt und wird von den heißen Winden, die aus West und Nord heranwehen, umhergewirbelt. Dieser Wind trocknet nicht nur den Boden völlig aus, er läßt auch die Haut schuppig werden und die Lippen aufspringen.

Wir sind in unserer Hoffnung auf Regen nicht allein. Aus der Zeitung erfahren wir, daß große Teile der Harergeregion unter Trockenheit leiden. Die Bewohner mancher entlegenen Dörfer müssen täglich bis zu zwanzig Kilometer laufen, um ihre Wasserbehälter zu füllen. In Dire Dawa und Harer werden Wasserwagen eingesetzt. Für jede Familie gibt es täglich einen Eimer Trinkwasser.

Im Campus finden Beratungen statt, wie wir der Situation Herr werden können. Unterdessen hat sich der See von Alem Maya gespalten. So tief sank der Wasserspiegel noch nie. In dem Teil, aus dem das College das Wasser entnimmt, zeigen sich bereits Schlammbänke. Es gibt diesen und jenen Vorschlag, doch es fehlt an entsprechenden Maschinen, an Material und an Geld. Man wird gewahr, wie ohnmächtig der Mensch solchen Natureinflüssen gegenübersteht.

Die Nomaden des Ogaden und des südlichen Borana-Gebietes leiden besonders unter der Trockenheit. Ihre Weiden sind verbrannt, das Vieh magert ab, die Viehverluste steigen. Aus Verzweiflung wandern die Hirten mit ihren Herden nach Norden, wo sie sich etwas mehr Futter erhoffen. Bis zu 24 Tagen sind sie unterwegs. Die Regierung hat verschiedene Kommissionen ins Land geschickt, um die örtliche Situation zu überprüfen. Bauern der weniger betroffenen Gebiete werden durch Rundfunk und über die Bauernverbände zur solidarischen Hilfe aufgerufen. Tag und Nacht bringen LKW-Kolonnen Nahrungsmittel und Wassercontainer in die Dürregebiete.

Bereits die dritte Woche verbringen wir die Abende als Wasserfahrer. Man lernt immer mehr die Kostbarkeit des Wassers zu schätzen und verbraucht es nur noch blechbüchsenweise. Ab und zu kommt man dabei mit der Hygiene in Konflikt. Mitte April erscheinen endlich im Nordosten die ersten Wolkenbänke. Hochgetürmt, glänzend weiß kommen sie herangesegelt, verdunkeln zeitweise die Sonne – und lösen sich langsam über uns auf. Dieses Schauspiel wiederholt sich mehrere Tage. Man erzählt von heftigen Regen in Dire Dawa und Harer. Wann kommen wir endlich an die Reihe? Gegen Mittag des 15. April wird es im Nordosten am Horizont tiefschwarz. Blitze schießen am Himmel entlang, ohne daß ein Donner folgt. Die Wolkenwand treibt auf uns zu, jetzt können wir auch ein entferntes Donnergrollen hören, das an Lautstärke zunimmt. Dann verdunkelt sich die Sonne, und schon ist es heran, kein Regen schlechthin, ein Unwetter. Es gießt in Strömen. Die Sicht beträgt kaum zwanzig Meter. Ein grauer Schleier überzieht das Campus, und wer nicht beizeiten Unterschlupf gefunden hat, wird in wenigen Sekunden völlig durchgeweicht. Die Quecksilbersäule geht schlagartig auf 15 °C zurück. Sind das große Regentropfen? Nein, Hagelkörner prasseln gegen Fensterscheiben und Hauswände, trommeln auf den Eternitdächern und hüpfen auf dem harten Boden umher, der die Wassermassen gar nicht binden kann. In wenigen Minuten bilden sich auf den sandigen Wegen und Straßen Rinnsale, die rasch zu kleinen Bächen anwachsen, Sand und Steine mit sich reißend. In den Senken sammelt sich der Schlamm. Nach einer reichlichen halben Stunde schließt der Himmel allmählich wieder seine Schleusen. Es folgt ein kurzer Nieselregen, und schon reißt die Wolkendecke auf, gibt den Sonnenstrahlen freie Bahn.

Vorsichtig bewegen wir uns auf den glitschigen Wegen, zähen Lehmbrei an den Schuhsohlen, der die Standfläche fast verdoppelt. Auf der Betonpiste zum Verwaltungsgebäude beginnt das Scharren und Kratzen, um die Schuhe einigermaßen sauber zu bekommen. Die Kinder, die von der Schule heimkehren, haben es mit ihren nackten Füßen leichter. Vergnügt springen sie über die großen Pfützen und freuen sich, wenn der Schmant zwischen den Zehen hervorquillt.

Dieses langersehnte Ereignis wiederholt sich nun fast täglich. Man sieht, wie sich der Wasserspiegel des Sees langsam wieder hebt. Als wir eines Abends nach Hause kommen, ruft uns Ahmed, unser Helfer im Garten, strahlend entgegen: »Madam, Gerd, tomorrow water!« Aber wir sind mißtrauisch. Alle Kanister werden gefüllt, die Badewanne auch. Nachts gegen 23 Uhr hören wir den Wasserhahn tropfen, die Hochbehälter auf dem Hügel scheinen sich tatsächlich wieder zu füllen. Das Wasser zeigt zwar einen bräunlichen Schimmer, aber wen stört das schon. Hauptsache, es fließt wieder aus der Leitung.

Es bedarf nur weniger Regentage, und die harten Wiesengräser schieben die ersten grünen Blättchen hervor. Diesen Bedingungen angepaßt, behaupten sie ihr Dasein. Doch nicht alle Teile des Landes können wenigstens minimale Niederschläge verzeichnen. In vierzehn Regionen herrscht schwere

Dürre, insbesondere in den Provinzen Gemu Gofa und Sidamo, aber auch im Ogaden. Nach Meldungen des äthiopischen Rundfunks müssen bisher 225 Todesopfer beklagt werden. Doch im Gegensatz zu den Ereignissen um 1974 wird regelmäßig über die Situation informiert, werden LKW-Kolonnen mit Lebensmitteln und Wasser in die betroffenen Gebiete geschickt. Schon Anfang des Jahres beschloß die äthiopische Regierung, etwa 80 000 Menschen aus den permanenten Dürrezonen in fruchtbare Gebiete umzusiedeln. Um diese Zeit zogen bereits 5 000 Familienväter aus der immer wieder gefährdeten Region Welo in die mehr als 600 Kilometer südlich gelegene Region Bale, um auf fruchtbarem Boden neue Ansiedlungen vorzubereiten. Im Mai und Juni folgten ihnen ihre Familien. Nach Abschluß dieser großangelegten Kampagne sollen 250 000 Bauern mit ihren Familien in einem gesicherten Lebensraum untergebracht sein.

Ende Mai bittet der Vorsitzende der »Kommission für die Unterstützung Geschädigter« in einer Pressekonferenz mit den im Lande akkreditierten Auslandsvertretungen um Hilfe für die über fünf Millionen Menschen, die von der Dürrekatastrophe hart betroffen sind. Nach seinen Angaben belaufen sich die Erfordernisse an Nahrungsmitteln auf etwa 360 000 Tonnen Getreide, von denen der Staat selbst nur ein Drittel aus den vorhandenen Reserven decken kann, 38 000 Tonnen Öle und Fette, 4 500 Tonnen Zucker und 2 800 Tonnen Salz. Hinzu kommen über eine Million Decken, Kleidung für Erwachsene und Kinder, Zelte, Tankwagen und LKW. Besonderer Bedarf besteht in der Errichtung von über 200 Gesundheitsstationen und Gesundheitszentren sowie vier Krankenhäusern und ihre Ausstattung mit Medikamenten für die besonders schwer betroffenen Regionen in Harerge, Bale, Gemo, Gofa und Sidamo. Aus diesen Gebieten kommen erschütternde Nachrichten, aber der Hilferuf bleibt nicht ungehört. Tag und Nacht passieren unser Gebiet LKW-Kolonnen unter militärischem Schutz auf der Straße nach Jijiga und weiter nach Süden. Am 14. Juni berichtet der »Ethiopian Herald«, daß aus der DDR Solidaritätsgüter im Werte von 5,5 Millionen Birr mit Nahrungsmitteln und Medikamenten eintrafen. In einem Bezirk der Region Harerge werden im Verlaufe von sechs Wochen 13 000 Nomaden des Ogaden in Zelten und anderen Notunterkünften untergebracht. Angehörige der revolutionären Streitkräfte leisten medizinische Hilfe. Luftkorridore werden für Versorgungsflugzeuge festgelegt und behelfsmäßige Landepisten gebaut. Das ganze Land steht im Kampf gegen die Naturgewalten, ein Kampf, der auch ethnische Schranken überbrückt.

Ende Juni fahren wir in Richtung Awasa, um unter anderem unseren

Freund, Dr. Wario, zu besuchen, der im Boranagebiet die Leitung eines landwirtschaftlichen Entwicklungsprojektes übernommen hat. Bereits vor Awaschstation, wo die Straße das Gebirge verläßt und sich durch die verdorrte Dornbuschsavanne schlängelt, liegen die aufgeblähten Leiber verendeter Rinder, die Beine starr nach oben gestreckt. Weit und breit keine streitenden Geier, die wichtige Hygienepolizei heißer Gebiete. Und wo sind die gierigen Hyänen? Ihr Heißhunger scheint bei diesem Überangebot gestillt zu sein.

Von Awasa aus setzen wir uns per Kurzwellensender mit Dr. Wario in Verbindung. »Nein«, tönt es aus dem Lautsprecher, »ihr könnt nicht hierherkommen, wir treffen uns in Awasa!« Als er am Abend eintrifft, wiederholt er kategorisch seine Ablehnung, es sei denn, wir können einen LKW mit Wassertank, ausreichend Nahrungsmitteln, Medikamenten und Zelten für unsere Unterbringung und Versorgung organisieren. Nach seinem Bericht hat die Dürre im Boranagebiet noch katastrophalere Auswirkungen als bei den Danakilnomaden. In Awasa können wir unter den gegebenen Bedingungen seine Forderungen nicht erfüllen. So müssen wir die geplante Reise ins Land der Borana verschieben und uns schweren Herzens von ihm verabschieden.

Bauerntag im College Jedes Jahr im Mai, vor Beginn der großen Regenzeit, erwartet das College die Delegierten der Bauernvereinigung zu einem sechswöchigen Lehrgang über den Anbau von Sorghum, Mais und Tef, von Kartoffeln und Gemüse. Wieder einmal ist es soweit. Auf den Wiesen zwischen den langgestreckten Seminargebäuden ragen große Zelte empor, die etwa 60 Bauern aus der Umgebung von Alem Maya zur Übernachtung dienen. Für die Verpflegung sorgen ihre Familien, so wie es die Landessitte vorschreibt. Das gilt beispielsweise auch für die Beköstigung von im Krankenhaus befindlichen Angehörigen und auch für solche, die eine Haftstrafe verbüßen. Leider können wir uns an dieser Schulung nicht beteiligen, denn wir beherrschen nicht die Sprache der Bauern, Oromo, in diesem Falle den Dialekt der Kottu-Oromo. Das geht uns aber nicht allein so, auch eine Reihe unserer äthiopischen Kollegen kann nur mit Dolmetscher arbeiten, ein wahrlich sehr umständliches Unterfangen.

Die kleine Gruppe von Lektoren, meist junge Wissenschaftler, die selbst noch in der Diplomausbildung stehen, hat sich große Mühe gegeben, um mit Hilfe selbstgezeichneter Tafeln ihre Vorträge optisch zu untermauern. Im Schatten der Pinien sitzen die Bauern im Halbkreis, und Tilahun, der Lektor, bemüht sich, ihnen die neuesten Erfahrungen über den Anbau von

Tef, auch Teff oder T'ef geschrieben, beizubringen. Dieses uns nur wenig bekannte Getreide rangiert in Äthiopien an bedeutender Stelle, liefert doch sein Mehl die Grundsubstanz für Injera, das bereits genannte Fladenbrot, wichtiger Bestandteil des Nationalgerichtes. Tef ist eher ein kräftiges, einjähriges Gras, auch Liebesgras oder Zwerghirse genannt, als eine Getreideart in unserem Sinne. Seine extrem kleinen Samen erscheinen im Vergleich zum Weizen wie Sandkörner. Das Stroh dient als Viehfutter, eignet sich aber auch ausgezeichnet als Dachbelag.

Eine andere wichtige Pflanze für das Nationalgericht, über die die Bauern etwas mehr hören wollen, stellt der Rote oder Spanische Pfeffer dar, in Äthiopien Berbere genannt. Wer sie auf dem Feld wachsen sieht, erkennt sofort an den tief dunkelroten, länglichen Früchten ihre Ähnlichkeit mit unserem Gewürzpaprika. Im Geschmack sind diese Beeren aber ungleich schärfer. Die getrockneten Früchte werden zu feinem Pulver zerstoßen, mit gerösteter, fein zerriebener Zwiebel vermischt und als trockenes Gewürz aufbewahrt. Aber das wissen die Teilnehmer des Lehrganges besser als wir. Ihnen geht es um Anzucht und Pflege dieser Pflanzen, um die Verbesserung der Erträge, deshalb traktieren sie ihren Lektor mit vielen Fragen.

Sechs Wochen ungewohntes »Schulbankdrücken« haben sie hinter sich gebracht. Am Wochenende sollen im Rahmen einer kleinen Festveranstaltung die Urkunden überreicht werden, zu der nicht nur die Familien der Teilnehmer, sondern auch viele Gäste aus nah und fern geladen sind. In allen Fachbereichen laufen die Vorbereitungen auf vollen Touren. Das Fest soll ein Tag des Bauern werden, das bedeutet: Vorstellung neuer ertragreicher Pflanzensorten, Hinweise auf Schädlings- und Unkrautbekämpfung, auf den Einsatz mineralischer Düngemittel, Informationen und Anregungen zur Verbesserung der bäuerlichen und genossenschaftlichen Produktion. Zum Bauerntag gehört auch ein Basar für den Erwerb von Agrarprodukten aus der Farm des College.

An alle Fachbereiche geht der Aufruf, einen Stand mit entsprechenden Exponaten zu gestalten. Eine Aufgabe, die die jungen Wissenschaftler und Studenten mit Eifer übernehmen. Sie stellen Maiskolben und Kartoffeln der verschiedensten Sorten auf Tischen aus, zeichnen ihre wichtigsten Krankheiten und Schädlinge auf Tafeln und werden Möglichkeiten ihrer Bekämpfung vorführen. Auch die Erosionsgefahr für den Boden steht im Mittelpunkt der Demonstration, Bewässerungsmöglichkeiten für Gemüsekulturen, Hinweise zur Verbesserung der Viehhaltung und vieles andere mehr. Kurzum, es herrscht Hochbetrieb. Auf der großen Wiese zwischen dem Hörsaalkomplex und der Abteilung Landtechnik wird das Gras gemäht, eine Tribüne aufgebaut und mit Girlanden geschmückt. Die große Leinwand vor den Studenteninternaten deutet die Vorbereitung von Filmvorführungen an. Auch das leibliche Wohl darf nicht zu kurz kommen. Rinder werden geschlachtet, in der Mensa Riesenmengen an Injera gebacken und Popkorn zubereitet.

Welche Enttäuschung am Morgen des großen Ereignisses, als mit Tagesanbruch Regen vom Himmel strömt! So sehr wir uns danach sehnten, am Bauerntag konnte er uns verschonen. Sollte alle Mühe vergebens gewesen sein? Gegen 10 Uhr steht die Festwiese völlig unter Wasser. Angereiste Gäste finden in den Seminar- und Vorlesungsräumen Unterschlupf. Der Bauerntag scheint buchstäblich ins Wasser gefallen zu sein – so denken wir. Aber weit gefehlt. Kurz nach 10 Uhr reißt die Wolkendecke auf, herrlichster Sonnenschein tut sein Bestes, und gegen 13 Uhr ist die Festwiese bereits übervölkert. Der Boden trocknet schnell ab, das Stimmungsbarometer steigt, und eine Stunde später kann in Anwesenheit des Vorsitzenden der Region Harerge und zahlreicher prominenter Gäste von gesellschaftlichen Organisationen das Fest eröffnet werden.

Den ersten Höhepunkt bildet die Übergabe der Urkunden an die Lehrgangsteilnehmer. Wieder gibt es strahlende Gesichter über öffentliche Belobigungen durch den Dekan des College und den Vorsitzenden der Bauernvereinigung. Dann folgt der Rundgang durch die Ausstellung mit Erläuterungen in Oromo und Amharisch. Auf der Tribüne wechseln in bunter Reihe Musik-, Volkstanz- und Laienspielgruppen. Beifallsstürme erntet am Abend eine kubanische Militärkapelle mit ihren Liedern aus der Heimat und flotten lateinamerikanischen Rhythmen. Bis tief in die Nacht hinein wird mitgesungen und geklatscht, lassen die Frauen ihre langgezogenen Zungentriller ertönen, was Beifall und Ansporn zugleich bedeutet. Und weil der Tag zu kurz war und das Fest so schön, beschließt man, es am nächsten Tag fortzusetzen.

Am folgenden Sonntag bietet der Festplatz das gleiche Bild, geputzte Bäuerinnen und Mädchen, die jüngeren mit rot, lila und grün bemalten Lippen, lackierten Nägeln, junge und ältere Männer, Studenten und Gäste. Dicht umlagert wird der Stand, an dem es die Delikatesse Äthiopiens, rohe, scharf gewürzte Rindfleischstreifen, gibt. Auch am zweiten Tag herrscht ausgelassene Fröhlichkeit. Doch mit Einbruch der Dunkelheit treten die Gäste ihren oft langen Heimweg an. Nun ist der Platz verwaist, eine Gruppe Studenten räumt auf. Noch lange wird im College über den gelungenen Bauerntag gesprochen.

4

Wenn die Hyäne
verschwunden ist,
beginnen die Hunde
zu bellen.

Ländlicher Alltag

Das Sprichwort von Hund und Hyäne entspricht den Tatsachen, so vielfältig man den Sinn auch deuten mag. Die streunenden Hunde der Umgebung, und ihre Zahl ist groß, sind ausgesprochene Kläffer und erbärmliche Feiglinge obendrein. Sie ziehen nicht nur den Schwanz ein, begegnen sie einem Menschen, sie verkriechen sich auch still, wittern sie nachts Hyänen. Ist die Gefahr vorüber, bellen sie um die Wette, unermüdlich, stundenlang. In Alem Maya wohnen wir in dem Teil des Campus, den man den »Hyänenwinkel« nennt. Kaum eine Nacht vergeht, in der wir nicht das dumpfe Heulen dieser Aasfresser vernehmen können. Offenbar sind es Einzelgänger, die sich bis an die Siedlung heranwagen, denn wir hören immer nur einzelne Rufer, oft weit voneinander getrennt, sofern man dies in der Nacht tatsächlich einschätzen kann. Manchmal scheint es, als stünde einer der Räuber am Nachbarhaus. Dann schleichen wir leise zur Tür, in der Hoffnung, ihm einmal in freier Wildbahn begegnen zu können, aber es gelingt uns nie. Nur wenn wir im Morgengrauen eine Fahrt mit dem Auto antreten, huscht ab und zu eine Hyäne in den Scheinwerferkegel. Große Aufregung gab es, als eines Abends der kleine Dackel des Dekans von ihnen geschnappt wurde. Während wir uns nach einem Besuch verabschiedeten, hatte er sich kläffend aus dem Haus gewagt. Nur ein leiser Quiekser war der Abschied.

Jeden Abend besuchen uns zwei Schakale. Am Küchenausgang prüfen sie, ob schmackhafte Speisereste für sie bereitstehen. Das Lampenlicht im Vorbau stört sie nicht, wenn es nur schmeckt. Beim kleinsten Geräusch jedoch springen sie mit einem Satz hinter die Hecke in Deckung. Auch ein Pärchen Weißschwanzmungos rumort an manchen Abenden in unserem Vorbau. Sie suchen als Dauergäste unserer Nachbarn nur unsere Futternäpfe auf, wenn sie dort nicht satt wurden.

An den Wochenenden sitzen wir nachmittags gern vor dem Haus im Streuschatten des Tulpenbaumes und erfreuen uns bei einer Tasse Kaffee an der vielfältigen Vogelwelt. Am drolligsten ist das Wiedehopfpärchen, wenn es durch das niedrige Gras stolziert. In den Büschen purzeln munter wie braune Kobolde die gefleckten Mausvögel umher. Gemeinsam mit dem kobaltblauen bis violetten Grenadier zeigt sich oft der zierlich kleine, rotwangige, blaubrüstige Schmetterlingsfink. Auch die Sperlinge fehlen hier oben nicht. Wie Gaukler umschwirren die dunkel-metallisch glänzenden fünf bis zehn Zentimeter großen Honigsauger die im satten Rot leuchtenden Hibiskusblüten. Im Geäst des Casuarina-Baumes gurren die Tauben.

Ein besonderes Vergnügen haben wir mit den Braunen Milanen, die hoch oben in den Lüften kreisen. Sind nach dem Fleischeinkauf reichlich Abfälle vorhanden, locken wir sie mit langgezogenen, hohen, leicht trillernden Pfiffen und schleudern kleine Fleischbrocken in die Luft. Pfeilschnell stürzen sie herab. Den Geschicktesten unter ihnen gelingt es, die Brocken im Flug mit den Krallen zu erhaschen. Das amüsante Spiel kann aber auch gefährlich werden, wenn Kinder im Freien ihr Butterbrot essen. So erlebten wir, wie einer der Milane herunterstieß und sich zum Entsetzen der Kinder das Butterbrot zur Beute machte. Auch beim Fest in Lege Ambo stahl einer dieser kühnen Flieger einem jungen Mädchen das Fleisch vom Teller, als es sich von der Essenausgabe zu den Tischen unterm Zelt begab.

Herrliche Zeichnungen des Gefieders und vor allem eine charakteristische Schnabelfarbe tragen die verschiedenen Webervögelarten, die in Büschen und auf Bäumen ihre hängenden, meist kugelförmigen Nester flechten. Für den Ornithologen eine Augenweide, zählen sie wie unser Haussperling zu den gefürchteten Getreideschädlingen. Um die reifenden Ähren vor ihnen zu schützen, waltet zu gegebener Zeit der »Vogelscheucher« seines Amtes. Mitten im Getreidefeld baut er sich auf vier Holzpfählen eine Art Hochsitz, von dem aus er die zu bewachende Fläche übersehen kann. Als Scheuchinstrument benutzt er eine aus Hanf gedrehte, im unteren Drittel verbreiterte lange Schnur. Diese »Waschafe« oder »Furisa« rollt er geschickt zusammen und legt auf die Verbreiterung einige trockene Lehmstückchen. Fällt ein Webervogelschwarm in das Getreidefeld ein, läßt er die Peitsche knallen, wobei die Lehmbröckchen davongeschleudert werden. Der Schwarm hebt ab, um kurz darauf etwas entfernt erneut einzufallen. Bei großen Pflanzenbeständen muß der Vogelscheucher seinen Ansitz verlassen und knallend dem Schwarm nachlaufen.

Wir bauen Gemüse und Kartoffeln an, pflegen unsere zwei Bananenstauden, von denen wir monatlich ein Bündel mit vielen »Händen« ernten können, pflücken Avokadobirnen vom Baum und »Ochsenherzen« vom Busch. Die ölhaltigen Avokadobirnen werden vor dem Verzehr mit Pfeffer und Salz gewürzt. Die »Ochsenherzen«, faustgroße Früchte, die Pinienzapfen ähneln, verbergen im Innern einen wundervoll duftenden, sehr süßen rosa Schaum, den die Kinder unserer Gruppe mit Genuß löffeln.

In dieser ländlichen Idylle leben wir ohne Fernsehen, ohne Großstadttrubel, fast etwas hinterwäldlerisch, wenn man bedenkt, daß selbst die lokale Presse uns erst zwei Tage nach ihrem Erscheinen erreicht. Da findet man Muse, den ländlichen Alltag ein wenig zu studieren, und dazu müssen wir gar nicht weit gehen. An den Haupteingang zur Hochschule schließen sich die Chikas und Tukuls des Dorfes Bati an. Es entstand und wuchs mit der Entwicklung des College. Eine Schule, ein Bäcker, zwei Fleischer, ein Kebeleladen sowie Gasthäuser, die Tej und Tella anbieten, gehören zum Dorf. Und da sind auch die von so vielen Reisenden ausführlich beschriebenen »roten Lampen« über manchem Hauseingang, die dem Besucher ein warmes Lager an der Seite der jungen Wirtin versprechen. In Bati wie im kleinen Ort Dame auf der anderen Seite des Campus leben viele Arbeiter und Techniker des College mit ihren Familien.

Gelegentlich treffen wir uns mit unseren äthiopischen Freunden im kleinen Restaurant von Onkel Getaschew. Im Nebengebäude, einer Art Stall, destilliert Getaschews Frau »Araki«, Anisschnaps, der unter der Bezeichnung »Ousu« gehandelt wird. Ein riesiger Tontopf mit vergorener Hirse und aromatischen Blättern hängt über dem offenen Feuer. Etwas entfernt schwimmt in einem mit kaltem Wasser gefüllten Faß ein kleinerer Tontopf, beide durch ein dünnes Metallrohr miteinander verbunden, die Anschlußstellen säuberlich mit Lehm verschmiert. Mit dieser Apparatur wird der Alkohol aus der gärenden Masse ausgetrieben und im Wasserbad abgekühlt.

In der Schankstube, am grob gezimmerten Holztisch entwickelt sich bald eine muntere Unterhaltung über das Leben der Menschen auf dem Lande, ihre Sitten und Gebräuche. Jeder der anwesenden Äthiopier will etwas dazu beitragen, doch am Ende sind wir ziemlich verwirrt. »Gibt es nun auch bei euch Dörfer oder nicht?« wollen wir wissen, nachdem wir von den Lebensgewohnheiten der Bauern in unserer Republik berichtet haben. Bei den Bergbauern des Nordens, aber auch im Chercher- und im Balebergland bilden nur wenige Hütten die dörfliche Gemeinschaft. Man spricht auch von einer Wohngemeinschaft, einem Weiler, einem Gehöft, je nach Landschaftstyp von hohen Eukalyptusbäumen oder flach ausladenden Schirmakazien beschattet, mit einem Zaun aus Stangenholz, stacheliger Opuntienhecke oder Dornbuschgestrüpp umgeben. Sie liegen inmitten der bewirtschafteten Äcker, weit vom Nachbarn entfernt, und können allerhöchstens als Streusiedlung klassifiziert werden.

Vielfalt zeigen auch die Hauskonstruktionen, bedingt durch ethnische, aber auch klimatische Einflüsse. Die Amharen nennen ihre Behausung »Bete« oder »Sarbet«, die Tigre »Agdo«, die Arsi »Mana«. Am häufigsten findet man jedoch die Bezeichnung »Tukul« für die strohgedeckte Rundhütte. Mehrere Tukuls von unterschiedlicher Größe bilden ein Gehöft, deutlich markiert durch einen sie umschließenden Zaun. Im tropisch-heißen Tiefland genügt eine Hauswand aus Knüppelholz, in den höheren, rauhen Lagen muß sie mit einer dicken Strohschicht eingehüllt, mit angeworfenem Lehm abgedichtet oder aus Stein gemauert sein. Die Grundkonstruktion eines solchen Tukuls ist relativ einheitlich. Zunächst wird im Zentrum ein kräftiger, schlanker Baumstamm in die Erde gerammt und daran das Dachgerüst, bestehend aus dünnen Stämmen, Ruten und Ästen, befestigt. Dann folgt der Aufbau der Hüttenwand und schließlich die Abdeckung des Daches. Der etwas herausragende Mittelpfosten wird meist mit einer Strohkappe, einem Blechrohr, einem Tontopf oder ähnlichem verziert. Dadurch wird die Spitze des Daches, der Rauchabzug, auch gegen Regen abgedichtet. In größeren Hütten tragen neben dem zentralen Pfosten mehrere kreisförmig angeordnete Stützen die hölzerne Dachkonstruktion. In der Regel besitzen die Tukuls nur einen Eingang, der auch das Tageslicht hereinläßt. Zum Verschließen der Türöffnung dienen Felle, Vorhänge, Bretter oder ein aus Zweigen oder Stroh geflochtener Schirm. Der Fußboden besteht aus festgestampfter Erde oder einem Gemisch von Lehm, Stroh, Mist und Asche.

Im geräumigen Innenraum mit einem Durchmesser von acht bis zehn Metern wohnt und schläft die Familie, bereitet die Hausfrau die Mahlzeiten. Ihre Kochstelle befindet sich dem Eingang gegenüber auf ebener Erde. Vier dicht beieinander stehende Lehmkegel tragen die Töpfe und Pfannen. Darunter glimmt das Holzkohlefeuer. Die verschiedenen Küchengeräte hängen griffbereit darüber. Der Mahlstein, auf dem die Bäuerin die Getreidekörner zur Vorbereitung des Injera zerreibt, sowie mehrere Tonbehälter und Vorratsgefäße gehören ebenfalls zum Inventar des Küchenteils. Links und rechts der Tür deutet der etwas erhöhte Lehmboden, mit Stroh aufgeschüttet und mit Fellen und Decken belegt, die Schlafplätze an. In der Nähe hängen an Wänden und Pfosten die Kleider für groß und klein, etwas weiter die Geräte für Hausgarten und Feld. Hin und wieder gibt es auch eiserne Bettgestelle, zumindest eins für den Hausherrn. Hölzerne Bänke und Hocker sowie ein geflochtener Tisch ergänzen das Mobiliar. Und wer es sich leisten kann, grenzt den Innenraum durch Strohmatten in kleinere Kammern ab und baut für die Küche einen extra

Minitukul. Arme Bergbauern teilen nachts ihre Behausung mit ihrem Vieh und begünstigen damit gleichzeitig den natürlichen Wärmehaushalt im Tukul, während in wärmeren Gebieten das Vieh im Freien bleibt.

Ein solcher Tukul hält nicht ein ganzes Leben lang. Das Holzgerüst beginnt nach einigen Jahren zu faulen oder wird von Termiten zerfressen und gerät ins Wanken. Wenn sich das Dach gefährlich zur Seite neigt, wird es Zeit, an den Bau einer neuen Behausung zu denken. Man erzählt uns, daß drei bis vier kräftige Männer ausreichen, einen mittelgroßen Tukul an einem Tag zu errichten.

Ein Gehöft wird vom Bauern, seiner Frau und den unverheirateten Kindern bewohnt. Bei Eintritt der Pubertät müssen die Jungen den elterlichen Tukul verlassen. Sie können sich in der Nähe eine eigene kleine Hütte bauen oder bei den Ziegen unterschlüpfen. Die Mädchen bleiben im Haus unter den Fittichen der Mutter. Schimpf und Schande drohen den Töchtern, die durch vorehelichen Verlust der Jungfernschaft im wahrsten Sinne des Wortes »schwer an den Mann zu bringen sind«. Um das Gehöft herum erstrecken sich die Gemüsebeete und Felder, die von den Familienangehörigen bewirtschaftet werden und die Selbstversorgung sichern. Nur ein kleiner Überschuß, auf dem örtlichen Markt angeboten, bildet die Voraussetzung für Warenaustausch. Als Feldbegrenzung zu den Nachbarn, oft gehören sie zur Verwandtschaft des Bauern, dienen niedrige Steinwälle oder Baumreihen. Die Abstände von Gehöft zu Gehöft betragen bei durchschnittlicher Besiedlung mindestens 100 bis 500 Meter.

So stellt zwar jedes Gehöft eine kleine Autonomie dar, dennoch ist es sozial mit seiner Umwelt verbunden. Eine besondere Rolle spielen dabei die örtlichen Märkte, meist außerhalb der Ansiedlungen auf Gemeindeland gelegen. Ein solcher Markt wird wöchentlich ein- bis zweimal abgehalten. Und da innerhalb eines größeren Areals zahlreiche solcher Bauernmärkte an unterschiedlichen Wochentagen stattfinden, bilden sie bedeutende Kommunikationszentren, auch wenn man sie erst nach längeren Wanderungen erreicht. Hier wird nicht nur gehandelt, werden nicht nur Waren ausgetauscht, hier trifft man sich mit Bekannten. Ein Marktbesuch bedeutet stets eine willkommene Unterbrechung des täglichen Einerleis, des sonst isolierten Lebens und knüpft die Verbindung zur Gemeinde. Damit wird der Markt zum gesellschaftlichen Zentrum, sein Besuch zum gesellschaftlichen Höhepunkt im Verlaufe einer Woche. Daran wird sich vorläufig auch nichts ändern, selbst wenn die Genossenschaftsentwicklung die Bauernfamilien zunehmend enger zusammenrücken läßt.

In dem etwa zehn Kilometer von Alem Maya entfernten, hinter einem

Bergkamm versteckten kleinen Ort Kambolcha beobachten wir, wie am Markttag auch die Handwerker alle Hände voll zu tun haben, den Wünschen der Kunden gerecht zu werden. In einem der erdgeschössigen Häuser mit kräftigen Lehmwänden und Wellblechdächern befindet sich die fensterlose Schmiede. Licht und Luft dringen durch die geöffnete Tür. Im dämmrigen Innenraum mit einer Größe von etwa sechzehn Quadratmetern hantiert der Schmied, nicht etwa muskelstrotzend, eher hager, weißbärtig, nur mit einem kurzen Lendenschurz bekleidet. Auf einem kräftigen, in den Lehmboden gerammten Eisenkeil, Ersatz für einen Amboß, bearbeitet er gerade mit dem großen Vorschlaghammer Eisenspitzen für die Dongora. In der rechten Hälfte des Raumes glüht das Schmiedefeuer, Holzkohle auf ebener Erde, von einem Blechschild nach hinten abgeschirmt. Dahinter sitzt auf einem Holzklotz ein junger Mann, vor sich auf dem Boden zwei zu Luftsäcken zusammengenähte Ziegenhäute als Blasebälge, die in einem Loch des Blechschirms münden. Unermüdlich preßt er abwechselnd den linken, dann den rechten Blasebalg zusammen. Der Luftstrom streicht gleichmäßig über die Holzkohle und bringt sie zum Glühen. Auf der Glut liegen die bereits grob geformten Grabeisen, auf die mehrere Bauern warten. Sie hocken entlang der Wände, schauen dem Schmied bei der Arbeit zu, Chat kauend, ein wenig schläfrig. Nein, heute hat man keine Eile, und der Tag ist noch lang.

Gleich neben der Schmiede steht der Müller an seinen elektrisch betriebenen Miniaturmühlen. Zwei befinden sich in Aktion, zwei stehen im Hintergrund, offensichtlich defekt. Die kleinen ratternden Mühlen eignen sich besonders zum Vermahlen von Familienportionen. Und weil man auf den Service gleich warten kann, stehen viele Bäuerinnen schwatzend in der Reihe, ihre Bündel mit Getreidekörnern auf dem Rücken oder Kopf. Eine nach der anderen tritt an die Barriere, der Müller nimmt die Last ab und schüttet den Inhalt in den großen Trichter, der etwa fünf bis zehn Kilogramm Körner faßt. Nach wenigen Minuten passiert das grob gemahlene Mehl einen kurzen Stoffschlauch und landet in einem größeren Behälter oder Eimer. Sorgfältig wird es in ein Leinentuch geschüttet und das Tuch mit den Eckzipfeln verknotet. Die Bäuerin bezahlt, packt das Bündel in ihr Schultertuch wie in einen Rucksack – und ab geht es, den Berghang hinauf, dem Gehöft entgegen.

Man soll die Feste feiern, wie sie fallen Wenn wir morgens bei Sonnenaufgang unterwegs sind, liegt weißer Rauch über den Strohdächern der Tukuls. Mit dem ersten Hahnenschrei beginnt die Arbeit. Die Bäuerin bläst mit einem hölzernen Rohr das Holzkohlefeuer an, das auch nachts niemals verlöschen darf, und bereitet, auf dem Boden hockend, das Morgenmahl für die vielköpfige Familie. Die größeren Kinder treten ihren Weg zur Schule an, die kleineren treiben das Vieh auf die Weide. Während der Bauer sich zu seinen Feldern begibt, besorgt die Frau das Haus und die Jüngsten, hackt die Gemüsebeete, kocht und bäckt. So beginnt der Alltag, und er endet nach Sonnenuntergang mit einer abendlichen Unterhaltung, vielleicht bei einem Gläschen Tella, Tag für Tag, jahraus, jahrein. Da ist freilich jede Abwechslung willkommen, der Gang der jungen Frauen zur Wasserstelle, auch wenn der Rückweg zur Bürde wird, der Weg der Bäuerin zum Markt, auch wenn die Füße nach langem Marsch schmerzen, und nicht zuletzt die Vorbereitung von Festen.

Zu Frühlingsanfang steht das Derma-Fest ins Haus, ein guter Grund für ein festliches Essen. Im morgendlichen Dämmerlicht des Vortages soll auf dem Hof des Fleischers ein Zeburind geschlachtet werden. Aber Fleisch gehört zur leicht verderblichen Ware, und Konservierungsmöglichkeiten, wie wir sie kennen, werden wenig genutzt. Deshalb muß man sich vor dem Schlachten eines größeren Tieres nach Käufern umschauen. Vor einem Fest bereitet das keine Probleme, und so finden sich am frühen Morgen immer mehr Helfer, Käufer – wir sind unter ihnen – und Zuschauer auf dem Hof des Fleischers ein.

Das Schlachten eines Tieres, es wird geschächtet, sowie das fachgerechte Ausweiden übernehmen die Männer. Schnell und routiniert versehen sie ihr Handwerk. Sachkundig wird der Schlachtkörper in Portionen zerlegt. In einer Ecke spannen einige Männer die Haut zum Trocknen auf. Im Grundstück des Fleischers erleichtert ein Brunnen die Arbeit der Frauen. Unermüdlich ziehen sie mit an Stricken festgebundenen Konservenbüchsen Wasser nach oben, schütten es in Eimer und Schüsseln und bringen es zu den Schlächtern, die die Innereien, vor allem Herz und Magen, säubern und im klaren Wasser nachspülen. Der Kopf des geschlachteten Tieres findet keine Verwendung. Ihn, die Leber und Därme bekommen die Hunde, den Rest holen sich später Milane und Geier. Inzwischen tragen die Helfer eine große Holztafel herbei, legen sie auf den Boden und bedecken sie mit frischen, duftenden Eukalyptusblättern. Nun wird das portionierte Fleisch sorgfältig aufgeteilt. Nach und nach entstehen auf der Tafel in zwei Reihen zehn sich in der Zusammensetzung fast völlig gleichende Fleischberge. Darauf kommen die Knochen und Innereien. Jede Portion wiegt schätzungsweise zehn bis zwölf Kilogramm.

Die Sonne hat längst den Horizont überschritten. Hoch über der Szene kreisen schon die Aasvögel. Knurrend, aber in Distanz beobachten die Hunde die Zeremonie, die nunmehr ihrem Höhepunkt, der Verlosung der Fleischberge an die Käufer, zustrebt. Der Fleischermeister malt bestimmte Zeichen auf zehn Papierstückchen und fügt jeweils eines einer Portion zu. Ebensolche Schnipsel mit den gleichen Zeichen werden zusammengefaltet und in eine Blechbüchse getan. Dann zieht jeder Käufer sein Los. So einfach vollzieht sich die Prozedur. Kann die Verteilung reeller erfolgen? Alle Kunden sind offenbar zufrieden, auch mit dem Preis. Er errechnet sich aus dem Kaufpreis des Rindes plus der vereinbarten Abgabe an den Schlächter, geteilt durch zehn. In unserem Falle hat jeder Käufer 28 Birr zu entrichten. Wer nur die Hälfte eines solchen Fleischberges benötigt, teilt ihn sich mit einem anderen Interessenten an Ort und Stelle: Wiederum wird jedes Stück Fleisch in der Mitte durchgetrennt, von den zartesten Stückchen eine Kostprobe genommen und mit einem kräftigen Schluck Anisschnaps nachgespült.

Nun kann am 17. Meskarem, am 28. September unserer Zeitrechnung, das Derma-Fest beginnen. Äthiopiens Bevölkerung feiert den Frühlingsanfang, der die unangenehm feuchte, krankheitsfördernde Regenzeit ablöst und das Gedeihen und Reifen des Getreides auf den Feldern, der Früchte an Bäumen und Büschen einleitet. Von den Christen wird es als »Meskal«, Kreuzfest, bezeichnet und bedeutet die Wiederkehr des Tages, an dem nach der kirchlichen Geschichte das versteckt gehaltene Kreuz, an dem Jesus sein Leben ließ, von der heiligen Helena wiederaufgefunden wurde.

Gleichgültig, ob Christ oder Mohammedaner, die Vorbereitungen zum Fest beginnen bereits Tage vorher. Da fegen die Frauen den Schmutz der Regenzeit aus den Tukuls, kochen und backen und legen die Festtagskleidung zurecht. Alte und Junge sammeln Reisig, Ruten und Halme, schnüren alles zu langen Bündeln zusammen, und jeder verziert sein Bündel nach eigenem Geschmack mit Blumen und grünen Zweigen. Oft klopfen junge Mädchen an unsere Tür. »Abeba?« – »Blumen?« Wir kennen bald ihre Wünsche. Das hohe, in allen Farben blühende Löwenmaul, die tiefgelben Tagetes und die dunkelroten Hibiskusblüten in unserem Garten gelten als bevorzugter Schmuck für ihre Gestecke. Am Vorabend bringt jeder sein Bündel zum Gemeindeplatz, wo alle zunächst ausgiebig bewundert, dann zu großen Scheiterhaufen zusammengestellt und nach Einbruch der Dunkelheit angezündet werden. Hochauf lodert im nahen Ort Bati das Feuer, und ringsum an den Hängen künden kleinere Fackeln der abseits wohnenden Familien den Beginn des Frühlingsfestes an. Bis spät in die Nacht

Schornsteinartiger Termitenbau
bis zu 5 Meter Höhe in der Savanne

Markttag bei den Nomaden in der Savanne

Folgende Seiten: Im Zentralen Hochland bei Gonder

Umsiedler aus Dürregebieten im neuen Dorf

Awaschfälle im Nationalpark

Junge Boranafrau

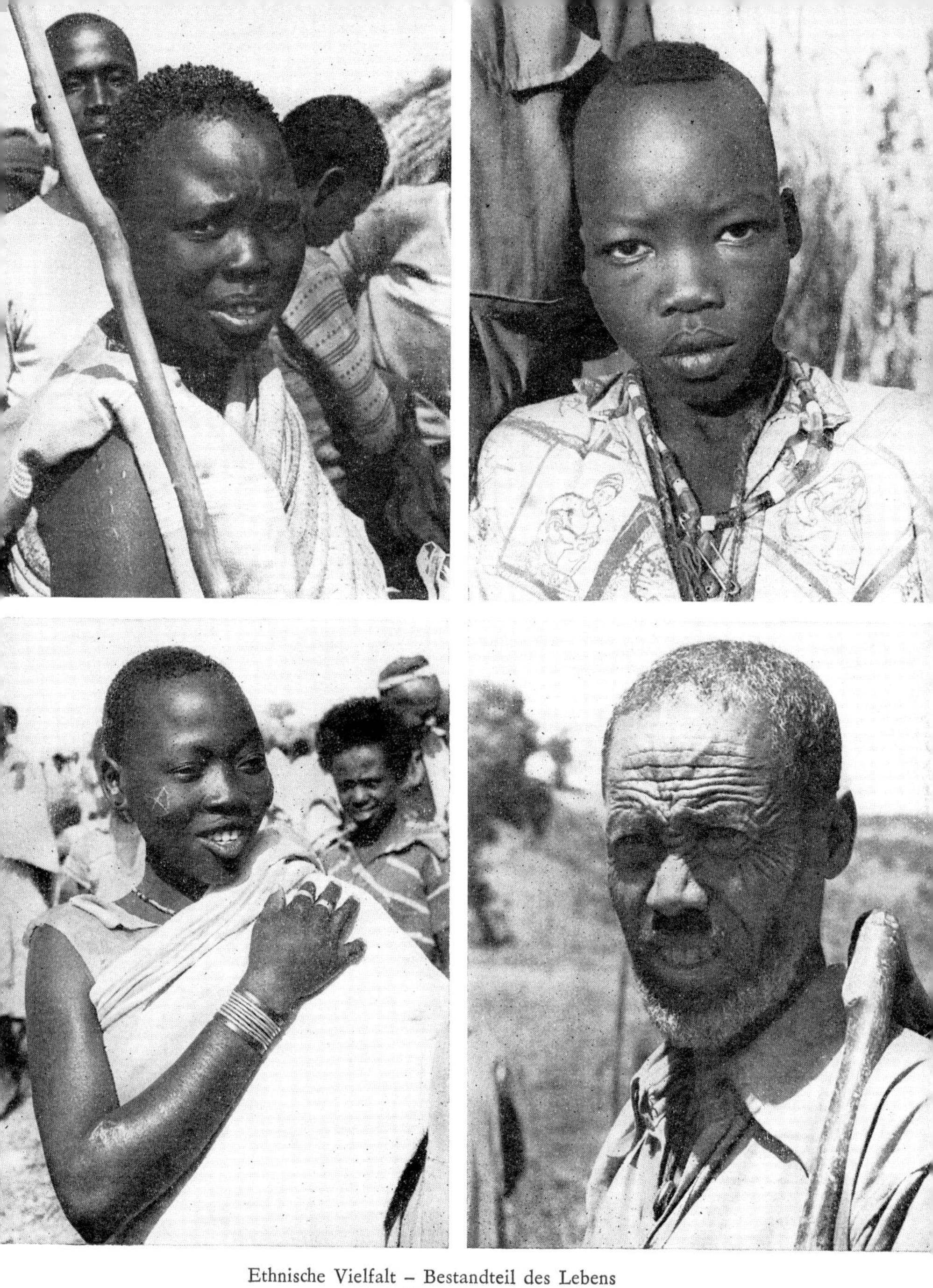

Ethnische Vielfalt – Bestandteil des Lebens
in Äthiopien

Szenen an der Eisenbahnstation Mieso

Steinige Seitengasse in Dire Dawa

Folgende Seiten: Traditioneller Bootsbau am Tanasee

Für Äthiopien typische Art der Bienenzucht

Grab eines Stammesfürsten in der Dornbusch-Savanne
auf dem Wege nach Awasa

Berühmte Flechtarbeiten aus Harer

wird am Feuer gesungen, getrommelt und getanzt. Am nächsten Morgen, wenn die Glut verloschen ist, tauchen die Gläubigen einen Finger in die Asche und markieren sich auf der Stirn ein Kreuz. Dann geht es zum Gottesdienst in die Kirche. Am Nachmittag erwartet man Gäste oder geht selbst zu Besuch. Gemütlich sitzen die Familien mit Verwandten und Freunden auf dem mit einer dünnen Schicht Stroh oder Gras ausgelegten Fußboden in ihren Tukuls oder Chikas. Weihrauchkerzen verbreiten ihren würzigen Duft, süßer Honigwein oder Bier lösen die Zungen.

Für das Wochenende erhalten wir eine Einladung zur Hochzeit nach Bati. Der Bräutigam Eschetu, er arbeitet als Techniker in der Farm des College, möchte an seinem großen Tag auch die Ferenchi zu Gast haben. Ehe das Fest naht, erzählt uns unser Freund Dr. Tamirie von Hochzeitsbräuchen in Äthiopien, damit wir nicht völlig unvorbereitet der feierlichen Handlung beiwohnen. »In den ländlichen Gegenden erlernen die jungen Burschen die Fertigkeiten eines Bauern von ihrem Vater, die Mädchen werden von der Mutter in der Hauswirtschaft unterwiesen. Zwar erwartet man, daß junge Männer vor der Ehe sexuelle Erfahrungen sammeln, auf keinen Fall aber die Mädchen. Sie haben jungfräulich in die Ehe zu gehen. Das schreiben nicht allein Religion und Sitte vor. Es besteht auch die Auffassung, daß der Bräutigam nur durch die Defloration von der Braut wirklich Besitz ergreift. Eine Braut, die diese Erwartungen in der Hochzeitsnacht nachweislich nicht erfüllt, muß mit Schlägen rechnen und meist zu den Eltern zurückkehren. Mit beginnender Menstruation wird es Zeit, Ausschau nach einem Freier zu halten. So liegt das Heiratsalter der Mädchen bei zwölf bis dreizehn Jahren, während die jungen Männer allgemein erst um die zwanzig herum die nötige Reife erlangen.

Die Wahl von Braut und Bräutigam stellt einen komplizierten Prozeß dar. Häufig sucht auf dem Lande auch heute noch der Vater die Braut für den Sohn aus, denn er hat die größeren Erfahrungen, weiß, was bedacht werden muß. Sie dürfen nicht übersehen, daß bei uns mit einer Heirat nicht nur ein Band zwischen zwei Menschen geknüpft wird, sondern zwischen Familien und Sippen. Da darf zum Beispiel keine Blutsverwandtschaft innerhalb der letzten sieben Generationen vorliegen, Erbkrankheiten müssen ausgeschlossen sein, auch wenn dabei oft mehr Kult als Erkenntnisse zugrunde liegen. Es sollen die charakterlichen Eigenschaften der beiden Heiratskandidaten zueinander passen, und nicht zuletzt spielt die ökonomische Situation beider Familien eine Rolle.« Dr. Tamirie hat recht, wenn er meint, daß unter solchen Aspekten unsere Moral- und Wertmaßstäbe fehl am Platze sind.

Er fährt fort: »Fallen die Ermittlungen beider Familien positiv aus, schickt der Vater des Bräutigams seine Werber zum Vater des Mädchens. Manchmal wird keine sofortige Übereinkunft erzielt, so daß der Bittsteller seinen Besuch wiederholen muß. Selten gibt es aber ein direktes Nein. Äthiopier bevorzugen die höfliche Umschreibung ihrer Ablehnung, etwa im Falle eines Heiratsantrages: die Tochter sei noch zu jung, oder sie sei bereits einem anderen versprochen. Da gibt es viele Ausflüchte. Der Bittsteller muß nur genügend Feingefühl besitzen, um die Antwort richtig auszulegen.« Lachend nicken wir Dr. Tamirie zu, worauf er mit Schmunzeln konstatiert, daß wir in dieser Beziehung sicherlich schon Erfahrungen sammeln konnten.

»Ist der Vater des Mädchens mit der Verbindung einverstanden«, erzählt er weiter, »wird ein Besuchstag festgelegt, an dem der Vater des künftigen Bräutigams mit mehreren Älteren der Gemeinde und seinem Sohn den Vater der Erwählten aufsucht. Nachdem der junge Mann seinem künftigen Schwiegervater ein Geschenk überreicht hat, besprechen die Väter den Ehevertrag hinsichtlich Landanteil, Vieh und anderer wichtiger Güter für das junge Paar. Darüber hinaus stehen der Familie des Mädchens bestimmte Zuwendungen, beispielsweise in Form von Vieh, von seiten des Vertragspartners zu.«

Über das Gesicht von Dr. Tamirie huscht wieder ein Lächeln. »Ich kenne schon Ihre Frage hinsichtlich des Brautpreises. Sie entspringt europäischen Vorurteilen, oder vielleicht haben Sie kein besseres Wort dafür. Keinesfalls verkaufen wir unsere Töchter an die Familien der Ehemänner. Sehen Sie, in einer Bauernfamilie trägt jedes Mitglied von einem bestimmten Alter ab zum gemeinsamen Wohl der Familie bei und erhöht damit den Familienetat. Wechselt die Tochter, wie allgemein üblich, mit der Eheschließung in die Familie des Mannes über, stärkt sie deren Arbeitskraftpotential, während das eigene vermindert wird. Wie schlimm stünde es um ein Ehepaar, das nur Mädchen im Hause hat. Am Ende wäre es ohne materiellen Ausgleich durch einen solchen Ehekontrakt alleingelassen. Bei seinem mündlichen Abschluß unter Zeugen richtet man sich nach den wirtschaftlichen Verhältnissen beider Seiten. Auch der Hochzeitstermin wird benannt, wobei man auf eine ausreichende Vorbereitungszeit Wert legt. Befindet sich einer der beiden Heiratskandidaten zum Beispiel noch in der Ausbildung, kann die Hochzeit bis zu deren Abschluß verschoben werden. Häufig läßt man jedoch die jungen Leute heiraten, behält sie aber noch für eine bestimmte Zeit in der eigenen Familie.«

Nachdem uns Dr. Tamirie erklärte, daß die Bräuche zur Hochzeit selbst durch Religion und ethnische Besonderheiten recht unterschiedlich seien, bedanken wir uns für seine Hinweise und harren der Dinge, die wir bald selbst erleben sollen.

Erwartungsvoll packen wir unseren selbstgebackenen Rührkuchen und kleine Geschenke ein und wandern mit den Kindern unserer inzwischen zahlenmäßig gewachsenen DDR-Gruppe nach Bati. Bei unserer Ankunft sitzen im geräumigen Hof der Brauteltern inmitten der Gäste mehrere ungefähr gleichaltrige, bis ins Detail gleichgekleidete Mädchen in Erwartung des Bräutigams. Nach altem Brauch muß er mit Unterstützung seiner Freunde aus der Schar dieser Mädchen seine Auserwählte herausfinden. Es dauert gar nicht lange, da trifft eine lärmende Gruppe junger Leute ein, die mit großem Hallo auf dem Hof empfangen wird. Dann versucht der Mise, so nennt man den engsten Freund des Bräutigams, mit allerlei lustigen Kniffen und Hokuspokus unter dem Spektakel der anwesenden Gäste die Braut in der Mädchengruppe zu ermitteln, begleitet von verschämtem Zieren und Necken, von Kichern und Flirten. Mal zupft er der einen am Kleid, mal betrachtet er die andere schalkhaft von oben bis unten oder läßt sie vor sich her tänzeln. Vor Lachen schlagen sich die Männer auf die Oberschenkel, und manch derber Witz macht die Runde.

Hat die Braut ein heimliches Zeichen gegeben? Plötzlich stürzt der Mise auf sie zu, hebt sie auf die Schultern und trägt sie im Triumphzug ins elterliche Haus, wo er sie dem Bräutigam übergibt. Unter den vergnügten Gästen befindet sich auch der Amtmann der Gemeinde, der »Schumschir«, der nun mit Würde die Trauung vollzieht. Die Gäste verstummen. Auf Befragen antwortet der Bräutigam: »Sie ist meine Frau«, und die Braut flüstert: »Er ist mein Mann.« Da offensichtlich nicht alle ihre Antwort vernommen haben, wiederholt sie der Amtmann laut und deutlich. Damit hat er die Trauung vollzogen. Bis spät in die Nacht hinein wird geschmaust, geplaudert, gelacht, getrommelt und getanzt. Dann rüstet sich das junge Paar mit Freunden zum Aufbruch in das elterliche Gehöft des Mannes, wo sie ein kleiner, separater Tukul für die Hochzeitsnacht erwartet. Unter Tränen verabschiedet sich die Braut von Eltern und Geschwistern. Das Fest geht weiter bis zum frühen Morgen.

Der Brautvater, mit dem wir als die Ehrengäste zusammensitzen, erklärt uns, daß auf dem Lande die Trauung durch den Schumschir, die »Kal Kidan«, »Serat« oder »Semanja«, Vorrang besitzt. Sie kann durch Segnung in der christlichen Kirche ergänzt werden, unterscheidet sich aber von der kirchlichen Trauung, »Kal Kidan Be Kurban« oder kurz »Be Kurban«, die vornehmlich Priestern und anderen Vertretern der Geistlichkeit vorbehalten bleibt und die Ehegatten unlösbar bis zum Tode verbindet. Eine dritte Art von Eheschließung, die »Demos«, hat sich offensichtlich in Zeiten permanenter Kriegführung herausgebildet. Bevorzugt von Soldaten, aber auch Händlern, die mit ihren Karawanen durch die Lande reisten, stellt sie eine Lebensgemeinschaft auf Zeit, eine befristete Ehe dar. Als Basis gilt eine gegenseitige Vereinbarung, die meist schon zu Beginn eine zeitliche Begrenzung festlegt und den Ehemann verpflichtet, seine Frau zu kleiden, zu beköstigen und ihr regelmäßig eine bestimmte finanzielle Zuwendung zu überlassen. Die aus solchen Ehen hervorgegangenen Kinder werden als legitim angesehen und besitzen die gleichen Erbrechte wie die Kinder aus Kal-Kidan-Ehen.

Voll heiterer Eindrücke verabschieden wir uns spät in der Nacht von unseren Gastgebern und ihren Freunden. Über uns spannt sich ein wundervoll klarer Sternenhimmel. Im Süden strahlt am Horizont das Kreuz des Südens. Am nördlichen Horizont erkennen wir den Kleinen Wagen mit dem Polarstern. Das College liegt im völligen Dunkel. Verschlafen tritt ein älterer Soldat aus dem Wachhäuschen am Eingang und läßt uns passieren.

Von Debteras und Schamanen Wenn unsere äthiopische Nachbarin ihre Hausgehilfin Gennet mit frisch zubereitetem Injera und Wot zu uns herüberschickt, um uns eine Freude zu bereiten, hat sie stets alle Gefäße mit einem Tuch sorgfältig verhüllt. Auch bei Einladungen zum Abendessen fällt uns auf, daß ein großes Tuch die bereitgestellten Speisen bedeckt, bis sich alle Gäste am Tisch versammelt haben. Das macht uns neugierig. Gehört es zur Hygiene? Bei einer günstigen Gelegenheit fragen wir Birkenesch, die Gastgeberin. Sie erzählt, daß dieser Brauch wie viele andere auf Aberglauben beruhe, der vor allem bei der Landbevölkerung noch tief verwurzelt sei. Das Tuch soll die Speisen vor dem »Buda«, dem »bösen Auge«, schützen, das alles verderben läßt, wohin es blickt. »Daß damit auch der Hygiene gedient wird, mag der Grund sein, diese Sitte auch in modernen Haushalten zu pflegen«, meint Birkenesch, die eine Ausbildung als Rote-Kreuz-Schwester absolvierte. Aus dieser Frage entspinnt sich eine interessante Unterhaltung über das Weltbild der ländlichen Bevölkerung, entstanden aus naturreligösem Kult und christlich-orthodoxen oder islamischen Einflüssen, wobei im Laufe der Zeit die religiösen Dogmen an Strenge einbüßten. Ein Beispiel geben die unverschleierten Hararifrauen in der nahe gelegenen Stadt Harer.

Ursprünglich bezeichnete »Taib« den Handwerker, der nicht wie die

Bauern die Fruchtbarkeit des Bodens nutzte, sondern aus ihm Tongefäße schuf, Eisen schmolz und schmiedete. Obwohl die Bauern die Dienste dieser Handwerker für sich in Anspruch nahmen, schrieben sie deren Fertigkeiten einem Bündnis mit dem Teufel zu. Als niedrigste soziale Gruppe in der gesellschaftlichen Ordnung eingestuft, waren sie ob ihrer angeblich magischen Kräfte gefürchtet wie der Teufel selbst. Nach und nach wandelte sich der Wortsinn von »Buda«, dem Eisenschmied, in »böses Auge«. Treten Kopfschmerzen, Ermüdung, Wutanfälle, Magenkrämpfe und ähnliches auf, glaubt man, der Buda, der nachts auf Hyänen reitet oder sich sogar in sie verwandelt, habe die Hand im Spiel. Solcher Aberglaube hielt offensichtlich auch die Kaiser davon ab, sich während der Audienz öffentlich zu zeigen. Sie verbargen sich hinter einem Vorhang. Diese Geistervorstellungen bilden natürlich einen prächtigen Nährboden für Geisterbeschwörungen, für spiritistische Handlungen, für Scharlatane.

Es wäre verfehlt, eine unberechtigt verallgemeinerte Ablehnung der Geisterbeschwörer, der Schamanen und Debtera, vornehmen zu wollen, die seit Jahrhunderten den Okkultismus in Äthiopien pflegen und wohl auch heute noch, wenn auch versteckt, betreiben. An diesem Punkt wird unsere Diskussion lebhaft. Yeneneh, ein progressiver junger Mann, lehnt all diesen »Hokuspokus« ab.

»Einmal habe ich aus Neugier an einer Geisterbeschwörung bei den Kemant teilgenommen«, erzählt er etwas verächtlich. »Und was passierte? Der Schamane, er nennt sich bei den Kemant Balesar, der Meister des Sar, hatte uns für den Abend eingeladen. Farbenprächtig gekleidet, bat er uns sowie mehrere uns unbekannte Gäste in seinen Tukul. Während sein Helfer, ein junger Bursche, das Kultfeuer schürte und Kaffee servierte, verschwand der Meister hinter einem Vorhang. Bald begann er leise zu trommeln und zu singen. Der Raum, in dem wir auf dem Boden hockten, war nur durch flackernde Feuer erleuchtet. Die Gäste klatschten rhythmisch in die Hände, schaukelten hin und her, tranken selbstgebrannten Schnaps oder kauten Chat. Zunehmend gerieten sie in Trance, begannen krampfartig zu zucken und um sich zu schlagen. Da ich selbst außer Müdigkeit nichts verspürte, wurde mir die Sache allmählich unheimlich. Nun begann der Balesar, mit dem bösen Geist einer jeden anwesenden Person, dem Sar, Kontakt aufzunehmen, natürlich in der Sar-Sprache, nichts als Kauderwelsch. Er behauptete, auf diesem Wege die Wünsche des betreffenden Sar zu erfahren, die seine Klienten erfüllen müssen. Sie waren recht simpel, wie singen, ein Glas Schnaps trinken oder ähnliches. Am Schluß verpaßte er nicht, sich von jedem einen reichlichen Obolus zahlen zu lassen.

Als ich ihn beim Abschied fragte, wer ihm die magischen Kräfte verliehen habe, zischte er mir zu, sie seien von seinem Vater auf ihn übergegangen.«

»Weil es dich nicht berührte«, entgegnet Tilahun, der Pädagoge, »lehnst du solche Handlungen kategorisch ab. Und gleichzeitig war dir aufgefallen, daß die meisten Teilnehmer eine Erleichterung, eine zunehmend innere Ruhe verspürten, jedenfalls hast du mir das damals bestätigt. Sie fühlten sich beachtet, angehört, und wir wissen, daß dies psychische Störungen beeinflussen kann. Nun gut, du, ich und viele andere geschulte Menschen halten das ganze Drum und Dran für überflüssig, aber denke an die ländliche Bevölkerung in weit voneinander entfernten Siedlungen, ihren Mangel an Bildung, ohne Zeitung und Radio. Dort können scharfsinnige Schamanen die vorhandenen Mißstände aufzeigen und durch bestimmte Auflagen beispielsweise Faulenzer zur Arbeit anhalten, Mütter ermahnen, für ihre Kinder besser zu sorgen.« Dem kann Yeneneh nicht widersprechen. Deshalb lenkt er die Diskussion auf die Debtera: »Im Gegensatz zu den Schamanen hat der Debtera oder Diakon seine Ausbildung in einer Kirchen- oder Klosterschule erhalten. Er kann lesen und schreiben, kennt Heilkräuter, den Segen thermaler Quellen, versteht bestimmte Naturerscheinungen zu deuten und täuscht dennoch mit seinem Wissen spezielle Beziehungen zu übernatürlichen Kräften vor. Ihr alle kennt die kleinen Ledertaschen, die Amulette, die die Kinder an einer Schnur um den Hals oder am Gürtel tragen. Die Eltern glauben, sie dadurch vor schweren Krankheiten und dem »bösen Auge« bewahren zu können. Und was enthält ein solches Amulett? Papierschnitzel, gegen ein gutes Entgelt mit biblischen Texten beschrieben. Gibt es tatsächlich einen in unserer Runde, der dies nicht als Betrug gegenüber unwissenden Landleuten sieht?«

»Zugegeben«, lenkt Tilahun ein, »nicht alle Schamanen und Debtera verdienen die Achtung, die man ihnen zumindest in der Vergangenheit entgegenbrachte. Gewiß gibt es viele Scharlatane unter ihnen. Man kann sie aber auch nicht alle über einen Kamm scheren. Zahlreiche Debteras erweiterten durch eigene Untersuchungen ihr Wissen über Naturerscheinungen, über die heilende Wirkung von Kräutern und Thermalquellen und gaben es an andere weiter. Sie nutzten ihre Erfahrungen, um Heilgetränke zu brauen, freilich auch, um Gift zu mischen. Beides brachte ihnen Ansehen und Respekt in der Gemeinde ein. Ich vertrete auch nicht die Auffassung, daß man sie in Zukunft in gleicher Weise wirken lassen sollte wie bisher. Zunächst bedarf es aber der Aufklärung der ländlichen Bevölkerung.« Haben wir uns bisher aus der etwas diffizilen Diskussion herausgehalten, teilen wir mit Tilahun und Yeneneh die Meinung, daß nur mit zunehmendem Wissen der Aberglaube unter der Landbevölkerung weichen wird. Dennoch brachte uns die Unterhaltung selbst einige Erkenntnisse. Warum nehmen zum Beispiel ältere Frauen vor unseren Kameras Reißaus, verstecken Mütter ihre Kinder vor ihnen? Die Diskussion über das »böse Auge« erklärt ihr Verhalten. Als Gast, Reisender oder Tourist, sollte man das respektieren und seine Kamera unverfänglichen Objekten zuwenden. Auch das gehört zur Achtung der Würde eines anderen Menschen.

Wer kennt die Sprachen, kennt die Dialekte? Nach einer Studie der UNESCO hinterließ die Monarchie in Äthiopien als unrühmliches Erbe 93 bis 95 Prozent Analphabeten, obwohl bereits seit eineinhalb Jahrtausenden in den Klöstern eine Schriftsprache gepflegt wurde. Von den schätzungsweise 8 bis 9 Millionen schulfähigen Kindern besuchten nur knapp 500 000 eine Grundschule.

Revolution in Äthiopien, das bedeutet nicht nur einen Wechsel in der Machtausübung, nicht nur die Veränderung sozialökonomischer Verhältnisse, das heißt auch vorrangig: Überwindung des Analphabetentums, Schaffung von Bildungsmöglichkeiten für das ganze Volk! Ein wichtiger Schritt dazu ist die Durchsetzung der allgemeinen Schulpflicht, nicht allein in den Städten, auch in den entlegensten Winkeln des Landes. Freilich bleiben die Probleme nicht aus. Es fehlt an Lehrern und an geeigneten Gebäuden. Manchem Bauer fällt die Einsicht schwer, daß seine Kinder plötzlich ihre Zeit auf einer Schulbank verbringen sollen, anstatt wie bisher die Herden zu betreuen oder ihm bei der Feldarbeit zur Hand zu gehen.

Wir erleben es in einer Kebele von Alem Maya, wie besonders die Jugend aus dem nahe liegenden Wäldchen schlanke Eukalyptusbäume heranschleppt, sie zurechtschneidet, in den Boden rammt oder als Dachfirst aufsetzt. In der Zwischenzeit sicheln mehrere Mädchengruppen Schilf am Ufer des Sees, bündeln es zu Garben, die später zum Abdecken des Daches dienen. Viele Hände führen das Werk bald zu Ende. Noch ehe sich der sonntägliche Himmel dunkel färbt, ist der Rohbau einer neuen Schule fertig.

»Seit Oktober 1981 treten allmorgendlich fast drei Millionen Mädchen und Jungen den Weg zur Schule an«, erklärt uns der Staatssekretär für Volksbildung bei einer zufälligen Begegnung in der Universität. »Damit haben wir zwar erst mehr als 50 Prozent der im Grundschulalter befindlichen Kinder erfaßt, ein Anfang, aber auch ein gutes Ergebnis im Vergleich zur Kaiserzeit. Gleiches gilt für die mit Hilfe der Bevölkerung neu entstandenen Schulen, große und kleine, 1 400 sind es an der Zahl.«

Die Einführung der allgemeinen Schulpflicht ist der erste Schritt im Rahmen des Bildungsprogramms in Äthiopien. Ein anderer, ebenso bedeutender, umfaßt in einer breit angelegten Alphabetisierungskampagne die Erwachsenen. »Jetemare jastemir, jaltemare jimmar!« – »Wer etwas gelernt hat, muß lehren, wer ungebildet ist, muß lernen!« So schallt die Losung der im Juli des Jahres 1979 begonnenen »Literacy campaign« durch das weite Land, aktiviert in Windeseile Hunderttausende. Studenten, Lehrer, Beamte, Sekretärinnen, alle, die eine Schule besuchten, sind aufgerufen, sich dieser Kampagne zur Verfügung zu stellen. Tausende Freiwillige erhalten in Kurzlehrgängen das Rüstzeug zum Unterrichten von Arbeitern und Bauern, Männern und Frauen in der Stadt, vor allem aber in den weit verstreuten ländlichen Siedlungen. Möglichst viele Erwachsene sollen in diese landesweite Bildungskampagne einbezogen werden. Deshalb finden täglich drei Lehrgänge statt, morgens, nachmittags und abends. Die Zeit eilt, denn jetzt während der Schulferien stehen die Klassenräume zur Verfügung. Mit beginnender Trockenzeit im Oktober genügt zum Unterrichten der Schatten unter einer ausladenden Schirmakazie.

Das enorme Engagement und die Leistungen der freiwilligen Lehrkräfte sind bewunderungswürdig. Auch im College hören wir täglich den Chor der Lerneifrigen. Am Lehrerpult stehen nicht nur Hochschullehrer, Assistenten und Studenten. Auch Banchi, Sekretärin des Dekans, Mutter von drei schulpflichtigen Kindern, und Gdeia, Sekretärin des Verwaltungsleiters, Mutter von vier kleinen Kindern, gehören dazu. »Wir hatten uns in unserem Aufruf an die Bürger im Alter von 10 bis 60 Jahren gewandt«, berichtet der Leiter des Nationalen Komitees, »in diesen Dreimonatekursen Grundlagen im Schreiben, Lesen und Rechnen zu erwerben. 1,3 Millionen Teilnehmer erwarteten wir, 5,4 Millionen kamen. Davon waren 73 Prozent Frauen und Mädchen.«

Eine solch riesige, sich über das ganze Land erstreckende Aktion bedarf natürlich auch einer materiellen Ausrüstung. Nicht nur Lehr-, Lern- und Schreibmaterial für die Teilnehmer, auch Zelte, Campingbetten, Decken, Moskitonetze, Wasserkanister und Fahrzeuge für die Lehrer und ihren Transport bis in den letzten Winkel des Landes, werden gebraucht. Das alles kostet Geld. Wieder zeigt sich die große Bereitschaft des Volkes zur Solidarität. Arbeiter in Addis Abeba überreichen dem Organisationsbüro einen Scheck über 1 000 Birr. Auch in Harer und anderen Städten gehen freiwillige Spenden ein. Man könnte darüber lange Listen aufstellen. Bereits nach fünf Jahren haben über 56 Prozent der Bevölkerung die ersten Kurse erfolgreich abgeschlossen. Kein Wunder, daß solche greifbaren und weitreichenden Erfolge im In- wie im Ausland Anerkennung und Bewunderung finden. Sie, die Alphabetisierungskampagne, wird als eine der größten Taten der Revolution gewertet. Das kommt auch in den Preisen der Internationalen Lesegesellschaft (International Reading Associations' Literacy Prize) zum Ausdruck, die die Generalkonferenz der UNESCO in den Jahren 1980 und 1982 an Äthiopien verlieh.

Das Problem der Alphabetisierung liegt in diesem Land jedoch nicht allein im Mangel an Lehrern, Lehrmaterial und Schulgebäuden, sie ergibt sich auch aus der Zahl der Nationalitäten und ethnischen Gemeinschaften mit fast ebensoviel Sprachen und Mundarten. Nur für die amharische Sprache, die bereits seit langem als Amtssprache gilt und künftig auch zur allgemeinen Verständigung im Lande dienen soll, liegen die erforderlichen Schriftzeichen vor. Sie ist aber eben nur Muttersprache der Amharen, von einem Drittel der Gesamtbevölkerung. Für alle übrigen bedeutet sie eine Fremdsprache. Schwierig, wenn man bedenkt, daß im Lande etwa 80 Sprachen und Dialekte unterschieden werden. So nutzte man in Vorbereitung der Alphabetisierungskampagne diese amharischen Schriftzeichen, um zunächst fünf der wichtigsten anderen Sprachen, wie das Oromo und das Tigrische, schreib- und lesbar zu machen. Nach und nach gelingt es, weitere 15 Sprachen auf diese Weise in die Kampagne einzubeziehen, einfaches Lehrmaterial zu erarbeiten, nicht nur das Alphabet, auch kleine Anleitungen über Körperpflege, Hauswirtschaft, landwirtschaftliche Arbeiten, Familienplanung und andere täglich anstehende Fragen.

Um einen kleinen Eindruck über die Sprachen und ihre Verbreitung im Lande zu erhalten, müssen wir einen kurzen Blick in die Vergangenheit wagen. Grundsätzlich lassen sich alle Sprachen in Äthiopien auf vier Sprachfamilien kuschitischen, semitischen, omotischen und nilotischen Ursprungs aufschlüsseln. Ihre heutige Verbreitung im Land läßt sich nur aus historischer Sicht in Verbindung mit mehreren Völkerwanderungen erklären. Etwa um 3 000 bis 2 000 v. u. Z. siedelten kuschitische Stämme im heutigen Nubien an der Grenze zwischen Ägypten und dem Sudan. Raubzüge seitens der Herrscher des Altägyptischen Reiches sowie ein vermutlich starker Rückgang der Nilflut lösten eine große Wanderung der Kuschiten entlang der Küste des Roten Meeres aus. Etwa zur gleichen Zeit gelangten vom Südwesten her negroide Stämme in das Gebiet des Weißen Nils und weiter nach Norden. Sie ließen sich entlang der heutigen Westgrenze Äthiopiens nieder und sorgten für die Verbreitung der nilotischen Sprachfamilie.

Um 750 bis 500 v. u. Z. kamen Siedler aus Südarabien über das Rote

Meer und brachten die semitische Sprache sowie eine entwickelte Kultur in das nördliche Hochland. Ursache ihrer Wanderung war wohl der Zerfall des israelischen Reiches und seine Unterwerfung durch die Assyrer (722 v. u. Z.) sowie die Babylonier (586 v. u. Z.). Offensichtlich verdrängten sie die ansässigen kuschitischen Stämme, die heute hier nur noch in Enklaven leben, wie die eine Agausprache sprechenden Kemant und Falascha. Auch das in der Danakilebene von den Afar, Issa und Saho gesprochene Dankali zählt wie das Somalische zur kuschitischen Sprachfamilie.

Relativ konzentriert findet man im nördlichen Äthiopien die Sprachen der semitischen Sprachfamilie, das Tigre der islamischen Viehzüchter im nördlichen Tiefland, das Tigrische der monophysitischen Christen des Nordens und nicht zuletzt das Amharische, Verständigungsmittel der orthodoxen Christen im Abessinischen Hochland und Sprache am Herrscherhof. Die amharische Schrift ist eine Silbenschrift, die keine Ähnlichkeit mit unseren lateinischen Schriftzeichen besitzt, sondern auf dem sabäischen oder himyaritischen kalligraphischen System beruht. Wenn wir uns in ihr versuchen, schmunzeln unsere äthiopischen Kollegen und meinen, wir würden die Silben nicht schreiben, sondern malen. Aber das wird wohl Übungssache sein. Interessant scheint uns, daß zur semitischen Sprachfamilie weitab von ihrem äthiopischen Zentrum auch das Harari im Osten, die Sprache der Bewohner Harers, und das Gurage, im Süden von kuschitischsprachigen Stämmen eingeschlossen, gehören.

Schließlich darf das Oromo, die Muttersprache einer zahlenmäßig großen und bedeutenden gleichnamigen Nationalität kuschitischen Ursprungs (etwa 36 Prozent der Gesamtbevölkerung), nicht unerwähnt bleiben. Seine heutige Verbreitung steht im Zusammenhang mit der Oromowanderung zwischen dem 12. und 16. Jahrhundert, die möglicherweise durch den Druck der vordringenden semitischsprachigen und somalischen Völkergruppen ausgelöst wurde. Die Expansion der Oromo richtete sich zunächst nach Süden bis zum Ogaden, schwenkte danach nach Westen zum Turkanasee und von dort gen Norden bis in das Gebiet der heutigen Hauptstadt, ergoß sich über die südlichen Hochländer und den äthiopischen Graben. Von den Amharen gefürchtet, wurden sie »Galla« genannt, was soviel wie »Barbaren«, »Zurückgebliebene« bedeutet. Diese Bezeichnung sollte man heute tunlichst vermeiden, da sie das Nationalgefühl eines Oromo verletzt. Mit der zunehmenden Differenzierung dieser Nationalität entwickelten sich teilweise stark voneinander abweichende Dialekte oder auch Sprachen, wie das Macha der Kafetcho im äußersten Süden, das Tulama der Oromo im Nordwesten, das Sidama der Sidancho im Gebiet um Awasa.

5

Wer Wein am Wege pflanzt
und wer eine
schöne Frau heiratet,
hat die gleichen Probleme.

Tausendjähriges Harer

Unseren täglichen Bedarf an Nahrungsmitteln decken wir in der Farm des College und auf dem kleinen Bauernmarkt in Bati. Benötigen wir Obst, fahren wir nach Alem Maya zur rundlichen, stets zu Späßen aufgelegten Großhändlerin Fatumah. Auch das reichhaltigere Marktangebot in der Kreisstadt lädt zu einem gelegentlichen Besuch ein, besonders wenn wir vor Beginn einer Fastenzeit, in der die Fleischer nicht schlachten, unseren Kühlschrank mit Fleisch auffüllen müssen. Manchmal kaufen wir einen kleinen Hammel oder eine Ziege und packen sie zum Transport lebend in den Kofferraum unseres Lada. Die Auswahl aus Hunderten von angebotenen Tieren, das Feilschen um den Preis sowie die Bemühungen, unseren Neuerwerb am Strick zum Auto zu ziehen, gestalten sich anstrengender als man glaubt. Deshalb gehen wir anschließend meist auf einen Sprung in Tante Sophias Speiserestaurant, um uns mit einem eisgekühlten Getränk zu erfrischen. Stets freut sich die kleine, verhutzelte alte Griechin, die zusammen mit ihrem Bruder als einzige in der Umgebung Enten, Kaninchen und Schweine mästet und damit gegen gutes Geld die Hotels in Harer und Dire Dawa beliefert, über unseren Besuch. Gelegentlich fällt auch ein Tier als Bereicherung unseres Küchenzettels ab.

In der Handelsbank von Alem Maya nehmen wir unser Gehalt in Empfang. Beim Betreten des Gebäudes kontrollieren bewaffnete Posten die Kunden. Die Männer werden abgetastet, bei den Frauen genügt ein Blick in die geöffnete Handtasche, um eventuell versteckte Waffen zu erspähen. Am Schalter herrscht Hochbetrieb. Vor uns steht eine Bäuerin, die offensichtlich ein gutes Geschäft getätigt hat. Umständlich kramt sie aus einem kleinen Lederbeutel zusammengerollte Geldscheine und klimpernde Münzen. Der Schalterbeamte hilft ihr beim Glätten der Scheine und sortiert die Münzen. Am Ende kommt ein recht stattliches Sümmchen zusammen. Nun holt sie das in ihrem Schultertuch eingeknotete Sparbuch hervor, streicht es glatt und läßt die Einzahlung vermerken. Doch wer behauptet, »Geld stinke nicht«, der irrt. Auf dem Lande wird mit Geldscheinen nicht gerade schonend umgegangen. Zusammengerollt, zerknüllt stecken sie die Männer in die Tasche, die Frauen knüpfen sie in einen Zipfel ihres Schultertuches. Auf dem Markt wechseln die Scheine den Besitzer und nehmen bald den ihnen eigenen Geruch nach Schweiß, Ziege und Berbere an.

Die Bauern der Umgebung gehören nicht zu den Ärmsten. Äußerlich demonstrieren das die mit Wellblech gedeckten Häuser, ein Zeichen für Fortschritt und Wohlstand. Noch im ersten Viertel unseres Jahrhunderts zierten die leicht hügelige Landschaft des ausgedehnten Hochplateaus wildwachsende Kaffeebäume und -sträucher, die den berühmten aromatischen Harerkaffee lieferten. Heute gedeiht dieser in größerem Umfang nur noch in dem von Alem Maya fast 250 Kilometer entfernten Gelemso-Mechara-Gebiet. Im Laufe der Jahre wurden die überalterten Kaffeewälder gerodet und mußten einer lukrativen Pflanze weichen, dem Chat. Auf dem Wege nach Harer sehen wir ihn links und rechts der Straße in großen Anlagen neben Mais, Sorghum und Hirse. Chat (arabisch Khat) ist ein drei bis sechs Meter hoher immergrüner Strauch mit grünen bis leicht bräunlichen, glänzenden Blättern. Besonders die jungen Triebe enthalten verschiedene Alkaloide, die bei Genuß das menschliche Bewußtsein beeinflussen, ein Narkotikum, wenn auch von relativ harmloser Art. Die Wirkung wird häufig mit der von Alkohol verglichen.

Chat erfreut sich vor allem bei den Moslems großer Beliebtheit. Verbietet der Koran den Genuß von Alkohol, so wird Chat in keiner Weise erwähnt. Die hier in der Umgebung lebenden Kottu-Oromo und auch die Somali huldigen in der Mehrzahl dem Islam und kauen demzufolge in mehr oder minder großen Portionen zarte, frische Chatblättchen. Harte, ältere Blätter werden verschmäht und beiseite geworfen – zur Freude der Ziegen, die in den Dörfern auch das letzte Blatt aufstöbern und mit Appetit verspeisen. In anderen Gegenden steckt man die getrockneten Blätter in die Tabakspfeife. Bekannt ist auch, daß sie in einigen Ländern zerrieben und mit Honig vermischt genossen werden. In Südafrika wird daraus ein Teeaufguß bereitet, der die Bezeichnung »Abessinischer Tee« oder »Khattee« trägt.

Vor 1960 zählte Chat zu den einträglichsten Exportprodukten Äthiopiens. Täglich wurden 600 Kilogramm nach Djibouti transportiert und 2 000 Kilogramm nach Aden geflogen. Auch in Somalia fanden frische Chatbündel reißenden Absatz. Später verboten die Regierungen der genannten Länder die Einfuhr und den Genuß von Chat wegen der ständig steigenden Preise, die ein beängstigendes soziales Problem heraufbeschworen. Das schließt nicht aus, daß noch heute in Dire Dawa ein Kilogramm mit 36 Birr gehandelt wird. Auf unsere Fragen nach der Wirkung von Chat erhalten wir die unterschiedlichsten Auskünfte. Einigkeit finden wir in den Behauptungen, der Genuß erleichtere das Gemüt und ließe die Sorgen vergessen. Manche sprechen sogar von gesteigerter Energie. Verschmitzt erklärten uns die Kottu-Frauen auf der Hochzeit in Bati, Chat mache müde Männer munter. Aber wie vereinbart sich diese Meinung mit dem schläfrigen Desinteresse der sonst so rührigen Händler auf dem Markt in Dire Dawa, wenn sie gegen elf Uhr ihre »Chatstunde« einlegen? Übrigens, im College ist der Genuß von Chat streng verboten.

An solche Gespräche erinnern wir uns, als wir an einem freien Wochenende nach Harer, zur fünfundzwanzig Kilometer von Alem Maya entfernten tausendjährigen Stadt im Chercher Bergland, unterwegs sind. Die geteerte Straße führt in zahlreichen Windungen in einer Höhenlage von knapp zweitausend Metern durch eine leicht hügelige Landschaft. Hier und dort wird Chat geerntet oder von den Frauen in großen Bündeln auf dem Rücken nach Hause transportiert. Wir passieren Straßendörfer mit Schulen und Märkten sowie ein in jüngster Vergangenheit entstandenes Kinderdorf. Mit Unterstützung einer internationalen Hilfsorganisation fanden hier über einhundert Waisen, besonders solche, die während der somalischen Invasion oder durch Naturkatastrophen ihre Eltern verloren, ein neues Zuhause. Bald danach sehen wir von der Höhe herab die sonnenüberflutete Stadt vor uns am Hang liegen. Welch herrliches Panorama! Aus saftigem Grün blinken die hellen Häuser. Im Hintergrund erhebt sich der Amba Condudo, ein mächtiger Tafelberg, auf dem, so behauptet man in Äthiopien, dereinst Noah mit seiner Arche gestrandet sein soll, als die Wellen der Sintflut verebbten.

Harer, früher politisches und wirtschaftliches Zentrum des islamischen Sultanats der Adal, hatte seine Macht von der Danakilebene bis zum Ogaden ausgedehnt. Mit dem Bau der Eisenbahnlinie von Djibouti über Dire Dawa, das vorgesehene Projekt nach Harer mußte aus Kostenschwierigkeiten aufgegeben werden, sank die wirtschaftliche Bedeutung der Stadt, die heute 57 000 Einwohner zählt. Neben einer Reihe anderer administrativer Einrichtungen verblieb der Sitz der Regionalverwaltung. Wie Dire Dawa gliedert sich auch Harer in einen alten und einen neuen Stadtteil, durch eine wuchtige Stadtmauer aus lehmverschmierten Bruchsteinen voneinander abgegrenzt. Die Hauptstraße führt zunächst zu den modernen Gebäuden der Neustadt, vorbei am Stadtpark, dem gleichzeitigen Zentrum öffentlicher Veranstaltungen. Wesentlich lebhafter geht es täglich auf dem angrenzenden Fußballfeld zu, dem sich die neuen Flachbauten des Gymnasiums anschließen.

Zum Schmuck der Neustadt zählen architektonisch schöne Gebäudekomplexe, wie die Militärakademie und der Sitz der COPWE-Leitung der Region Hareree am Mekonnenplatz. In neuem Glanz erstrahlt der restaurierte ehemalige Kronprinzenpalast, in dem die Regionalverwaltung ihre Heimstatt fand. Erwähnenswert scheint uns auch das modern gebaute Ras-Hotel mit schattigem, lauschigem Laubengang, in dem wir uns gern mit unseren Gästen und Freunden aufhalten. Ihm gegenüber sieht ein altes Haus mit hohem Giebel, Wellblechdach und breiter Freitreppe seinem Verfall entgegen. Zunächst können wir über das Bauwerk nichts Näheres erfahren, bis es ein älterer Mann aus Harer als Lij Iyasu-Palast bezeichnet. Obwohl nach unseren Vorstellungen das windschiefe Gebäude keinesfalls einem Palast gleicht, drängt sich die Frage nach seinem Besitzer auf.

Als Enkel Meneliks II. von seinem kaiserlichen Großvater zum Nachfolger bestimmt, bestieg Lij Iyasu im Jahre 1913 den kaiserlichen Thron. Das Schicksal, besser gesagt, der äthiopische Hochadel, sah es nicht gern, daß ihm diese Würde lange Zeit vergönnt blieb. Er, der höchste weltliche Würdenträger der äthiopisch-orthodoxen Christen, sympathisierte mit den Mohammedanern. Dem orthodoxen Klerus und dem Hochadel mißfiel dieses Verhalten. So spannen sich die Ränke, bis man ihn schließlich im Jahre 1916 entthronte und seine Tante Zauditu, Tochter Meneliks II., auf seinen Platz setzte. Lij Iyasu wurde in Fiche unter der Aufsicht von Ras Kassa, dem damaligen Herrscher von Schewa, arrestiert. Sicher hätte er hier seinem Lebensabend entgegengesehen, wenn nicht 1932 sein Schwiegervater, Ras Hailu von Gojam, zu jener Zeit wohl der reichste Äthiopier, einen Aufstand gegen den inzwischen zur Macht gekommenen Kaiser Haile Selassie I. riskiert hätte. Ras Kassa weilte in Addis Abeba, die Zeit war günstig, und Ras Hailu machte sich mit seinen Mannen auf, um Lij Iyasu aus der Haft in Fiche, unweit des Klosters Debre Libanos, zu befreien. Er schmuggelte seinen Schwiegersohn in Frauenkleidern aus dem Gefängnis und setzte anschließend seinen Marsch auf die Hauptstadt fort. Doch die Kunde seiner frevelhaften Tat gelangte schneller zum Kaiser, als er hoffte. Ras Kassa trat ihm mit einer Streitmacht entgegen, der er nicht gewachsen war. Zunächst zum Tode verurteilt, dann vom Kaiser begnadigt, wurde Ras Hailu in Ketten auf einer Insel im Ziwaysee festgesetzt. Seine Söhne kamen in die Verbannung, seine Reichtümer konfiszierte der Kaiser. Lij Iyasu schickte man diesmal nach Harer, doch nicht in seinen Palast, sondern in das Berggefängnis nach Grawa, wo er im Jahre 1935 verstarb.

Das Haupttor zur Altstadt, das Duke Ber, ließ Menelik II. erst 1889 nach der Eroberung Harers in die Stadtmauer brechen. Zuvor galt als wichtigster Zugang zur Stadt das etwa 200 Meter südwestlich davon gelegene Hakim Ber. Dieses ist jedoch so schmal, daß man es nur zu Fuß oder auf dem Esel passieren kann. Auch der sich daran anschließende Weg aus grobem Felsgestein, der steil abwärts durch die verwinkelten Gäßchen der Altstadt führt, schließt den modernen Stadtverkehr aus.

Harer-Altstadt kann im Baustil einen für Äthiopien ungewöhnlichen orientalischen Einfluß nicht leugnen. Schmale, rechteckige, zweigeschossige Häuser mit winzigen Fenstern und flachem Dach, weiß getüncht, verbergen sich hinter etwa zwei Meter hohen weißen Mauern. Niedrige Türen führen in die geräumigen Innenhöfe, auf denen sich tagsüber das Leben der Familien abspielt. Die Gegars, so nennt man diesen Haustyp, säumen dicht nebeneinander die holprigen Gassen, teils freistehend, teils die schrägen Wände an die Felsen angelehnt. Von außen erwecken sie einen schlichten Eindruck, und dennoch besitzen wohlhabende Harari eine oft prachtvolle Innenausstattung der Räume. Moderner gestaltet sich die geteerte Geschäftsstraße, die durch das heutige Haupttor führt. Ob morgens, nachmittags oder abends, ständig herrscht hier und in den kleinen Läden links und rechts Hochbetrieb. Alle Handelsbranchen sind vertreten.

Seiner ehemaligen Funktion beraubt, liegt am Ende der Straße der Pferdemarkt. Nur der Name »Feres Megala« erinnert daran, daß dereinst feurige Araberhengste und -stuten feilgeboten wurden. Heute gibt er den Gläubigen Raum, die die zur Regierungszeit Meneliks II. errichtete und noch in vollem Glanz erstrahlende Medhane-Alem-Kathedrale aufsuchen. Sie spielt im Leben der äthiopisch-orthodoxen Christen dieser Stadt eine bedeutende Rolle. Einen weiteren historischen Ort am Pferdemarkt stellt das Schloß »Anbessa«, des Löwen, dar, das von Ras Mekonnen für Kaiser Menelik II. errichtet wurde. Zunächst suchen wir es vergebens, bis wir neben großen Getreidespeichern spärliche Mauerreste des im Jahre 1935 während der italienischen Invasion durch Bomben völlig zerstörten Gebäudes entdecken.

Hinter der Kathedrale erreichen wir den imposanten Ras-Mekonnen-Palast, den heutigen Sitz der Stadtverwaltung mit einer neu eingerichteten Stadtbibliothek und einem kleinen Museum. Letzteres wurde von der Jugendorganisation aus Spenden der Bevölkerung zusammengetragen. Es zeigt Helme, Schwerter, Speere, Münzen, aber auch Körbe und allerlei Küchengerät aus der Vergangenheit. Ein interessanter Anfang, der das wachsende Verständnis der Jugend für die Geschichte ihrer Stadt erkennen läßt. Neben dem Rathaus befindet sich ein Holzbau mit Terrasse und hölzernen Treppen, in dem die ehemalige Kaiserin Menen wohnte. Ihm gegenüber das Ras-Mekonnen-Krankenhaus, die gemeinsame Wirkungsstätte sowjetischer und äthiopischer Ärzte. Etwas weiter entfernt erhebt sich eine hohe Mauer mit einer sehr kleinen Pforte. Die Männer, die die schmale Treppe zu ihr emporsteigen, müssen sich tief bücken, um sie zu passieren. Dahinter versteckt sich die zweitürmige Djuma-Moschee. Sie scheint die älteste ihresgleichen in der Stadt zu sein und nicht nur Gläubige zum Gebet aufzunehmen, sondern auch Priester und Mönche zu beherbergen. Die beiden Minarette machen einen gedrungenen Eindruck. Verglichen mit dem schlanken Minarett der neuen Moschee ähneln ihre weißen Spitzen großen Zuckerhüten. Gern würden wir einen Blick in das Innere tun, aber Frauen und Nichtmuselmanen bleibt der Zutritt verwehrt.

Vorbei an der Djuma-Moschee gelangen wir auf der schmalen Gasse zum Erer-Tor, durch das wir die Altstadt verlassen. Vor uns glänzt im hellen Sonnenschein die neu erbaute weiße Adalmoschee. Mit hoch aufragendem Minarett leuchtet sie als Wahrzeichen des Islam weit hinein ins Land. Auch das Betreten dieser Moschee bleibt nur den Gläubigen vorbehalten, und unsere Versuche, sie zu besichtigen, schlagen zunächst fehl. Doch eines Tages haben wir Glück. Gegen einen Obolus dürfen wir, das heißt, nicht nur die männlichen, sondern auch die weiblichen Mitglieder der kleinen DDR-Enklave von Alem Maya, uns unserer Schuhe entledigen und die große, mit Säulen bestückte Halle betreten. Alle Wände und Säulen sind weiß getüncht. Es gibt weder Altar noch Gestühl. Vor einer Säule kniet ein Gläubiger und trägt, durch die Akustik der leeren Halle schallend, Suren aus dem Koran vor. Auf Zehenspitzen schleichen wir zum Eingang des schlanken Minaretts. Eine Wendeltreppe führt nach oben. Durch die erste Tür gelangen wir auf das flache Dach der Gebetshalle, durch die zweite und dritte auf ringförmig um das Minarett herumführende Balkons. Von hier oben ruft der Muezzin zum Gebet. Uns bieten sich herrliche Ausblicke zur Stadt, zu den Ansiedlungen im Tal und zu den sechs langgestreckten, flachen Gebäuden der dicht bei der Moschee gelegenen Koranschule.

Aufsehenerregende Erzählungen europäischer Reisender, wie die des Schotten James Bruce am Ende des 18. Jahrhunderts, der Briten Salt und Pearce sowie der Deutschen Hemprich und Ehrenberg zu Beginn des 19. Jahrhunderts, lockten Missionare und Abenteurer zur Quelle des Blauen Nil, zum Tanasee, nach Gonder und nicht zuletzt auch nach Harer. So landete der bekannte englische Afrikareisende Burton, der als erster Euro-

Blick von der Fasilides-Burg auf Gonder

Kaiserliche Bibliothek und Kanzlei

Ruine der ehemaligen Sattelburg

Alltag im tausendjährigen Harer,
dem ehemaligen Zentrum der Moslems

Folgende Seiten: Tefanbau auf der Hochebene
Bauernfamilie bei der Teferntc (oben)

Traditioneller Drusch des Tef

päer und Christ Mekka besucht haben soll, im Jahre 1854 mit seinem Freund Speke in Zeila. Nach vierwöchigem Marsch durch die glutheiße Danakilebene erreichten beide Harer. Sie zählen zu den ersten Europäern, die Kunde aus dem Lande der Adal, vor allem ihrer Hauptstadt, nach Europa brachten. Wenige Jahre später bereisten sie gemeinsam Ostafrika, entdeckten 1858 den Tanganjikasee, und Speke drang auf der Suche nach den Quellen des Weißen Nil bis zum Victoriasee vor.

Ein völlig anderes Motiv bewog den französischen Dichter Arthur Rimbaud, der gegen Ende des 19. Jahrhunderts Harer zur Wahlheimat erkor. Als junger Mann bemühte er sich, aus den geistig engen und autoritären Verhältnissen seines Vaterhauses auszubrechen, prangerte die bürgerliche Gesellschaft, ihre doppelte Moral, die nutzlosen Institutionen an und beteiligte sich vorübergehend auch an der Pariser Kommune. Von der Fruchtlosigkeit seiner Bestrebungen enttäuscht, kehrte der hochbegabte junge Mann im Alter von 26 Jahren Frankreich den Rücken. Seine Sehnsucht galt Afrika, und so gelangte er auf einigen Umwegen nach Harer. Diese Stadt mit ihrem urwüchsigen Leben sagte ihm zu. Seinen Lebensunterhalt verdiente er sich als Händler, ließ Gold, Muskat, Elfenbein, Kaffee u. a. durch Vermittler nach Europa verschiffen und Tuche, Werkzeuge und Feuerwaffen nach Äthiopien bringen. Sein Haus in Harer soll nun unter Denkmalsschutz gestellt werden.

Als wir den weißhaarigen Alten, der mit seiner großen Familie die erste Etage des Rimbaud-Hauses bewohnt, um eine Besichtigung bitten, läßt er uns bereitwillig eine schmale Stiege zum Turmzimmer hinaufklettern. Wie von einer Galerie schauen wir von hier oben durch eine große runde Öffnung inmitten des Raumes hinab in die Wohnräume. Das alte, morsche Holzgeländer gemahnt zur Vorsicht! An der mit Leder bespannten Decke lassen Farbreste eine ehemals gediegene Bemalung vermuten. Die bunten Fensterscheiben hat die Zeit getrübt, viele wurden durch Pappe ersetzt. Dennoch muß es hier oben sehr lauschig gewesen sein. Vom Nordfenster aus schauen wir über Höfe und Häuschen zum Rathaus hinüber. Im Osten und Süden erblicken wir den Tafelberg Condudo, den Ererfluß und können das bunte Treiben auf dem Markt im Zentrum der Altstadt beobachten. Von dort führt eine schmale Gasse zu dem versteckt gelegenen schlichten Grabmal von Harers erstem großem Moslemführer Abu Said Ali.

In Harer-Altstadt leben die Harari, eine kleine ethnische Gemeinschaft von Moslems mit eigener Sprache, eigenen Sitten, typischer Kleidung sowie großer Meisterschaft in der Handwerkskunst. Das betrifft nicht nur die Gold- und Silberschmiede, sondern vor allem die Flechtarbeiten der Hararifrauen. In ihren Händen entstehen die weltweit bekannten, farblich geschmackvoll abgestimmten Harerkörbe, Wandteller, Untersetzer und Korbtische, die Mesobs, im ganzen Land begehrt und bewundert. Unter ihren weiten, bunten Röcken tragen die Hararifrauen knöchellange, die Beine eng umschließende Samt- oder Seidenhosen, bei denen dunkle Grundfarben mit gelblich-rötlich oder lila-bräunlich schillernden Mustern dominieren. Ihre Füße stecken in zierlichen, flachen Sandalen. Es wird erzählt, daß in früheren Zeiten die unverheirateten Frauen blaue Kleider mit roten Punkten, die verheirateten diese in umgekehrter Kombination wählten. Trotz des Islam sind sie im Gegensatz zu den Küstenbewohnern des Nordens unverschleiert. Kunstvoll drapieren sie um Kopf und Schultern die traditionellen, zarten, farbenfrohen Tücher. Goldene und silberne Ohrgehänge, Ketten und Ringe gehören zum täglichen Schmuck. Die Hararimänner gelten als ausgezeichnete Händler und Geschäftsleute. Oft werden sie die »Phönizier Afrikas« genannt. In ihrer Kleidung bevorzugen vor allem die älteren unter ihnen die Galabija, das weite, an Festtagen weiße, bis zu den Knöcheln reichende lange Hemd mit weiten Ärmeln. Die Köpfe zieren flache, oft goldbestickte Moslemkappen.

Der dreißigjährige »heilige« Krieg Harer kann auf eine sehr bewegte Vergangenheit zurückblicken. Bereits im 10. Jahrhundert erblühte die Stadt zu einem bedeutenden politisch-religiösen und wirtschaftlichen Zentrum und unterhielt wichtige Verbindungen zur islamischen Welt. In dieser Zeit vollzogen sich im Norden Äthiopiens tiefgreifende Wandlungen. Das Christentum hatte Fuß gefaßt und breitete sich aus. Mitte des 13. Jahrhunderts bestieg ein Nachkomme der salomonischen Linie, Yekuno Amlak (1268 bis 1285), den Thron. Er sowie die nachfolgenden Kaiser lagen in ständigen kriegerischen Auseinandersetzungen mit den sie umgebenden islamischen Sultanaten, den Ifat, Adal, Zeila und Hadiya.

Im 14. und 15. Jahrhundert bildete Harer das Zentrum der Adalmoslems, deren Einfluß vom Ogaden bis zur Danakilebene reichte. Durch ständige Kriegszüge ermüdet, soll zu Beginn des 16. Jahrhunderts der über die Adal herrschende Sultan Frieden mit den äthiopischen Christen angestrebt haben, was jedoch in herrschenden Kreisen keine Billigung fand. Einer der größten Widersacher dieser Idee war Mohammed Ibrahim (oder Ahmed Ibn Ibrahim), bekannt als Grañ (oder Gragn), der Linkshändige. Vermutlich tötete er den Sultan und ernannte sich selbst zum Imam der Adal. Eine andere Version besagt, daß der Sultan starb und seine Witwe nur dann Ibn Ibrahim zum Manne nehmen wollte, wenn er den »Jihad«, den »heiligen Krieg« gegen die »Unreinen« weiterführt. So wurde Harer Ausgangsbasis der militärischen Expeditionen des neuen Imam.

Im Jahre 1526 begann Grañ mit seinen Beutezügen in die christlichen Gebiete, mordete, plünderte und kehrte reich beladen nach Harer zurück. Gleichzeitig erkannte er die Bedeutung einer schlagkräftigen Kavallerie für derartige weiträumige Unternehmen. Zu dieser Zeit forderte der äthiopische Kaiser Lebna Dengel (1508–1540) von den Adal den ihm gebührenden Tribut. Als diese ihn verweigerten, drang er mit seinen Kriegern in ihr Gebiet ein. Der Angriff blieb erfolglos. Beim zweiten Versuch wurde er von Grañs Heer geschlagen und mußte sich eiligst zurückziehen.

Ermutigt durch diesen Sieg, ging Grañ im Jahre 1531 zum Angriff über. Verbündete fanden sich in den angrenzenden Sultanaten. Darüber hinaus pflegte Harer seit langem gute Beziehungen zum osmanischen Reich. Mehmed II. hatte es durch seine Eroberungszüge Ausgang des 15. Jahrhunderts zur Großmacht entwickelt, die sich über weite Teile des Balkans erstreckte und fast bis Wien reichte. Sein Nachfolger Selim I. fügte zu Beginn des 16. Jahrhunderts Syrien und Ägypten hinzu. Suleiman II. Kanuni, der 1520 in diese politische Szene trat, sah in Ibrahim einen ausgezeichneten Mitstreiter für die islamische Religion im östlichen Afrika und schickte ihm zur Unterstützung einige hundert im Kampf gegen die Christen gut ausgebildete Musketiere mit Luntenschloßgewehren. Grañ drang mit seiner Streitmacht in das äthiopische Hochland vor und verfolgte den Kaiser, wo immer er sich zu verstecken suchte. Auf diesen Kriegszügen, bei denen seine Soldaten mordeten und brandschatzten, bekam er große Gebiete der Amharen und Tigre, Schewa, Lasta und Damot unter seine Kontrolle. Die Sultanate von Hadiya, Waj, Bale und Dawaro schlossen sich seinem Siegeszug an und brachten Äthiopien Not und Elend.

Von seinen Verstecken aus bemühte sich der Kaiser um portugiesische Hilfstruppen, doch diese trafen erst 1540, im Jahre seines Todes, unter Führung von Christopher da Gama ein. So mußte sein Sohn Gelawdewos (1540–1559) diesen erbitterten Krieg zwischen Christen und Moslems zu Ende fechten. Obwohl da Gama bei einem der ersten Kämpfe gefangengenommen und getötet wurde, blieben seine 400 Musketiere tapfere Recken. Am 22. Februar 1543 standen sich beide Armeen in der Nähe des Tanasees bei Fogera am Fuße des Zenteraberges gegenüber: 800 Infanteristen, 500 Kavalleristen und verbliebene 140 Portugiesen auf der Seite des Kaisers gegen 1 400 Infanteristen, 1 300 Kavalleristen und 200 türkische Musketiere unter Führung von Grañ. In dieser Schlacht gelang es den äthiopischen Kriegern, Grañ gefangenzunehmen. Eine völlige Auflösung des islamischen

Heeres war die Folge. Die Soldaten flüchteten nach allen Himmelsrichtungen. Grañ wurde am Kampfplatz, er trägt noch heute den Namen »Gran Ber«, enthauptet und mit seinem Schlachtroß bestattet.

Trotz dieser Niederlage dachte das Sultanat in Harer nicht daran, den Vernichtungskampf gegen die Christen aufzugeben. Während Kaiser Gelawdewos die Schrecken des Krieges zu bannen und das Land zu einen suchte, rüstete der Neffe des Imam, Nur Ibn Mugahid, erneut zum Feldzug und drang in das äthiopische Hochland ein. Ungenügend vorbereitet erlitten die kaiserlichen Truppen eine Niederlage. Der Kaiser blieb auf dem Schlachtfeld. In seinem Haß und Siegestaumel schlug Nur Ibn Mugahid dem toten Kaiser den Kopf ab, transportierte ihn nach Harer und spießte ihn als Siegestrophäe am Haupttor auf einen Pfahl. Die ständigen Kämpfe hatten auch die Adal geschwächt. Die Natur tat das Ihrige, eine Hungersnot brach aus. Darin sah die gläubige Bevölkerung der Stadt die Strafe Allahs für die Mißhandlung am toten Kaiser. Nur Ibn Mugahid wurde gezwungen, den Schädel an den kaiserlichen Hof zu schicken, wo er in Ehren beigesetzt wurde.

So endete im Jahre 1559 der dreißigjährige »heilige« Krieg, den die Moslems gegen die Christen führten. Die islamische Invasion hatte Äthiopien unvergleichliche Zerstörungen, seiner Bevölkerung bitteres Leid und Elend gebracht. Ein großer Teil des Wohlstandes und der Kultur der vergangenen Jahrhunderte waren vernichtet oder nach Adal, nach Harer, verschleppt worden. Christliche Kirchen und historische Stätten hatten die Moslems dem Erdboden gleichgemacht. Seuchen brachen aus, Hungersnöte plagten das Land. Auch in Harer war nicht alles beim alten geblieben. Während der Abwesenheit von Grañ wurde die Stadt im Jahre 1542 von rebellierenden Oromos zerstört, aber bald wieder im alten Stil aufgebaut. Nur Ibn Mugahid ließ deshalb bereits 1550 um seine Hauptstadt eine hohe Mauer errichten, die auch künftig jedem Ansturm der Oromo und Somali widerstand. Das Emirat Harer beherrschte weiterhin den östlichen Teil der Hochebene, das Kaiserreich den westlichen. Während des 19. Jahrhunderts besetzten die Ägypter für kurze Zeit die Stadt, später drangen die Briten ein, bis Kaiser Menelik II. im Jahre 1887 diesem Zustand ein Ende bereitete und sich bis zum Ogaden das gesamte Gebiet unterwarf.

Kunsthandwerk hat goldenen Boden Wenngleich in der Vergangenheit die Handwerker im Lande wenig Ansehen genossen, das Kunsthandwerk, besonders das der Gold- und Silberschmiede, bildete darin eine Ausnahme.

Und Harer ist nicht nur historisch und architektonisch gesehen eine interessante Stadt, sie kann auch im künstlerischen Schaffen mit Besonderheiten aufwarten. Wer sich ein gediegenes Andenken mitnehmen will, wird es in Harer finden, jedoch nicht auf dem Markt. Bei einem Besuch lernen wir Machmud kennen, einen wendigen, aufgeschlossenen Äthiopier mittleren Alters. Immer bietet er sich an, uns zu dem einen oder anderen Kunsthändler zu führen, weil er wieder etwas Interessantes entdeckt habe. Aus steter Neugier schlagen wir es ihm nicht ab. Die Kunsthändler in Harer stellen ihre »Raritäten« in ihren Häusern in Vitrinen, als Wanddekoration und ähnlichem zur Schau. Sie in den winkeligen Gassen aufzuspüren, ist für den Ortsunkundigen recht schwierig. Doch Machmud weiß Bescheid. Gleich am zentralen Markt bewohnt ein solcher Händler ein zweistöckiges Haus. Die Ausstellung befindet sich in der ersten Etage, die wir über eine schmale, wackelige Holztreppe erreichen. Machmud klopft an die große, doppelflügelige Holztür. Es dauert nicht lange, da öffnet sie sich für uns. Wir treten in einen dämmrigen Raum, ausgelegt mit orientalischen Teppichen. Im hinteren, etwas erhöhten Drittel des Raumes sitzen zwei mollige Frauen in typischer Hararikleidung und rauchen Wasserpfeife. Es duftet nach Weihrauch. An den Seiten stehen Glasschränke mit Schmuck, in den Ecken türmen sich Bastkörbe, an den Wänden hängen Bastschalen und handgewebte Teppiche, ein reiches Angebot vom vielseitigen kunstgewerblichen Schaffen aus dem gesamten Land. Wir sehen Silberarmbänder mit den Insignien des »Löwen von Juda«, Armbänder aus geflochtenen Schwanzhaaren von Giraffen, kleine silberne Schwerter und Nachbildungen der verschiedensten Musikinstrumente als Broschen und Anhänger, verzierte Türriegel, Schlüsselringe, Aschenbecher, Leuchter und Trinkbecher aus Nickel, Anhänger mit in Silber gefaßten Löwenkrallen und Flußpferdzähnen und nicht zu vergessen die verschiedensten Variationen von Kreuzen aus Eisen, Nickel, Silber und Holz. Danach bewundern wir Lederschilde aus Büffelhaut, nicht selten mit Gold und Silber verziert, die vielfältigsten Speerspitzen und die Dolche der Danakilnomaden. Dazwischen liegen Kämme, stehen Becher, Vögel und vieles mehr aus Rinderhorn. An Holzgegenständen gibt es geschnitzte Kämme, Glocken, die die Kamele am Hals tragen, sowie niedrige, dreibeinige Hocker, »Kefa-Stühle« genannt. Auch die verschiedenen Musikinstrumente fehlen nicht im Angebot.

Machmud erklärt uns, daß zur Pflege äthiopischer Musik spezifische Instrumente gehören, wie die Krar, der griechischen Leier ähnlich, mit fünf oder sechs Saiten auf dem mit Kalb- oder Schafhaut überzogenen Holzkörper. Sie besitzt einen gitarrenähnlichen Klang und wird häufig von

Frauen gespielt. Machmud zeigt uns eine Mesenko. Über dem rhombischen Resonanzboden spannt sich nur eine Saite aus Pferdehaar, der wir mit einem Bogen quietschende Töne entlocken. Bei allen Kunsthändlern der Stadt, und es sind nicht wenige, finden wir ein ähnliches Angebot. Oft betreiben Frauen das Geschäft und gebärden sich beim Handel um den Preis wesentlich hartnäckiger als die Männer. Dafür werden sie nicht müde, immer wieder neue Gegenstände hervorzukramen und wortreich vorzulegen. So fällt es uns nicht leicht, eine kleine Auswahl an Geschenken für Verwandte, Freunde und als eigene Andenken zusammenzustellen.

Leprosezentrum Bisidimo Infektionskrankheiten, die in unseren Breiten kaum Bedeutung besitzen, bringen auch heute noch in den warmen Ländern große Gefahren für die Gesundheit der Menschen. Jeder Tropenreisende muß regelmäßig Chlorochin oder analoge Präparate schlucken, um sich vor Malaria zu schützen. In den höher gelegenen Regionen Äthiopiens tritt diese Krankheit seltener auf, aber unterhalb der Zweitausendmetergrenze zeigt sie eine weite Verbreitung. Der mühevollen Arbeit der Weltgesundheitsorganisation (WHO) verdanken wir, daß die Viruspocken vom Erdball verbannt wurden. Neben gelegentlichen Choleraausbrüchen stellen jedoch Tuberkulose, Amöbenruhr, Bilharziose, Bandwurminfektionen und Typhus hierzulande keine Seltenheit dar.

Eine in Äthiopien ernst zu nehmende Erkrankung nennt sich Leprose, auch als Lepra oder Aussatz bekannt. Sie ist eine schwere, von vornherein chronisch verlaufende Infektionskrankheit, die durch Bakterien hervorgerufen, unbehandelt nach langem Siechtum zum Tode führt. Krankheitssymptome äußern sich in knotigen Verdickungen der Haut, Lähmungserscheinungen, Verkrüppelungen und Verstümmelungen der Gliedmaßen durch Verlust von Fingern und Zehen, einhergehend mit Sensibilitätsstörungen, das heißt, Unempfindlichkeit gegenüber äußeren Einwirkungen. Wenn sich beispielsweise ein Kranker einen Dorn in den Fuß eintritt, spürt er es nicht, so daß weitere Komplikationen hinzukommen können.

Leprakranke leiden unter chronischem Schnupfen, verbunden mit Absonderungen, durch die die Erreger massenhaft ausgeschieden und verbreitet werden. Begünstigend auf die Übertragung der Erreger, die durch längeren engen Kontakt mit Leprakranken erfolgt, wirken sich unzureichende hygienische und soziale Bedingungen aus. Zwischen der Infektion und dem Sichtbarwerden der ersten Symptome liegen mehrere Monate, doch können auch Jahre vergehen. Die Tragik der Leprösen besteht und bestand zu allen Zeiten darin, daß sie, zu »Aussätzigen« gestempelt, rigoros aus der

Gemeinschaft ausgeschlossen und in ihrer nach Jahren eintretenden Invalidität alleingelassen werden und dahinsiechen. In der Vergangenheit haben sich vor allem Missionen der Hilflosen angenommen und Lepradörfer oder Leprosarien gegründet.

Die Behandlung der Kranken erfolgt heute medikamentös in Isolierstationen. Sobald sie keine Leprabakterien mehr ausscheiden, können sie unter entsprechender hygienischer Lebensführung und Überwachung wieder in die Gemeinschaft eingegliedert werden. Damit wird den Betroffenen letztlich die schwere psychische Belastung des sozialen Ausschlusses genommen.

Wieviel Leprakranke vor fünfzig Jahren in der Harergeregion beheimatet waren, ist uns unbekannt. Wir wissen aber, daß von 1930 bis 1965 der österreichische Arzt Dr. Fern in Harer wirkte und sich bemühte, die Leprose zu bekämpfen. Dieses Unterfangen überstieg jedoch seine Kräfte. Und so richtete er nach dem zweiten Weltkrieg einen Aufruf an die Öffentlichkeit, der nicht ungehört blieb. Vor rund zwanzig Jahren stellte die Internationale Leprose Relief Association 100 Millionen DM zum Aufbau eines Leprosezentrums in Bisidimo zur Verfügung, das auch heute noch, von dieser internationalen Vereinigung unterstützt, von äthiopischen Fachkräften geleitet wird.

Da wir schon des öfteren vom Direktor der Leprosestation zu einem Besuch eingeladen wurden, machen wir uns auf den Weg zum 25 Kilometer von Harer entfernten Bisidimo. Vor dem streng bewachten Eingang zieht sich am Erer-Fluß entlang eine größere Siedlung. Hier leben rehabilitierte Kranke, die nicht den Mut fanden, in ihre Heimatdörfer zurückzukehren. Hinter dem breiten Tor zur Station läßt uns der Wachposten als Gäste des Direktors rasch passieren. Das etwa 160 Hektar umfassende, parkartige Gelände macht einen freundlichen Eindruck. Die Flammenbäume stehen in voller Blüte, mächtige Kapokbäume haben ihre mit dichten Wattebäuschen gefüllten Fruchtkapseln abgeworfen. Beiderseits des Weges ducken sich im Schatten hoher Bäume kleine, saubere Häuschen für Krankenpfleger und Laborkräfte mit ihren Familien. Viele von ihnen haben in Bisidimo selbst Heilung gefunden.

Direktor Beleke begrüßt uns herzlich. Nicht ohne Stolz führt er uns durch die Einrichtung, die sich in zwei Komplexe unterteilt: die Klinik mit 200 Betten und das Rehabilitationszentrum mit Werkstätten sowie einem umfangreichen landwirtschaftlichen Betrieb. Die hell gestrichenen Flachbauten der Klinik wirken sauber. Der Raum für die Aufnahme, das Ordinationszimmer, die bakteriologischen und hämatologischen Labors sind eine

Augenweide in einem Land mit strohbedeckten Lehmhütten und Nomadenzelten. Es gibt eine Bücherei, eine Dunkelkammer, die Apotheke mit dem Medikamentenlager. Auch das erforderliche medizinisch-technische Personal ist vorhanden. Dennoch mangelt es an praktischen Ärzten, denn neben Leprose werden auch Tuberkulose und andere Krankheiten behandelt. Für Wöchnerinnen steht ein Kreissaal zur Verfügung. Und während der Aufenthalt in öffentlichen Krankenhäusern kostenpflichtig ist, bezahlen hier die stationären Kranken nur ihre tägliche Verpflegung.

Nach der stationären Behandlung werden die Leprakranken in die Rehabilitationsgruppen eingegliedert und bleiben bis zu vier Jahren unter Beobachtung. Alle diejenigen, die anschließend in ihre Heimatdörfer zurückkehren, finden weitere Betreuung in den vierundsechzig Außenstationen des Zentrums. Dabei geht es nicht nur um die Verabreichung von Medikamenten, sondern vor allem um die Wiedereingliederung der Entlassenen in die Gemeinschaft. Eine nicht zu unterschätzende Arbeit, die von allen Beteiligten größte Einsicht und Bereitschaft zum Umdenken verlangt. Man schätzt die Zahl der Leprafälle in der Region Harerge auf etwa 10 000, nicht eingerechnet die bereits rehabilitierten, die zu 75 Prozent zu regulären Untersuchungen im Zentrum wieder vorsprechen.

Im Rehabilitationsteil sind über 300 Mitarbeiter beschäftigt, von denen die überwiegende Zahl selbst erkrankt war. Sie besitzen das größte Verständnis für die Kranken, für die Aufgaben in dieser Station, sind stets willig, ihren Beitrag zur Linderung der Leiden zu leisten, das betont der Direktor immer wieder. Die Rehabilitanten arbeiten in den verschiedensten Werkstätten. Viele erlernen einen Beruf als Tischler, Maurer, Schlosser, Schuhmacher, Schneider. Eine eigene Großküche sowie die Wäscherei mit modernen Waschmaschinen und Bügelräumen bieten den Frauen Arbeitsplätze. Wie im Bereich des Handwerks gibt es auch in der landwirtschaftlichen Produktion viele Möglichkeiten zur Betätigung. Die Früchte fleißiger Arbeit, ob aus Werkstätten oder Landwirtschaft, decken in erster Linie den Bedarf des Leprosezentrums. Ein großer Teil wird aber auch zugunsten des Budgets der Station verkauft.

Die psychische Belastung der Kranken, ihr Ausgestoßensein aus der Gemeinschaft ihrer Siedlungen, hat sie in der Vergangenheit veranlaßt, sich zusammen mit ihren Familien dicht am Leprosezentrum, zu dem sie großes Vertrauen besitzen, anzusiedeln, erläutert uns der Direktor. »Meist haben sie die Verbindung zur Heimatgemeinde verloren und sich praktisch zu einer Gemeinde Gleichgestellter zusammengefunden. Diese unkontrollierte Form des Siedelns bietet natürlich keine Lösung und birgt letztlich immer wieder die Gefahr eines erneuten Ausbruchs der Krankheit in sich. Deshalb begannen wir, etwa zwei Kilometer vom Zentrum entfernt, für 145 Familien neue Häuser zu bauen. Auf einer großen Fläche stehen bereits die Gerüste in Reihen, die Wellblechdächer wurden teilweise montiert. Jetzt geht es darum, die Fenster und Türen einzusetzen, das Wandgeflecht anzufertigen, den Lehmbewurf vorzunehmen und mit einem hellen Anstrich zu versehen. Zu diesem Dorf werden eine Schule und etwa 400 Hektar Produktionsfläche gehören.«

Unsere Anerkennung über die hervorragende Arbeit des Leprosezentrums und die umsichtige Sorge für die kranken Menschen bringen wir gegenüber seinem Direktor zum Ausdruck. Als wir zwei Jahre später unseren Besuch wiederholen, haben die Rehabilitanten mit ihren Familien die Häuser im Dorf bereits bezogen. Die erste Ernte, reife Sorghum-Rispen, liegt in großen Haufen auf dem Dreschplatz. Uns verwundert jedoch das hoch aufgeschichtete Dornengestrüpp rund um die Siedlung, wir fragen nach dem Grund. Beleke lacht: »Das geschah, nachdem ein unliebsamer Elefantenbesuch die Bewohner in Angst und Schrecken versetzte. Der Krieg hatte die Herden vertrieben, und wir glaubten, der Beobachtungsstand dort oben in der Akazie sei überflüssig geworden. Aber wie die Praxis zeigt, sind mit dem Frieden auch die Elefanten zurückgekehrt.«

So traurig der Leprosekomplex sein mag, solch vorbildliche Einrichtungen wie die in Bisidimo, die, wenn man die zentrale Einrichtung in der Hauptstadt ausklammert, als größte im Lande gilt, können als richtungweisend für eine allgemeine medizinische Betreuung angesehen werden. Daß es damit zur Zeit noch nicht zum besten steht, spüren wir selbst, wenn einer unserer Kollegen oder seiner Familienangehörigen erkrankt. Im College steht für 2 000 Studenten und rund 500 Mitarbeitern zwar eine Studentenklinik zur Verfügung. Mit ihrer notdürftigen Ausstattung trägt sie aber eher den Charakter einer Sanitätsstation. Wer Zahnschmerzen hat, muß sich oft längere Zeit damit plagen, wenn der einzige Behandlungsstuhl des kubanischen Zahnarztes in Harer einen Defekt hat und der zweite Zahnarzt mit Sitz in Dire Dawa, ein alter Herr aus Österreich, erkrankt ist. In ernsteren Fällen helfen uns die sowjetischen Ärzte, der bulgarische Kinderarzt und unsere kubanischen Freunde im Harerkrankenhaus.

Die medizinische Betreuung der Bevölkerung gehört in diesem Land mit zu den schwierigsten Problemen. Sie wird nicht nur durch die unzureichende Infrastruktur, durch fehlende Medikamente erschwert, sondern in erster Linie durch den Mangel an notwendigem qualifiziertem medizinischem Personal. Nach statistischen Angaben stehen für dieses 30-Millionen-

Volk rund 400 Ärzte und etwa die gleiche Zahl an medizinischem Fachpersonal zur Verfügung, die sich vornehmlich in der Hauptstadt und einigen anderen größeren Städten etablierten. Als vorrangige soziale Entwicklungsaufgabe gilt deshalb, im Laufe der kommenden Jahre einen elementaren Gesundheitsdienst zu schaffen, der eine allgemeine medizinische Betreuung in allen Landesteilen gewährleistet. Eine der Vorbedingungen besteht natürlich in der Heranbildung der erforderlichen Ärzte, und deshalb schuf die Universität Addis Abeba in Gonder ein medizinisches Ausbildungszentrum, in dem im Studienjahr 1980/81 über 600 Studenten der verschiedensten Jahrgänge immatrikuliert waren. Der auf allgemeine Bedürfnisse orientierte Lehrplan soll besonders zur Qualifizierung der dringend benötigten Landärzte beitragen. Das erfahren wir von Medizinern, die ihren Arbeitsplatz an der Karl-Marx-Universität Leipzig sowie anderen medizinischen Einrichtungen unserer Republik mit dem an dieser medizinischen Hochschule vertauschten, um einen Beitrag zur Lösung dieser für Äthiopien lebenswichtigen Aufgabe zu leisten.

6 Verbringe nicht den Abend
in einem Haus,
in dem du nicht
übernachten kannst!

Unterwegs auf den Straßen Äthiopiens

Wieder einmal steht eine Reise ins Landesinnere bevor. Die landwirtschaftlichen Institutionen in Nazret, Debre Zeyit, Awasa und Jima sind unsere Ziele. Drei Wochen soll unsere Reise dauern. Die erste Etappe heißt Awasch. Dreihundert Kilometer schottrige Fernverkehrsstraße liegen vor uns. Als wir am frühen Morgen starten, herrscht noch Zwielicht. Hyänen huschen, vom Scheinwerfer unseres Autos aufgeschreckt, über die Straße ins schützende Dickicht. Verschlafen lugen die Frühaufsteher in Bati aus ihren Häusern. Eine faszinierende Bergwelt erwartet uns. Halsbrecherische Kurven erschweren die Fahrt, aber auf den Höhen entschädigt uns das Panorama für die Strapazen. Tief unten liegt Dire Dawa.

Aus den Strohdächern der Tukuls steigt weißlicher Rauch auf, ein Zeichen, daß das Morgenmahl bereitet wird. Vom Ort Kelsa leuchtet uns das rote Dach der sechseckigen Dorfkirche in der aufkommenden Morgensonne entgegen, und nach einer weiteren knappen Stunde Fahrt schimmern zwischen den Berggipfeln die goldbedeckten Kuppeln der Wallfahrtskirche von Kulube. Hier herrscht Ende Dezember eines jeden Jahres Hochbetrieb. Aus dem ganzen Land strömen Tausende von Gläubigen nach Kulube, um an den Gottesdiensten und Zeremonien zu Ehren des heiligen Gabriel teilzunehmen. Wohl dem, der zu dieser Zeit die Straße nach Addis Abeba meiden kann. Sie ist nicht nur zeitweise völlig verstopft, unangenehm sind vor allem die dichten Staubwolken, die die endlosen Fahrzeugkolonnen in beiden Richtungen aufwirbeln.

Heute haben wir freie Fahrt, nur ab und zu überholen wir einen LKW. Um uns in seiner nachziehenden Staubwolke bemerkbar zu machen, drükken wir kräftig auf die Hupe. Erst wenn der Fahrer seinen Wagen eindeutig nach rechts lenkt oder zum Vorbeifahren winkt, können wir sicher sein, daß unser Vorhaben erkannt wurde. Auf der einen Seite säumen steil emporragende Felsen die steinige Fahrbahn, auf der anderen fällt das Gelände schroff ab und erlaubt einen herrlichen Weitblick. Tief unten in den Tälern schimmern unter Baumkronen die Hütten und Gehöfte wie aus einer Spielzeugschachtel hervor, oder sie pressen sich geduckt an die Hänge zwischen das leuchtende Gelb der reifenden Getreidefelder. Verstreut ragen immergrüne Tidbäume, bei uns als Ostafrikanische Bleistiftzeder bekannt, dreißig bis vierzig Meter empor. Zu ihnen gesellen sich, sofern das Gelände unter einer Höhe von 2 000 Metern bleibt, mit weit ausladender Krone der Afrikanische Ölbaum, der Kossobaum und die mächtigen wilden Feigen. Steigt es darüber, werden diese Gehölze von einer kräftigen Konifere mit hellgrüner Benadelung, dem Zigbaum, durch hohe Kandelabereuphorbien und die großohrigen, stacheligen Opuntien, die Feigenkakteen, abgelöst.

Badege, unser Forstspezialist, kann diesen Euphorbien- und Opuntienwäldchen nichts abgewinnen. »Das sind nutzlose, wirtschaftlich wertlose Hangbesiedler«, erläuterte er uns. Auf unsere Entgegnung, daß wir des öfteren Halbwüchsige beobachteten, die mit langen Stangen zwischen den stacheligen »Ohren« der Feigenkakteen umherbalancierten und die reifen länglichen Früchte ernteten, meint er: »Gewiß, das saftige Mark besitzt einen angenehmen, feigenartigen Geschmack, aber die Ernte wird von den Kindern wohl eher als Sport betrieben. Ihr vergeßt, daß dereinst vierzig Prozent unserer heute kahlen Hänge und Ebenen bewaldet waren. Noch vor fünfzig Jahren bedeckte der Baumbestand fünfzehn Prozent unserer Landesfläche, und heute? Die einen sagen sieben, die anderen vier Prozent, keiner weiß es genau. Aber eines wissen wir, daß diesem gefährlichen Raubbau in unseren Nutzholzbeständen ein Ende gesetzt werden muß.«

Wir geben ihm recht und wissen aus Zeitungsberichten, daß der Aufforstung in Äthiopien als Schwerpunkt der »Ökonomischen Kampagne« bereits großes Augenmerk geschenkt wird. Überall im Lande verteilt, wachsen in Baumschulen junge Bäumchen heran, auch im College unter der Leitung von Badege wie im Baleforst bei Wendo Genet in der Fachschule für Forstarbeiter. 1979 wurden von den Bauernvereinigungen nach Terrassierung von Hängen bereits zwanzig Millionen solcher Bäume, im Jahre 1980 fünfundvierzig Millionen gesetzt. Dennoch bleibt Badege ungeduldig. Wünschen wir ihm, daß es gelingt, viele seiner Studenten für die Aufforstung, für eine waldreiche Umwelt zu begeistern.

Vorbei geht es am höchsten Gipfel des Amhargebirges, dem 3 381 Meter hohen Gara Muleta, am Sägewerk in Zigita, hinunter in das breite Tal von Hirna, von 2 500 Meter Höhe auf 1 700 Meter, und bald darauf wieder in Serpentinen steil bergauf. Der Motor unseres Lada erhitzt sich bis an die Grenze des Zulässigen. Da passiert es. Der auf der Straße verteilte

Splitt wurde durch die LKW zu einem schmalen Damm zusammengeschoben. Steine auf unserer Straßenseite versperren den Weg. Seitenwechsel – rums! Im Splitt versteckt liegt ein großer Steinbrocken. Er schlägt die linke Halterung der Handbremse zurück, das Hinterrad wird blockiert. Wir stehen mitten auf der Straße, unser treues Gefährt läßt sich weder vor noch zurück bewegen. Nach etwa vierzig Minuten haben wir im Schweiße unseres Angesichts die Halterung endlich wieder nach vorn geschlagen und den Seilzug der Handbremse ausgehängt. Zwar können wir nur noch auf einem Hinterrad bremsen, was hilft es, wir müssen weiter bis zur nächsten, etwa fünfzig Kilometer entfernten Werkstatt. Wohlbehalten erreichen wir die Kreisstadt Asbe Teferi. Und während wir unser verspätetes Frühstück einnehmen, reparieren fleißige Hände im Service an der Tankstelle den Schaden. Nach einer rasanten Talfahrt mit fast tausend Meter Höhenunterschied gelangen wir zur Bahnstation Mieso. Die Sonne hat nahezu ihren Höchststand erreicht und läßt uns in unserer Blechkarosse schmoren. Mieso liegt etwa auf gleicher Höhe mit Dire Dawa. Hier treffen wir auch auf die alte Fernverkehrsstraße parallel zur Eisenbahnlinie. Wir kennen diese alte Straße streckenweise und wissen, daß wir auf ihr Addis Abeba niemals an einem Tag erreichen würden. Erinnerungen an unsere Fahrt von Dire Dawa nach Erer-Gota werden wach. Dort gibt es keine Brücken. Es geht hinauf und hinunter von einem Wadi zum anderen, über Felsen und durch Sandlöcher. Man glaubt, weit und breit wohne keine Menschenseele. Bleibt man aber mit dem Wagen im Sand eines Wadis stecken, vergehen nur wenige Minuten, bis sich neugierige Kinder einfinden und uns, den »Ferenchi«, den Fremden, ihre Hilfe anbieten.

Während man vor der Jahrhundertwende in Äthiopien den Fremden »Gyptzis« nannte, »der von weither Gekommene«, ist heute die Bezeichnung »Ferenchi« weit verbreitet. Ein Schimpfwort? Yeneneh, unser äthiopischer Mitstreiter im College, meint, diese Bezeichnung sei auf die Zeit des Eisenbahnbaues zurückzuführen, als viele Franzosen hier arbeiteten, die man »French« nannte. Daraus sei später »Ferenchi« geworden. Auf jeden Fall zählen auch wir zu dieser Kategorie und wissen nie so recht, welchen Stellenwert sie besitzt. Mit den einheimischen Kindern bekommen wir stets schnell Kontakt, besonders, wenn zusätzlich Bonbons, Karamelas, ins Spiel gebracht werden. Zu den Erwachsenen führt dieser Weg nicht so leicht, das trifft auch auf unsere äthiopischen Kollegen im College zu. Ihre Zurückhaltung bei unserer Ankunft bedrückte uns anfangs erheblich. Doch wir sind nicht die einzigen Europäer, die diese Frage beschäftigt. So schrieb bereits im Jahre 1904 der spätere amerikanische Generalkonsul in Äthiopien, Skinner: »Warum sind die Äthiopier mißtrauisch gegenüber weißen Intellektuellen?« Und er antwortet selbst darauf: »Weil sie deren Heimat und die Menschen oft unsachlich darstellen, weil sie weder das Land noch die Mentalität seiner Bewohner kennen und ausschließlich ihren persönlichen Maßstab für Moral und Humanität als alleingültig betrachten.«

Nicht nur einmal bleiben wir mit unserem Fahrzeug fern von Alem Maya auf der Landstraße stecken. Dann sind es unsere äthiopischen Begleiter, die auf eine rasche Reparatur und Weiterfahrt drängen, denn in der glühendheißen Danakilebene leben die Somali, die Issa und die Afar, Nomadenstämme, mit denen weder wir noch sie sich ausreichend verständigen können. Hinzu kommen Berichte über nicht sehr freundschaftliche Begegnungen mit ihnen. Wir werden aufgefordert, nicht auszusteigen, wenn die Nomaden mit ihren Herden den Weg versperren und uns zum Anhalten zwingen.

Die Straße führt weiter durch dichten Akazienbusch. Hinter einer Kurve stehen Afarnomaden am Wegesrand und winken. Quer über der Schulter tragen sie traditionsgemäß ihr Gewehr oder zumindest einen Speer, um die Hüften einen prall gefüllten Patronengürtel und den scharf geschliffenen, gebogenen Dolch im Lederfutteral. Ihre Kleidung besteht aus einem bis in die Kniekehlen reichenden, hellen Wickelrock aus derbem Leinen und einer ärmellosen Jacke oder einem großen, weichen, togaähnlichen Tuch. Sie machen auf uns einen recht kriegerischen Eindruck. Dennoch wagen wir es und halten an. Durch Gesten versuchen sie sich verständlich zu machen – wer spricht schon Dankali? Sie benötigen Streichhölzer, nicht zum Rauchen, nein, zum Feuermachen. Ihnen kann geholfen werden. Wir nutzen den Kontakt und wollen um einen Dolch handeln. Doch das ist vergebene Mühe. Ihre Dolche erhalten sie von älteren Kriegern als Zeichen ihrer Mannbarkeit. Sie sind ihnen heilig, auch wenn der Ferenchi noch soviel dafür bietet.

Im Vergleich zu anderen ethnischen Gruppen besitzen die Afar noch einen ausgeprägten Gemeinschaftssinn, der wohl mit ihren harten Lebensbedingungen im Zusammenhang steht. Ihr Land gilt als Gemeinschaftseigentum, sie unterstützen sich gegenseitig in Notzeiten. Die Vertreibung der Afar von fruchtbaren Ländereien durch die Feudalaristokratie und auch die Plünderung ihrer Herden durch Banden erzog sie zu unerschrockenen Kämpfern, die sich diszipliniert in die Gemeinschaft einfügen. Ihre Kampfbereitschaft, die sie wiederholt gegen die Türken, die Ägypter und die Italiener bewiesen, wenn diese versuchten, in ihre Weidegebiete einzudringen, demonstrieren sie auch heute durch ständiges Tragen ihrer Waffen.

Ihre Nachbarn im östlichen Danakilgebiet bis südlich zum Ogaden sind die Somali. Als Moslems spielt für sie der religiöse Lehrer, der Scheik, in der Gemeinschaft eine große Rolle und prägt neben dem Krieger das Leitbild der männlichen Jugend. Die Somali haben in ihrer Lebenshaltung viele Ähnlichkeiten mit ihren nomadisierenden Nachbarn anderer ethnischer Herkunft. Da sie rötliches Haar als besonders schön empfinden, reiben sie es mit Limonensaft ein, was uns anfangs fälschlicherweise auf Proteinmangel schließen ließ. Ihre Hütten bestehen ähnlich denen der Afar aus einem halbkugeligen Holzgerüst mit Decken aus Ziegenleder. Solche Zelte lassen sich schnell auf- und abbauen und finden auf den Rücken der Kamele Platz. Als dritte bedeutende nomadisierende Gruppe der riesigen Danakilebene beiderseits der Grenze zu Djibouti sollen noch die Issa genannt werden.

Allgemein erfordert das Nomadenleben äußerste Disziplin und zweckmäßige Arbeitsteilung in Familie und Sippe, denn es geht im wahrsten Sinne des Wortes um das Überleben von Mensch und Tier. Während sich die Männer um den Hausbau, die Herden und die Jagd kümmern, sind die Frauen für die Kinder, die Küche, die Verarbeitung von Milch zu Butter und Käse sowie für den Handel auf den Märkten verantwortlich. Da die Hitze in dieser Grassteppe zeitweise unerträglich wird, besteht die Bekleidung der Männer aus einem losen Umhang, der nicht zu eng am Körper anliegt. Die Tracht der älteren Frauen ist ein langes, weites Trägerkleid aus derbem Leinen, in der Taille durch eine Kordel oder einen Gürtel gerafft. Hinzu kommt ein farbiges Kopftuch, am Hinterkopf verknotet. Issafrauen bevorzugen einen langen, bis zur Erde reichenden bunten Baumwollrock, ergänzt durch ein schwarzes, schleierartiges Kopftuch. Junge Mädchen all dieser Nomadengruppen gefallen sich in kurzen Leder- oder Leinenröckchen.

Während wir den Eisenbahndamm in Mieso überqueren, erzählt uns Yeneneh, wie im Jahre 1903 der bereits genannte Skinner mit einer kleinen militärischen Formation über Djibouti angereist war, um Kaiser Menelik II. eine Botschaft des amerikanischen Präsidenten zu überbringen. Auf der gerade fertiggestellten Eisenbahnstrecke gelangte er bis Dire Dawa. 310 Kilometer waren per Bahn geschafft. Dann begann der Fußmarsch durch die ausgedörrte Steppe. Nach einem siebzehntägigen Marsch erreichten sie erschöpft, aber wohlbehalten ihr Ziel. Auch der Missionar Krapf soll um 1840 von Harer bis Ankober, der damaligen Residenz des Schewakönigs, siebzehn Tage benötigt haben. Das hätte uns noch gefehlt, unsere Post auf diese Weise aus der Hauptstadt zu holen!

Zwischen Mieso und Awasch empfängt uns triste Trockensteppe. Hier und da spendet auf sonnenverbrannten Weideflächen eine Schirmakazie kargen Schatten. Hochauf wirbelt der Staub, der auch das Gestrüpp entlang der Straße dick bepudert hat. Ab und zu treffen wir auf eine Kamelherde. Die Dromedare schauen hochmütig, mit hängender Unterlippe auf uns herab und trotten auf ihren breitsohligen Füßen lässig in den seitlichen Busch, um sich an den stacheligen Opuntien zu laben. Wie mag es ihnen gelingen, sich dabei das Maul nicht zu verletzen? Da ist eine Pavianherde schon ein lustigerer Anblick, wenn sie vor dem Auto Reißaus nimmt und die Tiere eilig über die Steppe hasten.

Endlich endet die staubige Piste. Der Lada rollt wieder auf geteerter Straße. Und hat uns bisher kein Stein die Frontscheibe zerschlagen, so besteht ab jetzt geringere Gefahr. Langsam nähern wir uns der Awaschbrücke. Mit unserem Erlaubnisschein können wir den Kontrollposten schnell passieren. Brütende Mittagshitze breitet sich im Wagen aus. Auch der Fahrtwind bringt durch die heiße Thermik keine Kühlung. Aufgesprungene Lippen bilden eine normale Beigabe auf dieser Fahrt am Rande der Danakilebene ebenso wie die wiederholten flimmernden Luftspiegelungen, die besonders auf der Teerstraße große Wasserflächen vortäuschen.

Im Awasch-Nationalpark Wie oft sind wir hier schon vorbeigefahren, haben die Geschwindigkeit gedrosselt und Ausschau nach wilden Tieren gehalten. Diesmal bleibt uns mehr Zeit. Nach dem ersten Regen grünt das Steppengras, kriechende Crotalaria-Kräuter treiben ihre gelben Blüten und bedecken die kahlen Flecken wie mit einem zarten Teppich. Verstaubt und verschwitzt biegen wir auf die Parkstraße ab und stehen vor dem Schlagbaum am Haupteingang zum Nationalpark.

Das Terrain erstreckt sich über ein sehr großes Gebiet von mehr als einhundert Quadratkilometern. Im Süden wird es vom Awaschfluß, im Norden durch die Eisenbahnlinie und die Fernverkehrsstraße begrenzt. Dieser Teil ist für Besucher bestimmt. Auch das Gebiet jenseits der Straße, am Fuß des Fantaleberges wird von der Parkverwaltung betreut. Hier leben noch Löwen in freier Wildbahn. Probleme mit Wilderern scheint man weniger zu haben, dafür machen der Parkverwaltung die durchziehenden Herden der Nomaden große Sorge. Man darf nicht vergessen, daß über Jahrhunderte dieses Gebiet von Nomaden als Weideland genutzt wurde. Jetzt will der Staat ihnen ihre alten Rechte vorenthalten. Was schert sie der Nationalpark, sie sind Nomaden. Zuerst gab es Ärger mit dem Kaiser, und nach der Revolution soll ihnen der Durchtrieb ihrer Herden weiterhin

Salzlager im Dilokrater

Koptische Christen vor einer Kapelle

Medhane-Alem-Kirche in Debre Libanos

Folgende Seiten: Im Amhargebirge mit Gara Muleta (3381 m) im Hintergrund

Neugierig beäugen die Kinder den »Ferenchi«

Oromo-Bauer aus Lege Ambo

Historische Steinbrücke bei Debre Libanos

verwehrt werden? Es gehört schon eine Politik mit Fingerspitzengefühl dazu, solche Probleme zu lösen. Die Zuweisung anderer Weidegründe, die Verbesserung der Weideflächen und zahlreiche andere Förderungsmaßnahmen reichen nicht aus, wenn sie von den Nomaden in ihrer Zielstellung nicht erfaßt werden. Schon beim Bau der Eisenbahnlinie konnte man genügend Erfahrungen sammeln, denn bereits damals wurden die Arbeiten durch die Nomaden erheblich gestört, weil sie sich in ihrem Lebensraum, in ihren Rechten bedroht und eingeschränkt fühlten.

Auf dem Fahrweg in südlicher Richtung kommen wir zur kleinen Siedlung Gotu, dem Sitz der Parkverwaltung mit den erforderlichen Wohnhäusern für die Mitarbeiter und die Wildhüter. Als Attraktion für Besucher, die nur kurze Zeit im Park verweilen können, wurden ein kleiner Zoo und ein Museum im Tukulstil eingerichtet. In runden Käfigen liegen Löwen und Leoparden ausgestreckt in der brütenden Mittagshitze. Viel Liebe und Sorgfalt läßt die Ausstattung im schattigen Museum erkennen. An der Wand aufgehängte, ausgestopfte Köpfe der verschiedenen im Park lebenden Huftierarten erleichtern es dem Besucher, sie in freier Wildbahn später richtig einzuordnen. Vitrinen enthalten eine reichhaltige Kollektion der zahlreichen Vogelarten, daneben präparierte Raubkatzen, Krokodile und Flußpferde. Dem Studium der geologischen Verhältnisse dient eine Gesteinssammlung, und von den ethnischen Gemeinschaften dieses Gebietes stehen Waffen und Schmuck zur Schau.

Zu Fuß wandern wir hinab zum Awaschfluß, dessen braunes Wasser sich in einem sehr breiten, aber an den Ufern flachen Bett zwischen Bäumen und Büschen, vorbei an dicht bewachsenen Inseln seinen Weg sucht. Die ersten Regen haben den Fluß über die Ufer treten lassen. Nun gleitet er träge dahin. Ein mächtiges Rauschen läßt uns ahnen, daß wir uns den Awaschfällen nähern. Der schmale Pfad führt zu einem Felsvorsprung. An der gegenüberliegenden Felswand brodelt es. Nicht nur eine Wasserader prasselt in den etwa fünfzig Meter tiefen Cañon nieder. Auf einer Strecke von mehr als hundert Metern hat sich der Fluß Kanäle durch die Vegetation gegraben und geht an zahlreichen Stellen tosend hinab, einmal als schmales Rinnsal, dann als breites Band und schließlich als brodelnde, schäumende Flut, ohrenbetäubenden Lärm verbreitend. Wir stehen vor einem mächtigen Naturschauspiel – wie Zwerge. Ein feiner Sprühregen bringt eine frische Brise herüber. Tief unten schießen die in der schmalen Schlucht eingezwängten Wassermassen weiter abwärts und gelangen am Ende des Felsvorsprunges in ein breites Flußbett, wo sie sich beruhigen.

Vorsichtig kehren wir auf dem glitschigen Fußweg nach Gotu zurück.

Vor uns rollt ein dunkelviolett schillernder Mistkäfer, kaum so groß wie ein Zweimarkstück, seine fast doppelt so große Mistkugel, sie im Kopfstand mit den Hinterbeinen kullernd, über den Weg. Ein Stück weiter stehen wir vor einer Reihe schlanker Röhren aus Lehm, mannshohe und kleinere, wie die Schornsteine eines Miniaturkraftwerkes. In der oberen Öffnung entdecken wir kleine, weiße Insekten, die emsig durch Aneinanderkleben winziger brauner Lehmkugeln die »Schornsteine« verlängern. Es handelt sich um Termiten, die tief im Boden große Nester anlegen, in denen sie die Königin sorgfältig hüten. Mit Hilfe dieser Ventilationsschächte sorgen sie für Belüftung und Temperaturregulierung ihrer Nestbauten.

Wir setzen unsere Fahrt in östlicher Richtung parallel zum Awaschfluß fort. Dornige Akazienbüsche strecken ihre kräftigen Zweige über die Piste, erschweren uns die Durchfahrt. Im Geäst der Büsche haben die Rotschnäbeligen Webervögel ihre glocken- und schuhförmig geflochtenen Nester aufgehängt, oder sie sind noch emsig und laut zwitschernd bei der Arbeit. Die Nestform, ihre Aufhängung und der nach unten gerichtete Ausschlupf bieten diesen quittegelben Vögeln Schutz vor Nesträubern.

Der Busch wird etwas lichter, eine Savannenlandschaft mit hohen Schirmakazien öffnet sich vor uns. Wenige hundert Meter weiter sonnt sich im hohen Gras ein Rudel Sömmering-Gazellen, die in Äthiopien am weitesten verbreitete Gazellenart. Ihre nach innen gebogenen Hörner enden in einer scharfen Spitze. Der sich langsam nähernde Wagen stört das Rudel nicht. Als wir jedoch anhalten und vorsichtig das Auto verlassen, erheben sich die Tiere und beobachten jede unserer Bewegungen. Nähern wir uns, dann ziehen sie ohne Hast weiter. Im dichten Busch macht sich ein Trupp Perlhühner durch trompetenartige Schreie bemerkbar.

Zwei Warzenschweine flüchten im Galopp vor unserem Gefährt. Ehe sie den dichten Buschbestand erreichen, bleiben sie stehen und äugen zu uns herüber. Durch ihre dunkelgraue Färbung sind sie ausgezeichnet ihrer Umwelt angepaßt. Die großen »Warzen«, besser gesagt, die fleischigen Auswüchse unterhalb der Augen, die zur Namensgebung beitrugen, erreichen eine maximale Länge von vierzig bis fünfzig Zentimetern. Bei Gefahr richten die Tiere ihren mit einer Quaste versehenen Schwanz wie eine Miniaturflagge senkrecht auf, – ein lustiger Anblick.

Nach etwa acht Kilometern beziehen wir im »Kereyu Lodge« Quartier. Uns erwartet kein luxuriöses Hotel, das wäre auch in dieser Umgebung fehl am Platze. Im Campingstil angelegt, stehen zwanzig größere Wohnwagen nebeneinander. Ihre zweckmäßige Innenausstattung erfüllt die Ansprüche eines jeden Campers. Wichtig ist die geräuschvolle Klimaanlage, die für angenehme Kühle sorgt. Das Wasch- und Spülwasser ähnelt farblich dem braunen Awaschwasser und eignet sich wenig zum Trinken. Getränke und schmackhafte Gerichte gibt es in der Nähe der Wohnwagen in einer mit Wellblech bedeckten, die Seiten mit mückensicherer Drahtgaze bespannten Baracke, die den Speisesaal und die Küche beherbergt.

Es ist sehr früh am Morgen, die Sonne steht noch unterhalb des Horizonts, als wir im Zwielicht zur Pirsch aufbrechen. Auf der Wiese vor dem Speiseraum hat sich über Nacht ein Stachelschwein in einer Klappfalle gefangen und bemüht sich vergeblich loszukommen. Zornig stellt es seine nadelspitzen Stacheln auf und rasselt gefährlich mit den dicken Schwanzborsten. Der Küchenchef warnt uns, nicht zu nahe an das gereizte Tier heranzutreten, um nicht von einem abgeschossenen Stachel verletzt zu werden. Unsere Frage, ob man diesen Nager verzehrt, wird verneint. Mit einem Vertreter dieser großen, gefräßigen Nagetiere machten wir bereits in Alem Maya unangenehme Bekanntschaft. Überrascht standen wir eines Tages vor unseren bis auf die Stiele abgeweideten Bohnenpflanzen. Zunächst gaben wir den Digdigs die Schuld, den kleinen Gazellen, die selbst die Blätter unserer wenigen Rosensträucher nicht verschmähten. Dann fanden wir mehrere braunweiß gefleckte, bis zu fünfzehn Zentimeter lange Hornstacheln als Erkennungsmerkmal für die Untat dieses Vielfraßes, der vermutlich von einem umherstreunenden Hund, einer Hyäne oder anderen nächtlichen Räubern gestört wurde.

Wir halten uns nicht lange am Frühstückstisch auf, sondern sitzen schon bald wieder im Auto und fahren diesmal durch die ausgedehnte Grassteppe in Richtung Haupteingang. Hier scheint der Stammplatz der Oryxantilopen zu sein, dieser in der Trockensteppe weit verbreiteten Art mit den charakteristischen, bis zu einem Meter langen, geraden, spitzen, gerillt erscheinenden schwarzen Hörnern, der Schwarzweiß-Zeichnung des Gesichts sowie der schwarzen Streifen an den Flanken und oberhalb der Knie der Vorderbeine. Ihre Höhe beträgt an der Schulter etwa 120 Zentimeter. Das Gewicht erreicht 200 Kilogramm. Aufgrund ihres spitzen Gehörns in beiden Geschlechtern tragen sie die Bezeichnung »Spießböcke«. Sie galten schon im alten Orient als Sinnbild für Stärke und Schönheit, was Gravuren auf sumerischen Siegeln (2 800 v. u. Z.) und mittelassyrischen Krummschwertern beweisen. Die Überlebensfähigkeit dieser Antilopen unter härtesten Bedingungen der Trockensteppe, der Wasser- und Vegetationsarmut, wurde legendär, zum Sinnbild der Wahrhaftigkeit. Zur Zeit der Dürre geben ihnen einzeln stehende Mimosenbüsche frische Nahrung, an denen sie sich mit Hilfe ihrer Vorderbeine aufrichten.

Über eine große Fläche verteilt, grasen die Oryx paarweise oder in kleinen Rudeln. In aller Ruhe überqueren sie die Straße, schauen zu uns herüber, halten aber stets Distanz. Wie ein aus Stein gehauenes Standbild steht ein kräftiger Oryx oben auf einem halbkugelförmigen Termitenhügel und hält für seine Herde Ausschau. Zur Versorgung der Tiere ließ die Parkverwaltung Brunnen bohren und mit Wasser gefüllte Betonbecken als Tränken aufstellen. Auf dem Rand einer dieser Becken liegen drei Schakale lang ausgestreckt in der Morgensonne. Die Entfernung von uns zu ihnen beträgt etwa fünfzig Meter. Wir machen Lärm, um sie aufzuschrecken und besser fotografieren zu können – vergebens. Erst als wir uns ihnen rasch nähern, verschwinden sie blitzartig hinter der Tränke. In einiger Entfernung kommt eine Gruppe Strauße in Sicht, zwei dunkler gefiederte Männchen und vier hellgrau gefärbte Weibchen. Auch sie interessiert zunächst das gelbe Auto, doch allzu große Annäherung scheint nicht erwünscht. So schaukeln sie weiter durch das hohe Steppengras. Die großen Straußeneier gelten als begehrtes Souvenir der Touristen, sie auszuführen steht jedoch unter Verbot. Trotzdem blüht der Schwarzhandel ähnlich wie mit Elfenbein und Fellen.

Wir gelangen wieder in dichteren Wald. Auf einer Lichtung grasen Abessinische Buschböcke, stattliche Tiere, von denen nur die Männchen ein Gehörn tragen. Sie gehören wie die Kudus oder Schraubenantilopen, die Elenantilopen und der Nilgau zu den Waldböcken und meiden die offene Savanne. Bald stoßen wir wieder auf die in Nord-Süd-Richtung verlaufende Parkstraße. Alles in allem ein Fahrweg von 25 Kilometern, eine Strecke, die man langsam wiederholt abfahren kann, und wo man immer wieder Neuem begegnet. Für uns bleibt der Parkbesuch ein unvergeßliches Erlebnis, wenngleich das Wild nicht so zutraulich ist, wie man es von anderen Nationalparks erfährt.

Bei Sonnenuntergang sitzen wir vor unserem Wohnwagen, den Blick nordwestlich zum Fantaleberg gerichtet, hinter dessen stumpfem Kegel der Abendhimmel glutrot aufleuchtet, so als stünde die von Skinner 1906 beschriebene Vulkanfackel, das Löwenfeuer, wie es die Einheimischen nannten, über dem Gipfel, Lava und Asche nach oben schleudernd, die Berghänge mit glühender Masse bedeckend. Zeugen aus dieser Zeit sind die um den Berg herum meterhoch lagernde, wenig bewachsene schwarze, poröse Vulkanschlacke und die seitlich des Berges gelegenen heißen Quellen. Der Vulkan selbst ruht.

Nazret und Debre Zeyit Auf der Weiterfahrt passieren wir nach Metehara die Lavawüste am Fuße des Fantaleberges und den in die Kraterlandschaft eingebetteten Besekesee, den wir bereits mit der Eisenbahn kreuzten. Vor Welencheti stehen zwei Afarjungen am Straßenrand und bieten kräftige, bräunlichweiße Eckzähne von Warzenschweinen zum Kauf an. Wir halten an und steigen aus. Doch den »Ferenchi« scheinen diese krausköpfigen Jungen nicht so recht zu trauen – und sie werden wohl ihre Gründe haben. Nur mit Mühe gelingt der Handel. Immer stehen sie auf dem Sprung, zum Weglaufen bereit. Mit unserem freundlichsten Lächeln zeigen wir ihnen eine Münze nach der anderen, bis der erwartete Betrag erreicht ist. Hastig nehmen sie mit der einen Hand das Geld entgegen, die andere wirft uns den Zahn vor die Füße – und husch, verschwinden sie im dichten Gestrüpp. Wird die Dornbuschsavanne etwas lichter, entdecken wir hin und wieder die niedrigen halbkugelförmigen Zelte der Afarnomaden. Wir sehen Frauen, die das Wasser nicht in Tonkrügen, sondern in vernähten Ziegenbälgen von der Wasserstelle zum Lager schleppen.

Endlich, nach knapp 150 Kilometern seit dem Ort Awasch, kommt Nazret in Sicht, die erste größere, modern angelegte Stadt auf der hinter uns liegenden Strecke. Die Straße führt bergan. Vor dem Ortseingang sammeln sich auf einem geräumigen Platz viele Viehherden, um die in der Mitte großzügig angelegte Tränke zu erreichen. Diszipliniert warten die Hirten mit ihren Tieren, bis die Herde vor ihnen versorgt wurde. Dann folgt der Wechsel. So geht es vom Morgengrauen bis zum Einbruch der Nacht. Schon etliche Kilometer vor Nazret begegneten wir gemischten Herden, die auf der einen Straßenseite der Stadt zustrebten, auf der anderen zu den Weideplätzen zurückkehrten.

Nazret, früher Adama, und das etwa 50 Kilometer westlich davon gelegene Debre Zeyit, auch unter dem Namen Bischoftu bekannt, wuchsen in relativ kurzer Zeit zu bedeutenden Städten im östlichen Teil des Industriekomplexes um Addis Abeba heran. Noch vor siebzig Jahren bescheidene Marktflecken mit jeweils 15 000 Einwohnern, beherbergen sie heute im Ergebnis einer aufstrebenden Industrie 45 000 (Nazret) beziehungsweise 30 000 (Debre Zeyit) Menschen. »Bis zum Ende der italienischen Okkupation, also bis 1941, gab es in unserem Land so gut wie keine Industrie«, läßt uns Dr. Taye, den wir bereits bei seinem Besuch in Leipzig kennenlernten, wissen. »Und auch danach kam unser Land mit der industriellen Entwicklung nicht schnell voran, weil bestimmte Voraussetzungen fehlten. Deshalb orientierten progressive Kreise der damaligen Regierung zunächst auf Einrichtungen zur Verarbeitung landwirtschaftlicher Produkte.

Es entstanden Getreide- und Ölmühlen, Weinkeltereien und Brennereien, Sackwebereien zur Verarbeitung von Sisalhanf, Großgerbereien für die reichlich anfallenden Häute, Sägewerke und andere Verarbeitungsbetriebe. Als Lösung des damit verbundenen Transportproblems bot sich vorerst die Eisenbahnverbindung Addis Abeba–Djibouti an. So siedelten sich anfangs am Stadtrand der Hauptstadt, später in den an der Strecke liegenden Kleinstädten Akaki–Debre Zeyit bis Nazret viele solcher Betriebe an. Eine Industrie benötigt aber nicht allein Transportmöglichkeiten, sondern vor allem Energie.«

Dem müssen wir zustimmen, wenn wir an das Sägewerk in Zigita denken, das auch heute noch die Energieversorgung mit Hilfe von zwei kräftigen LKW-Dieselmotoren bestreitet. Da die Leistung solcher Aggregate dem steigenden Bedarf an Energie nicht entsprach, beschloß die Regierung zu Ausgang der fünfziger Jahre, den Awaschfluß in der Nähe von Mojo anzustauen und ein Kraftwerk zu errichten. Dort, wo sich früher der Fluß zwischen Koka und Alem Tena in einem breiten Sumpfgebiet verlor, entstand eine mächtige Staumauer, auf deren Krone man zu Fuß, auch mit dem Auto zur gegenüberliegenden Seite gelangen kann, vorausgesetzt, man besitzt die dafür erforderliche Erlaubnis.

Uns begleitet Dr. Taye, den man hier gut kennt. Er erledigt die nötigen Formalitäten. Von der Dammkrone schauen wir über den hier entstandenen Kokasee, gelegentlich auch Gelileasee genannt, mit einer Fläche von 260 Quadratkilometern und einem Wasserreservoir von 1 600 Millionen Kubikmetern. Er wurde zum ersten See in der Seenkette des Grabenbruches, des Rifttales, die sich von hier bis zum Turkanasee an der Grenze zu Kenia erstreckt. Tief unter uns tummelt sich in der Gischt der hinabstürzenden Wassermassen eine Herde Flußpferde. Dr. Taye erzählt uns vom Werdegang dieses Projekts, von der Entstehung der Kraftwerke Awasch I, II und III: »In den Jahren 1955/56 betrug die Erzeugung an Elektroenergie im ganzen Land nur 33 Millionen Kilowattstunden. Nach Inbetriebnahme dieser sowie anderer kleinerer Kraftwerke stieg sie im Jahre 1969/70 auf 368 Millionen Kilowattstunden, also rund um das Elffache. Der Awaschkomplex stellt davon etwa 70 Prozent bereit. Sicher ist Ihnen bekannt, daß auch Harer und Dire Dawa, eingeschlossen das College Alem Maya, die Energie von hier beziehen. Der Zuckerrohr-Agroindustriekomplex von Wenji-Metehara wäre ohne Kokastaudamm eine Illusion geblieben. Das in Kembolcha geplante, von Ihrem Land zusammen mit der ČSSR als Gemeinschaftsprojekt im Aufbau befindliche Textilkombinat in Verbindung mit dem Tendaho-Baumwollanbauprojekt könnte ohne diese Kraftwerke nicht in Angriff genommen werden. Gleiches gilt für das von der DDR projektierte Zementwerk bei New Mughers mit einer Jahreskapazität von 300 000 Tonnen Zement und zahlreiche Vorhaben jüngster Vergangenheit.«

»Insgesamt stimulierten Staudamm und Kraftwerke die industrielle Entwicklung vor allem im östlich der Hauptstadt gelegenen Industriegebiet«, fährt Dr. Taye lebhaft fort. »Denken Sie zum Beispiel an die Holzverarbeitung und -veredelung, ein Großbetrieb am Rand der Hauptstadt, gleich daneben das Addis-Tyre-Reifenwerk, das etwa die Hälfte des Landesbedarfs an Reifen deckt, die chemischen Industriebetriebe, in denen Farben das Haupterzeugnis darstellen, das Textilkombinat in Akaki mit seinen 6 000 Arbeitern, den Plastbetrieb zwischen Akaki und Debre Zeyit, die Molkerei am Eingang der Stadt. Der Vollständigkeit halber sollen zwei kleinere Industriekomplexe Erwähnung finden, der eine im Osten des Landes in Dire Dawa mit Zementwerk und Textilkombinat, der andere in Mitsiwa-Asmera im Norden, begünstigt durch den Hafen sowie die 350 Kilometer lange Eisenbahnlinie von Mitsiwa nach Bischa. Neue, im Aufschwung befindliche Zentren entwickeln sich in der Hafenstadt Aseb mit Erdölindustrie und in Bahir Dar mit einem weiteren Textilkombinat. Insgesamt besitzt Äthiopien gegenwärtig zirka 450 Großbetriebe, von denen 1975 143 verstaatlicht wurden. Diese Staatsbetriebe bringen etwa neunzig Prozent der industriellen Kapazität unseres Landes. Natürlich läßt sich der Umfang der Produktion nicht mit dem von modernen Industrieländern vergleichen, dennoch erfüllt es uns mit Stolz, wenn wir auf die beachtlichen Leistungen beim Aufbau einer landeseigenen Industrie während der letzten Jahre zurückblicken.«

Ein Beispiel im Rahmen dieser Entwicklung bildet der Zuckerrohr-Agroindustriekomplex, der unweit von Nazret bei Wenji beginnt und sich entlang des Awasch bis Metehara erstreckt. Noch vor zwanzig Jahren weideten in diesem mit ausgedehnten Sümpfen durchsetzten, von Malaria verseuchten Gebiet die Jille-Oromo ihre Herden. Mit Hilfe holländischen Kapitals wurden der Fluß reguliert, die Malaria ausgerottet, nach und nach auf 100 000 Hektar Zuckerrohr angepflanzt, zielstrebig die Rohre eines Bewässerungssystems verlegt und inmitten der ausgedehnten grünen Flächen eine Zuckerfabrik mit zahlreichen massiven Nebengebäuden errichtet. Im November 1962 leitete eine feierliche Zeremonie den Probelauf ein. Heute finden hier 30 000 Menschen bessere Arbeits- und Lebensbedingungen, werden alljährlich 530 000 Tonnen Rohzucker produziert.

Mit der industriellen Entwicklung wuchs auch die Arbeiterklasse. Den bereits organisierten, ältesten Kern bildeten die Eisenbahner, die Arbeiter und Angestellten der äthiopisch-französischen Eisenbahngesellschaft. Während der Kaiserzeit erfolgte der politisch-organisatorische Zusammenschluß der Werktätigen nach dem Muster der amerikanischen »Trade Union« als CELU (Confederation of Ethiopian Labour Unions) in mehr als 230 kleinen, auf Betriebsebene geschaffenen Gewerkschaftsverbänden. Mit der Neuwahl im Jahre 1977 wurde gleichzeitig der Alläthiopische Gewerkschaftsverband (AETU) gegründet, eine einheitliche Massenorganisation, die heute etwa 350 000 Mitglieder zählt.

Dieser Industrialisierungsprozeß reflektiert sich nicht nur in der steigenden Bevölkerungszahl beider Städte, sondern wirkt sich auch auf das Leben ihrer Bewohner aus. Statt der sonst üblichen ländlichen Idylle erleben wir in Nazret wie in Debre Zeyit morgens zwischen sechs und sieben Uhr geradezu eine Völkerwanderung in Richtung zum Busbahnhof und Haltepunkt der Eisenbahn, beide an der Fernverkehrsstraße gelegen, die diese Städte miteinander und mit der Hauptstadt verbindet. Aus allen Winkeln und Gassen strömen die Werktätigen ihrem Arbeitsplatz entgegen, warten in langen Schlangen diszipliniert auf die Ankunft der Schmalspurbahn oder der Busse. Letztere dominieren, da die Züge, bedingt durch die eingleisige Strecke, nur in sehr großen zeitlichen Abständen eintreffen. Kaum haben sich die Bustüren hydraulisch geöffnet, drängt der Menschenpulk in das Innere, bis keine Apfelsine mehr zu Boden fallen kann. Keiner braucht lange auf den nächsten Bus zu warten. Sowie der eine den Halteplatz verläßt, rollt der nächste heran. Nach einer Stunde ist der Spuk vorbei. Speziell in Debre Zeyit kehrt ländliche Ruhe und Gelassenheit ein, bis gegen Abend zwischen 18 und 19 Uhr die Werktätigen aus den Fabriken und Büros zurückkehren. Im Nu herrscht wieder bis in die Nacht hinein reges Treiben auf allen Straßen und Plätzen. Speiselokale, große und kleine Läden machen zu dieser Zeit ihr bestes Geschäft.

Während Nazret mit seinen breit angelegten, rechtwinkelig zueinander verlaufenden Straßen und modernen Gebäuden tatsächlich einen mehr städtischen Charakter besitzt, trägt Debre Zeyit trotz größerer Nähe zur Hauptstadt eher ländliche Züge. Wir haben den Eindruck, diese Stadt entstand durch das Zusammenwachsen der sich vergrößernden umliegenden Gemeinden. Dieser Eindruck wird durch den Markt im Zentrum von Debre Zeyit unterstützt, wo regelmäßig zweimal in der Woche die Bauern ihre Produkte feilhalten, Vor allem an den Sonnabenden scheint er besonderer Anziehungspunkt zu sein. Dann ziehen am Morgen lange Karawanen von Eseln und Maultieren, beladen mit Holz, Stroh, Säcken, Töpfen und vielem anderen, zum Markt. Dazwischen buckeln die Frauen ihre schweren Bündel, streben Männer auf geschmückten Pferden, klingelnde und drängelnde Gerries mit ihren Fahrgästen dem gleichen Ziel entgegen. Die Männer dieses Gebietes tragen breitkrempige, gelbe Strohhüte, khakifarbene, an den Seiten weit gepluderte Breeches, helle Hemden, ergänzt durch Westen oder Jacketts. Sie gehen barfuß oder in flachen Sandalen. Bei den Frauen dominieren weiße oder dunkle Kleider, helle Schemas und einfarbige, auch schwarze Kopftücher.

Auf dem Markt herrscht der übliche Trubel. Dicht umlagert sind die verschiedenen Verkaufsplätze, geordnet nach Warengruppen mit Holzangeboten, Frucht- und Gemüseständen, Stoff- und Kleiderkiosken, mit Ziegen, Schafen, Kühen etc. Doch irgend etwas weicht von den uns bekannten Märkten in Alem Maya, Harer oder Dire Dawa ab. Richtig, es fehlt die Farbenfreudigkeit in der Bekleidung der Bäuerinnen und auch der Bauern. Es fehlen die hauchdünnen bunten Tücher, die schimmernden Samthosen der Hararifrauen, die farbenfrohen Röcke der Kottu-Oromo. Hier ist alles mehr in Schwarzweiß, nüchterner. Eine zweite Entdeckung gefällt und belustigt uns. An mehreren Plätzen des Marktes stehen, zu einem Rechteck zusammengestellt, lange Bänke. In der Mitte verkauft eine dralle Bauersfrau aus einem großen, braunen, bauchigen Tongefäß, Kiptarmus genannt, Tella, das einheimische Gerstenbier. Schon am frühen Morgen hocken auf den Bänken dicht bei dicht wie Hühner auf der Stange die Bauern und schlürfen genüßlich aus tassengroßen, bauchigen Kalabassen ihr Bierchen. Die Wirtin hat alle Hände voll zu tun, schöpft ununterbrochen mit einer kleinen Kalabasse, die gleichzeitig als Maß dient, Bier aus dem Riesenkrug. So bleibt auch die Wirkung in der fröhlichen Runde nicht aus. Aber keine Sorge, dieses Bier hat mehr erfrischenden Charakter als Alkoholgehalt. Es löst die Zunge zur munteren Unterhaltung, trägt zur Heiterkeit bei. Und damit der Gerstensaft noch viele Gaumen erfreue, trifft gerade wieder ein gefüllter Krug ein, die Bürde auf zwei Esel verteilt, die nebeneinander geführt werden müssen. Die ganze Szene bietet ein köstliches Bild. Der Mittag naht, Zeit zum Gebet. Schon mahnt aus dem Lautsprecher vom nahen Minarett die monotone Stimme des Muezzin die Moslems unter der lärmenden Menge zur Andacht.

Die Landschaften um Debre Zeyit und Nazret zeigen unterschiedliche Reize. Debre Zeyit liegt, eingerahmt von grünen Hügelketten, im Zentrum eines sehr fruchtbaren Gebietes. Dazwischen erfreuen mehrere dunkel schimmernde Kraterseen das Auge. Die tief in den Kratern gelegenen Ufer dieser Seen bieten keine hellen Sandstrände, bestenfalls graphitfarbenen

Lavagrus, an Steinkohle erinnernd. Der Fischbesatz scheint bei einigen infolge des noch vorhandenen Schwefelgehaltes nicht allzu groß zu sein, was die geringe Zahl an Wasservögeln vermuten läßt. Eine Ausnahme bildet der Horasee, an dessen Gestade das ehemalige Herrscherhaus ein einträgliches Hotel mit zusätzlichen Bungalows unten am Strandstreifen erbauen ließ. Heute tummelt sich im Strandbad statt exklusiver Badegäste die Jugend der Stadt. Der hochgelegene Prinzenpalast, dessen Parkanlagen bis zum Seeufer hinunterreichen, dient der landwirtschaftlichen Fachschule als Gästehaus und Club und gewährt auch uns Unterkunft und Erholung. Auf den Hügeln und an den Hängen entlang ziehen sich die fruchtbaren Äcker der Bauern. Ihre teilweise Bewässerung erlaubt die ganzjährige Versorgung der Märkte mit frischem Gemüse und Obst. An vielen Stellen leuchten goldgelbe Teffelder.

Nazret liegt im Gegensatz dazu inmitten einer tristen Dornbuschsavanne mit braunen erodierten Hügeln, so weit das Auge reicht. Manche Reisenden bezeichnen diese Landschaft als »Wildnis in des Wortes echtem Sinne«. Für uns bedeutet dieser Abschnitt auf der langen Strecke Eintönigkeit, trockene, flimmernde Hitze. Dennoch hat Nazrets Umgebung erfreuliche Besonderheiten, nicht nur den Kokadamm und den gleichnamigen See, sondern auch heiße Quellen, ja ganze Quellgebiete. Nach unserem Besuch des Kokaprojekts wandern wir mit Dr. Taye flußabwärts. Uns beflügelt der Wunsch, Krokodile und Flußpferde aus nächster Nähe zu sehen. Die ansonsten dicht bewachsenen Uferböschungen des Awasch sind auf unserer Seite zum Glück etwas lichter. Immer den schmalen Fußpfad entlang, entdecken wir sie, träge, bewegungslose Krokodile auf einer winzigen Sandbank, etwas weiter an einer seichten Stelle zwei große Flußpferde, eng dabei ein kleineres. Langsam trollen sie sich und tauchen unter. Dort, wo ein Bach sein milchiges, dampfendes Wasser in den Awasch schickt, wo es keine Brücke gibt, gelangen wir durch über und über mit Webervogelnestern behangenes Gebüsch zu einer mehrere Hektar großen Wiese, zum Quellgebiet. Heute, am Wochenende, haben sich hier Hunderte von kranken Menschen eingefunden. In der Hoffnung auf Heilung waten sie in Gruppen oder einzeln durch den heißen Schlamm, den Rock oder die Galabija geschürzt, sitzen in seichten Lachen und lassen sich zur Linderung ihrer Leiden das heiße, mineralhaltige Wasser über die kranken Glieder rieseln. Drüben am Waldrand treffen auf Gerries, Fahrrädern und in PKW immer neue Besucher ein. »Viele kommen zu Fuß, Familien bringen ihre Kranken von weit her und sind oft tagelang unterwegs«, erfahren wir von unserem Begleiter.

Nur wenige Kilometer von diesem Quellgebiet entfernt, schlängelt sich die Piste durch niedriges Buschwerk, vorbei an einer koptischen Kirche, den lehmigen Abhang hinunter. Wir halten vor dem Eingang des mit dichtem Maschendraht nach außen abgegrenzten, modernen Heilbades von Sodore. Hier am Awaschfluß entstand vor rund zwanzig Jahren unter Nutzung der aus dem Boden hervorquellenden heißen Wasser eine luxuriöse Badeanstalt.

Zum Heilbad gehören mehrere mit Quellwasser gefüllte Bassins, spezielle Einrichtungen für Wannenbäder, Massagen und medizinische Behandlungen. Vorsichtig prüfen wir das Wasser in einem der Becken. An einer Tafel wird seine Temperatur mit 43 °C angegeben. Es bietet wahrlich keine Erfrischung, aber dafür ist es ja auch nicht gedacht. Welche Oase in dieser öden Landschaft, welcher Kontrast zu dem für uns beklemmenden Erlebnis im Kokaquellgebiet!

7

Wo keine Rinder weiden,
kann man den
Dung nicht sammeln.

Die Seenkette des Grabenbruches

Die Seenkette des Grabenbruches, des Rifttals, beginnt in Äthiopien mit dem künstlich angestauten Kokasee und endet an der Grenze zu Kenia mit dem Turkanasee. Um in dieses landschaftlich reizvolle Gebiet zu gelangen, verlassen wir die Fernverkehrsstraße Nazret–Addis Abeba bei Mojo und wechseln auf die nach Süden in Richtung Schaschemene–Awasa führende Teerstraße über. Wir überqueren die langgestreckte Awaschbrücke, die den Hauptzufluß zum Kokasee überspannt, fahren durch eine herrliche Parklandschaft mit mächtigen, ausladenden Schirmakazien und erreichen nach etwa einer Stunde Fahrt den nahezu 450 Quadratkilometer großen, relativ flachen Ziwaysee, dessen sumpfige Ufer hohes Schilfrohr tragen. Wenige Kilometer danach passieren wir den kleinen Ort Adami Tulu, was soviel wie Kaktushügel bedeutet. Auf einem Hügel ragen mehrere Ruinen aus dem von Kandelabereuphorbien gebildeten Dickicht hervor. Welcher Ras wird wohl von dort aus seine Untertanen regiert haben? Oder sind es Reste einer ehemaligen Zwingburg? Auf unsere Fragen erhalten wir von unseren Begleitern keine zufriedenstellende Antwort. Erst viel später können wir das Geheimnis um Adami Tulu lüften, als uns zufällig ein Buch mit gleichnamigem Titel in die Hände fällt. Es läßt uns wissen, daß Kaiser Menelik II. zu Beginn unseres Jahrhunderts zwei Deutschen eine große Landkonzession am Ziway erteilte, wo sich beide anschickten, eine Straußenfarm zu etablieren. Bald wurden sie jedoch der Bewirtschaftung dieses Landstückes überdrüssig, verlegten sich auf Wilddieberei und den Verkauf von Jagdtrophäen. Damit nicht genug, terrorisierten sie die nomadisierenden Olie-Oromo, bis diese zu den Waffen griffen und darüber hinaus beim Kaiser Beschwerde führten. Der Herrscher verwies schließlich beide des Landes. Geblieben sind die Ruinen auf dem Kaktushügel als unrühmliches Zeichen deutscher Kolonisatoren.

Unser erstes Ziel bilden die drei dicht beieinanderliegenden Seen, der Abijata, der kleinste, mit einer Wasseroberfläche von etwa 200 Quadratkilometern, der etwas größere Langano und schließlich der doppelt so große Schalasee. Während Abijata und Schala, zum Nationalpark erklärt, eine noch unberührte Natur umschließt, dient der sandige Strand des Langano der Erholung. Ein Hotel bietet Möglichkeiten der Rast.

Wir bevorzugen die Idylle der beiden anderen Seen. Nach kurzer Mittagspause brechen wir zunächst zum Schalasee auf. Der Weg führt auf einer anfänglich ausgebauten, breiten, aber staubigen Piste durch Haine blühender Schirmakazien und Kandalabereuphorbien. Doch bald endet diese Herrlichkeit. Wir müssen über kahlen Felsen, zerfurchte Sandwege und bangen um unseren Lada, den wir hier gern gegen einen Jeep eintauschen würden. Schließlich stehen wir tief beeindruckt am Ufer des wohl urwüchsigsten und mit 230 Metern auch tiefsten aller Rifttalseen. Umgeben von Bergen und hervorspringenden Felsen erscheint er düster, fast bedrohlich. Die aus dem Wasser herausragenden Riffe und Felsen verleihen ihm etwas Geheimnisvolles. Sein trübes Wasser plätschert unablässig gegen den felsigen Strand. Mit der sich verändernden Bewölkung wechselt es vom reinsten Blau zum tiefsten Schwarz. An den lehmigen Hängen der östlichen Bucht, in der wir uns befinden, quillt heißes Wasser hervor, das sich dampfend mit dem kühlen Seewasser vereint. Etwa dreißig Meter vom Ufer entfernt finden wir in einer Vertiefung des Felsens eine Quelle, in der das Wasser brodelt. Man erzählt sich, daß die Bewohner dieser Gegend Eier in einem Netz in das siedende Wasser tauchen und darin kochen. Wir sehen aber weit und breit keine menschlichen Behausungen. Einige Kinder waren unserem Auto gefolgt und beobachten uns schüchtern aus gebührender Entfernung. Die Einmündung eines Abzweiges des Horakeloflusses in den Schalasee wird von wilden Feigenbäumen, Akazien und Euphorbien verdeckt, so daß wir sie nur mit Mühe finden. Am gegenüberliegenden Ufer, leicht in Dunst gehüllt, stürzt aus sechzig Meter Höhe ein breites Wasserband vom Felsen in die weite Bucht. Dieses romantische Fleckchen Erde regt die Phantasie an und stimmt auch ein wenig melancholisch.

Im Gegensatz dazu liegt der sehr flache Abijatasee, zu dem wir auf einem Buschpfad entlang des Bulbulaflusses gelangen, in eine Senke gebettet. Seinem steinigen Strand lagert ein breiter Sumpfstreifen vor, und wir sind gut beraten, unser Fahrzeug vor diesem zu parken. Im Volksmund heißt er »Vogelsee«. Und in der Tat, er ist für Wat- und Wasservögel ein wahres Paradies. Im morastigen Sumpfstreifen fangen Marabus Frösche und anderes Kleingetier. Auf abgestorbenen Bäumen nisten Kormorane. Gemeinsam mit rosa Flamingos fischen Hunderte weißer Pelikane im seichten Wasser. An tieferen Stellen tummeln sich Wildenten, -gänse und Tauchvögel. Der sumpfige Strandbereich gefällt auch dem Heiligen Ibis, begleitet vom Schattenvogel, wegen seines durch einen dichten Federbusch verlängerten Hinterkopfes auch »Hammerkopf« genannt. Lange beobachten wir das Spiel des Scheckigen Eisvogels mit dem langen Schnabel und gestutzten Schwanz eines Stoßtauchers. Fast so groß wie ein Sperling, aber schöner in der bunten Gefiederzeichnung sitzt er im Ufergebüsch, ständig die Wasserfläche beobachtend. Plötzlich stößt er pfeilschnell hervor, schwirrt kurze Zeit über dem Wasser, taucht im Sturzflug unter und ebenso rasch wieder auf. Wie eine winzige, blau, grün und rot aufblitzende, dahinschießende Rakete glitzert er im Sonnenschein.

Kurz vor Negele strebt die Fernverkehrsstraße ihrem höchsten Punkt entgegen, an dem es sich lohnt, anzuhalten und zurückblicken. Westlich der Fahrbahn schimmert der düstere Schalasee, die Sonnenstrahlen reflektierend. Etwas weiter entfernt blinkt ein Teil des Abijatasees durch den Akazienwald, und geradeaus sehen wir den Langano in seiner vollen Größe. Im Gegensatz zur rauhen Natur der Bergwelt treffen wir hier auf eine freundlichere, beinahe liebliche Landschaft, die uns erneut einen unvergeßlichen Eindruck von der Schönheit und Vielfalt der Natur Äthiopiens vermittelt.

Gartenstadt Awasa Awasa, in historischen Aufzeichnungen auch Tabor genannt, ist mit etwa 27 000 Einwohnern die Hauptstadt der Region Sidamo. Ihr Name entstammt dem Sidama und bedeutet »saubere Fontäne«. Sie liegt mitten im seenreichen Rifttal und besitzt trotz ihrer politischen Bedeutung einen zutiefst ländlichen Charakter. Gärten mit blühenden Sträuchern und Bäumen rahmen die Häuser ein. Den Namen »Gartenstadt« trägt Awasa zu Recht, ebenso könnte sie Stadt am See heißen, denn sie grenzt direkt an den fischreichen, einhundert Quadratkilometer großen, gleichnamigen See. Vergleicht man das Leben in dieser Stadt mit der Betriebsamkeit von Schaschemene, einer Kleinstadt, nur 25 Kilometer entfernt, noch zur Schewaregion gehörend, so scheint Awasa verträumt. Das mag daran liegen, daß sie wie die gesamte Region zu den vom Feudalregime vernachlässigten Gebieten gehörte.

Die rechtwinklig angelegten Straßen ähneln breiten Gartenwegen, die sich zur Regenzeit in unwegsame Schlammpisten verwandeln. Vereinzelt stehende, mächtige Feigenbäume, die biblischen Sykomoren, spenden wohltuenden Schatten. Autos beherrschen weniger das Straßenbild, dafür klingeln die mit bunten Bändern, Kreppapier und künstlichen Blumen geschmückten Gerries, aber auch Radfahrer durch Gassen und über Plätze.

Unser Freund Teketele, Lehrer an der hiesigen Landwirtschaftsschule, läßt es sich nicht nehmen, uns noch am Tage unserer Ankunft ein wenig von der Stadt und ihrer Umgebung zu zeigen. Wir kommen zu einem lauschigen Plätzchen am See, wo seinerzeit der Kaiser auf einer Landzunge einen geräumigen Pavillon zu seiner und seiner Gäste Unterhaltung, wenn er hier zum Fischen weilte, errichten ließ. Wie die Bevölkerung der Stadt über die einstmals herrschenden Kreise dachte, die sie vor knapp einhundert Jahren, als Menelik II. mit militärischem Zwang die Südprovinzen in sein äthiopisches Reich einverleibte, ihrer Freiheit beraubten, zeigen die Trümmer, die von diesem Pavillon blieben, als sich während der Revolution ihr lange Jahre angestauter Haß ungestraft entladen durfte. Wir erfahren, daß sich während der kaiserlichen Herrschaft in dieser Region kaum eine wirtschaftliche Entwicklung vollzog. Besonders deutlich drückte sich diese Zurückgebliebenheit auch in den Bildungsmöglichkeiten aus, die nahezu ausschließlich religiösen Missionen überlassen blieben. In den wenigen Jahren seit Entmachtung der Feudalbourgeoisie, seit die Bewohner vor allem der größeren und kleineren Städte dieser Region die Initiative zur Verbesserung der gegebenen Bildungssituation ergriffen, entstanden über einhundert Grund-, elf Mittel- und drei Oberschulen (die Einwohnerzahl der Region Sidamo beträgt über 2,5 Millionen). Woran es mangelt, sind die dafür erforderlichen qualifizierten Lehrkräfte. Um auch diesen Mißstand zu überwinden, gründete die revolutionäre Regierung in Awasa ein Lehrerbildungsinstitut, von dem der pädagogische Nachwuchs für die gesamte Region erwartet wird. Wir freuen uns besonders, an diesem Institut auch Lehrkräfte aus unserer Republik begrüßen zu können, die ihren ganzen Ehrgeiz daran setzen, dieses Ziel erreichen zu helfen.

Der Weg zum Hotel Awasa am See entlang bringt uns zu einem großen, sehr schönen Sidamotukul. Das leicht gewölbte kegelförmige Dach, aus Schilfmatten zusammengefügt, reicht fast bis zur Erde. Vor ihm weht die Staatsflagge, daneben laden Bänke zum Verweilen ein. Teketele erklärt uns, daß dieser Tukul zur Zeit eine Wanderausstellung beherberge, die vom Leben und den Lebensgewohnheiten der ethnischen Gemeinschaften dieses Gebietes berichtet. Das interessiert uns natürlich. Bald sind wir die Ehrengäste des Tages, umringt von den als Erklärer tätigen Studenten. Sie berichten über Sitten und Gebräuche der Sidancho, stellen uns Ackergeräte, Gerätschaften für die Hauswirtschaft, Jagdwaffen, Schmuck und Putz der Frauen, wie er besonders zu Hochzeiten und anderen Festlichkeiten getragen wurde, vor. Als die jungen Männer während der Semetscha, der Aufklärungskampagne, im Land unterwegs waren, sammelten sie diese vielfältigen

Gegenstände, ließen sich über ihren Gebrauch berichten und versuchen nun, ihr frisch erworbenes Wissen anderen zu vermitteln. »Es geht uns nicht allein um die ethnographische Erforschung der Region Sidamo, das wäre zu wenig. Wir bemühen uns, ethnische Schranken, die sich über Jahrhunderte hinweg aufgetürmt haben, zu beseitigen, die zahlreichen ethnischen Gemeinschaften miteinander bekannt zu machen, sie aus ihrer Isolierung herauszulocken, den gegeneinander währenden Streit, von der ehemaligen Feudalregierung im Sinne des Prinzips von »teile und herrsche« geschürt, zu beenden, sie zu einem friedlichen Nebeneinander und künftigen Miteinander zu führen.«

Der Elan der kleinen Studentengruppe, die Begeisterung, mit der sie den Fortschritt in ihrem Land unterstützen möchten, und nicht zuletzt ihre erfrischende Aufgeschlossenheit uns gegenüber gefallen uns, und wir laden sie ein, mit uns den Abend zu verbringen.

Auf der gemütlichen Terrasse des Hotels beantworten wir bei einem Glas Bier Fragen über unsere Heimat, erfahren aber auch von den jungen Leuten noch so manche interessante Geschichte: »So erzählen sich die Sidancho, daß einst König Dingama Koya, einer ihrer Mächtigsten, der jeden Tag einen Ochsen verspeiste, um seinen großen Appetit zu stillen, eine äußerst ehrgeizige Frau namens Fwara besaß. Sie gelüstete es nach der Regierungsgewalt ihres Mannes. Um ihr Ziel schnell zu erreichen, mischte sie in aller Heimlichkeit einen teuflischen Trunk. Mit viel Geduld gelang es ihr eines Tages, ihren stets argwöhnischen Ehemann zu überlisten und ihm das entsetzliche Gebräu zu verabreichen. Nach wenigen Tagen war der starke König so geschwächt, daß ihre Gefolgsleute, die bisher vor dem mächtigen Herrscher zitterten, Mut faßten und feigen Meuchelmord an ihm verübten. Fwara griff nach der Macht und sah ihren Traum in Erfüllung gehen, das bisher gültige patriarchalische System durch ein matriarchalisches zu ersetzen. War auch der Jubel unter den Fürstenfrauen noch so groß, den Männern, insbesondere den Kriegern, mißfiel diese Politik, und sie entzogen der Herrscherin ihre Loyalität. Ihr Versuch war mißglückt. Und weil ein gebranntes Kind das Feuer scheut, beschloß der Ältestenrat nach ihrem Tod, dem Volk eine solche Wiederholung zu ersparen und das Oberhaupt der Sidancho in Zukunft durch demokratische Wahl zu bestimmen. So wurde es gehandhabt, bis sich Menelik II. dieses Volk unterwarf.«

Weiter erfahren wir, daß früher die einzelnen ethnischen Gruppen der Sidancho streng getrennt voneinander lebten und sich nicht selten heftig bekriegten. In neuerer Zeit zeigt sich eine zunehmende Annäherung. »Wird ein Kind geboren«, fährt unser Erzähler fort, »stärken sich alle Dorfbewoh-

Zum Bakkalaureus graduierte Studentin
des College of Agriculture

Das größte Zementwerk Äthiopiens in New Mugher –
erbaut mit Hilfe der DDR und Kubas

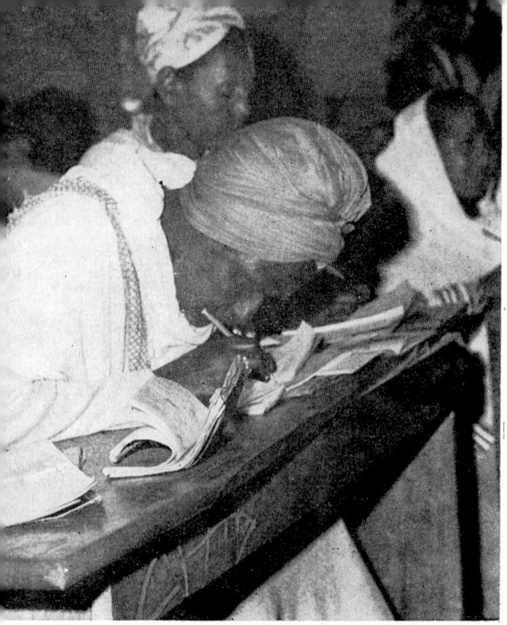

4 > 3
10 > 8
6 < 9
6 < 8
4

Landesweite Bildungskampagne für alt und jung

አብዮታዊት ኢትዮጵያ
ጀግኖች ልጆችዋን
ትንከባከባለች!

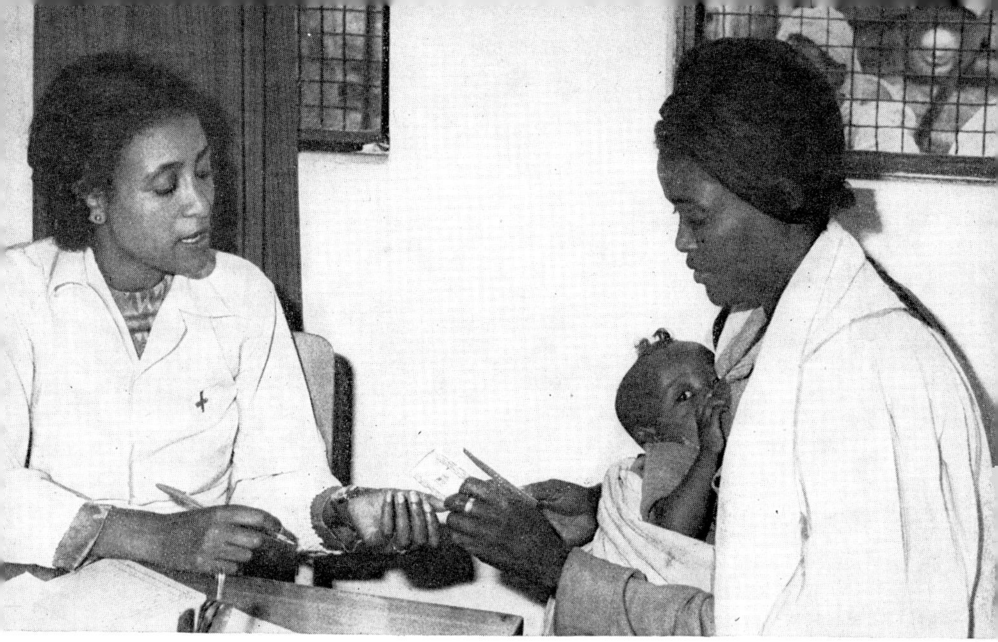

Im Kampf um Gleichberechtigung der Frau und
liebevolle Fürsorge für die Kinder

Wiesenumbruch mit der Dongora

Bauer mit Hakenpflug auf dem Weg zum Feld

Moderne dörfliche Siedlung mit Brunnenanlage

Hochbetrieb auf den Feldern des Zuckerrohr-Agro-Industriekomplexes bei Wenji

Folgende Seiten: Ernte der schwertförmigen Sisalblätter und Trocknung der herausgelösten Faserbündel

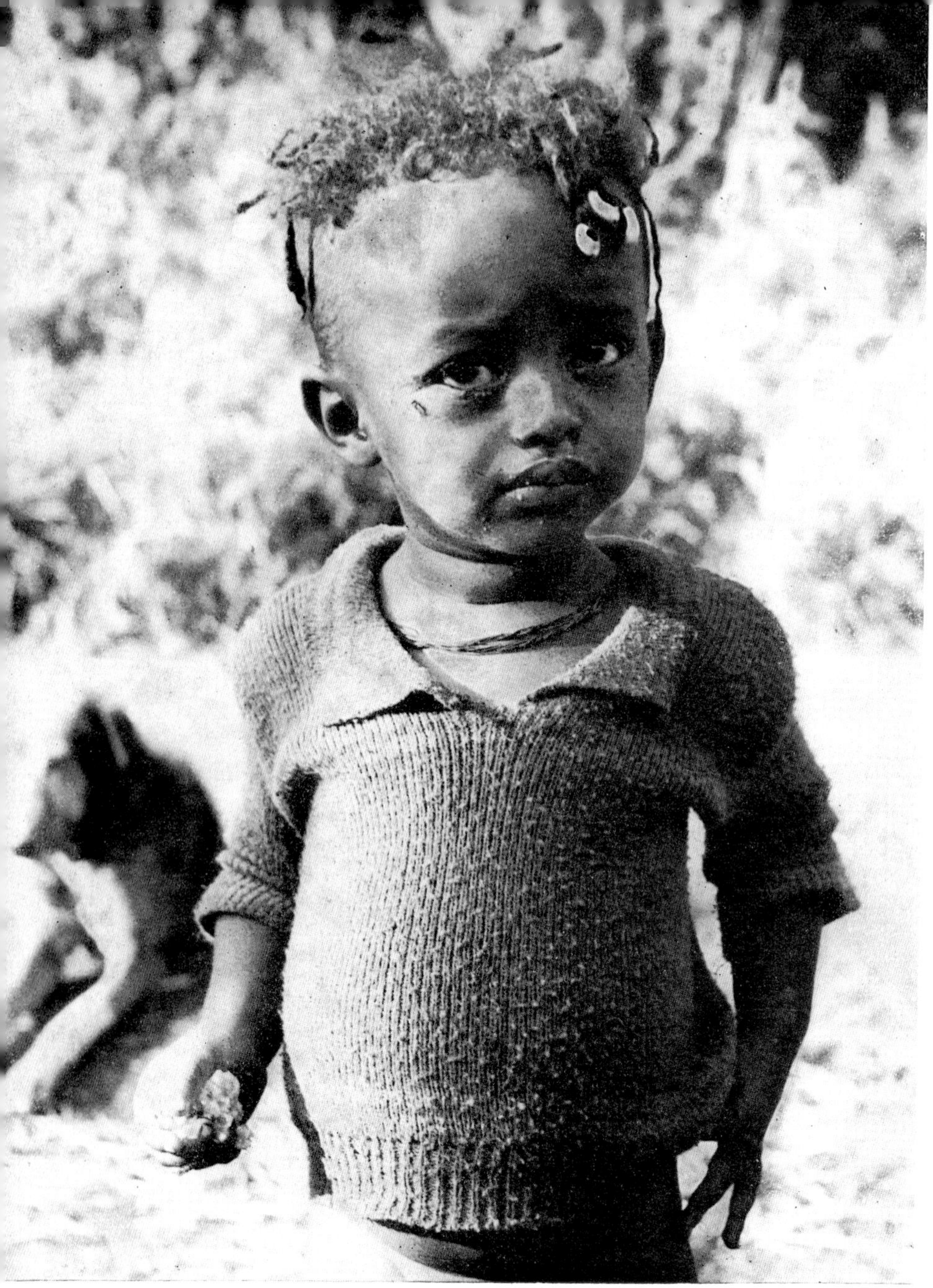

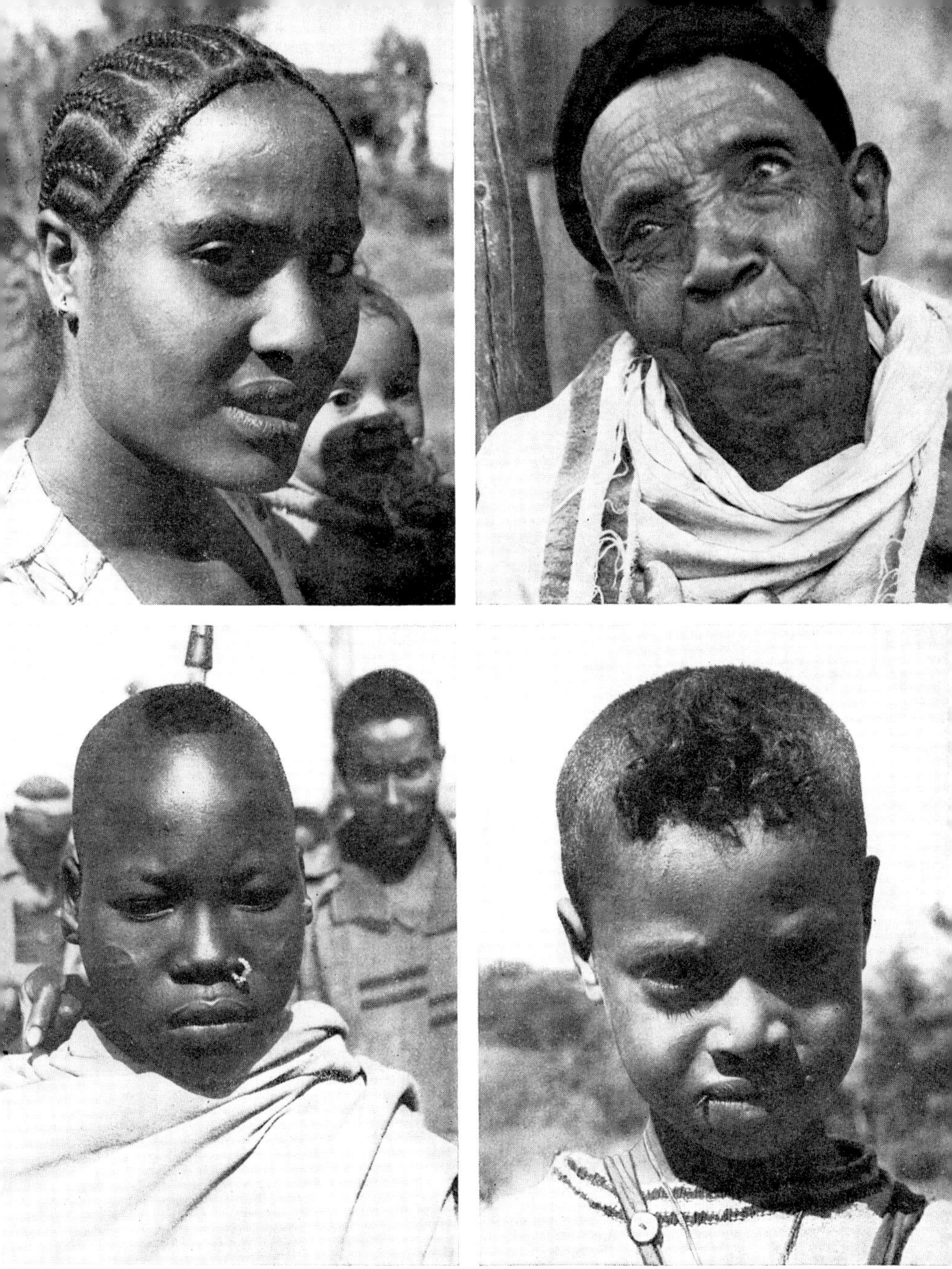

Etwa 35 Millionen Äthiopier leben heute in
diesem Vielvölkerstaat

Beim Bau einer modernen Wohnsiedlung

ner an einer aus Ensete, der Falschen Banane, zubereiteten Bulasuppe.« Als wir bei dem Worte Ensete unterbrechen wollen, flüstert uns Teketele zu, dies sei die Überraschung für den kommenden Tag, und so lauschen wir weiter. »Die junge Mutter wird in den Folgetagen nach einem traditionellen Speiseplan versorgt, in dem Buttermilch und Butterspeisen, gehacktes Ziegen- und Hammelfleisch sowie Gerstenbrei eine besondere Rolle spielen. Am fünfzehnten Tag nach der Geburt feiern die Frauen ein großes Fest unter sich. Jede bringt verschieden zubereitete Speisen und Getränke mit, die auf der Festtafel angeordnet zu einem gemeinsamen, fröhlichen Schmaus einladen.«

»Von den Sidancho erzählt man auch folgende Geschichte«, wirft Teketele ein. »Hat sich ein Mädchen im heiratsfähigen Alter in einen jungen Burschen verliebt, macht sie sich zum Gehöft seiner Eltern auf. Wenn sie sicher ist, daß sich die Mutter des Angebeteten im Haus befindet, scheucht sie mit einem Stock die Hühner, bis sie lauthals gackern, und versteckt sich. Flugs eilt die künftige Schwiegermutter herbei, um den vermeintlichen Übeltäter zu fassen und in den Tukul zu schleppen. Diesem scherzhaften Brauch folgt jedoch bald ein schmerzhafter, die Beschneidung.«

Nun kommen ausführliche Beschreibungen der damit verbundenen Riten, die wir kurz wiedergeben wollen: Bei den Sidancho vollzieht man die Beschneidung erst an älteren Jungen und Mädchen in dem Glauben, sie seien dann kräftig genug, den sie begleitenden Schmerz und Blutverlust zu ertragen. Zwischen Juli und September beginnen die Vorbereitungen dieses großen Zeremoniells, eines sozialen Ereignisses, das einer Hochzeit gleichkommt. Auf dem für die Beschneidung auserwählten Platz versammeln sich bereits Wochen vorher allabendlich die jungen Leute zum gemeinsamen Gesang von Liebes- und Heldenliedern. Schließlich finden sich am Vorabend des großen Tages die Kandidaten, ihre Familienangehörigen und Gäste auf dem geschmückten Festplatz ein, wo die bereits errichtete Tribüne das Ereignis ankündigt, um vorerst nach Herzenslust zu essen, zu trinken und zu tanzen. In der Morgendämmerung signalisiert die aufgehende Sonne den Beginn der Zeremonie. »Habore, habore« – »sei tapfer, sei tapfer« singend, treten die Kandidaten ihren schweren Gang an. Nach überstandenem Ritual geleitet man sie zum Lagerfeuer, läßt sie Milch trinken und reibt ihnen Brust und Becken mit Butter ein. Die Gäste loben ihre Tapferkeit und überreichen kleine Geschenke. Dann geht das Fest munter weiter.

Als Festkleidung trägt der Sidamomann eine weite, weiße Wollhose. Ein breiter, gestreifter Wollschal wird geschickt um den Oberkörper geschlungen. Auch die Frauen kommen in weiten, bunten, aus Wolle gewebten Hosen und einem ebensolchen Oberteil. Rote Farben dominieren. Dazu gehört ein loser Lederumhang. Junge Mädchen begnügen sich mit Kleidern aus weichem Ziegenleder. Viele bunte Ketten umschlingen eng den Hals, schmücken die Schultern und hängen lang über die Brüste bis zu den Hüften herab.

Natürlich gilt unser Besuch in Awasa nicht in erster Linie ethnologischen Studien, sondern der inmitten der Stadt gelegenen, modern ausgerüsteten Landwirtschaftsschule und ihren Studenten sowie der im nahen Filwohatal befindlichen Forstfachschule, dem Erfahrungsaustausch mit den Mitarbeitern des Sisal-Agrarindustriekomplexes und des landwirtschaftlichen Entwicklungsprojektes WADU (Welayita Agricultural Development Unit) in Sodo an der Straße nach Arba Minch.

Ehe wir von Schaschemene kommend Awasa erreichen, erblicken wir auf großen Flächen beiderseits der Straße Sisalagaven unterschiedlichen Alters. In langen Reihen gedeihen Jungpflanzen neben kräftig entwickelten Stauden mit schwertartigen, in scharfen Spitzen auslaufenden und am Rand gezähnten, dicken Blättern. An mehreren Stellen ragen Fruchtstände drei bis vier Meter hoch empor, einem Riesenspargel ähnlich. Diese Felder gehören zum Sisal-Agrarindustriekomplex. Die Blatternte erstreckt sich hier über das ganze Jahr. Hoch beladen rollen die LKW täglich zum Betrieb und schütten ihre Ladung direkt vor das Laufband zur maschinellen Entfaserung. Am Ende des Verarbeitungsprozesses verlassen Seile, Säcke, handgeknüpfte Matten und Teppiche das Werk.

In Sodo, 130 Kilometer westlich von Awasa, erleben wir die von Teketele versprochene Überraschung. Die Falsche Banane, die Ensete, der wir bereits als Zierstaude vor Hotels und in Parks begegneten, umrahmt hier die Gehöfte der Bauern. Wie der Tef wird sie allein in Äthiopien als Nahrungsmittel genutzt. Und das ist uns neu.

Der flüchtige Betrachter wird diese meist fünf bis sieben Meter hohen Stauden für Obstbananen halten. Sie unterscheiden sich jedoch von diesen durch ihre breiten, aufgestellten Blattflächen sowie den mächtigen, am Grund stark verdickten Scheinstamm. Dieser wird von den Blattstielen gebildet, die reichlich Stärke enthalten. Ein weiteres Merkmal sind die im Verhältnis zur Obstbanane sehr kleinen Fruchtbündel, deren kurze Früchte eine große Anzahl brauner, harter Samen enthalten. Haben diese Stauden ein Alter von sechs bis sieben Jahren erreicht, wird der Scheinstamm am Grund abgeschlagen, die Stärke in mühsamer Handarbeit aus den Blattstielen herausgeschabt und in Erdsilos fermentiert. Als Ergebnis erhält man einen gelbbraunen, fasrigen Teig, säuerlich im Geschmack, mit leichtem Käsegeruch. Frisch zubereitet oder getrocknet zu Mehl verarbeitet und zu länglichen Broten verbacken, bildet dieser »Kojo« die Nahrungsgrundlage für etwa sechs Millionen Äthiopier hier im Südwesten des Landes.

Arba Minch – bei den vierzig Quellen Als nächstes steuern wir zu den »Vierzig Quellen«, so lautet die Übersetzung für Arba Minch, die Regionalhauptstadt von Gamo Gofa. Herzlich bedanken wir uns bei den Kollegen des WADU für ihre Gastfreundschaft und setzen unsere Fahrt in Richtung Süden fort.

Je mehr wir uns unserem Ziel nähern, desto dichter wird der Busch, um so unwegsamer die Straße. Nach etwa 70 Kilometern liegen weit ausgebreitet die beiden letzten Seen des äthiopischen Rifttales vor uns, der Abaya, der eine Fläche von reichlich 1100 Quadratkilometern bedeckt, dicht dahinter der kleinere Chamo mit über 500 Quadratkilometern. Mächtige Bäume mit seltsamen Früchten erregen unsere Aufmerksamkeit. Von den weit ausladenden Kronen hängen wie an langen Seilen graugrüne, längliche Früchte herunter. Aus der Entfernung sehen sie aus wie Leberwürste. Es sind Tamarinden, auch unter dem Namen Johannisbrotbaum bekannt.

Arba Minch streckt sich entlang der Westseite des schmalen Landstreifens, der den Abaya- und Chamosee voneinander trennt. Von unserem Quartier im Bekele-Mola-Hotel schauen wir hinab in das etwa dreihundert Meter tiefer gelegene Tal, wo die vierzig Quellen entspringen, einen kleinen Fluß bildend, der überdacht von dichtem Tropenwald seinen Weg zu den Seen nimmt. Am folgenden Morgen führt unser erster Gang zu den berühmten Quellen, die der Stadt nicht nur den Namen gaben, sondern sie auch mit reinstem Trinkwasser versorgen. Erstaunt stehen wir schließlich vor dem kleinen, quirlenden Bach, in dem auf zwei bis drei Meter Länge die vierzig Quellen entspringen sollen. Ohne Zweifel sprudelt es recht kräftig, und mit der Anzahl wird es ebenfalls seine Richtigkeit haben, dennoch hatten wir sie uns ganz anders vorgestellt. Wir kosten vom glasklaren Wasser und nehmen auch ein erfrischendes Bad im angestauten Teil. Weiter geht es durch dichten, dämmrigen Urwald. Uns umfängt eine eigenartige, gedämpfte Geräuschkulisse, ein Gemisch aus Vogelgezwitscher und Affengeschrei. Plötzlich wird es lebhaft über uns. Zahllos scheinen die Affen, die kreischend in den Bäumen toben und an meterlangen Lianen schaukeln. Schnell, wie er gekommen, ist der Spuk auch wieder vorbei. Auf einer Lichtung, wo eine Art Kanal den Abaya- mit dem Chamosee verbindet, halten wir Rast. Und schon umlagern uns Fischer, ihre frische Ware feilbietend. Im Nu haben wir Holz gesammelt, ein kleines Lagerfeuer entfacht und die Fische zum Grillen aufgelegt. Während sie garen, finden wir Zeit, uns die Umgebung näher zu betrachten. Durch das dichte Blätterdach der Urwaldriesen dringt nur gedämpftes Licht. Die Bäume überspannen auch den Kanal, so daß sein Wasser wie durch einen Tunnel fließt. Bis zu den Hüften in der Flut, den Speer wurfbereit, beobachten die Fischer angespannt ihre Beute. Lautlos gleitet der Speer aus der Hand, ein kurzes Platschen, und schon zappelt ein Fisch an der gezackten Eisenspitze. Der am Ufer liegende Fang zeigt ihre recht erfolgreiche Arbeit.

Am nächsten Tag machen wir uns zum kleinen Fischerhafen am Abayasee auf, denn eine Seefahrt steht in Aussicht. Als wir das Schiff zu Gesicht bekommen, eine Art Fähre aus den dreißiger Jahren, auf einer britischen Werft gebaut, drängt sich uns die Frage auf, wie dieses Monstrum in diesen entlegenen Winkel der Erde gekommen sein mag. Es liegt auf Außenreede, wir müssen im Ruderboot übergesetzt werden, dann kann die Rundfahrt beginnen. Kaum sind wir einige Meter gefahren, tauchen in näherer und weiterer Entfernung Flußpferde auf, die uns ein Stück begleiten. Unsere Aufmerksamkeit wird erst von ihnen abgelenkt, als am Ufer riesige Krokodile ins Blickfeld kommen. Erst jetzt bemerken wir, daß andere das Schiff umkreisen. Auf unserem altersssschwachen Gefährt wird es uns nun doch ein wenig mulmig zumute, doch wir landen schließlich wohlbehalten am gegenüberliegenden Ufer. Hier soll es neben vielen anderen Wildtierarten auch Zebras geben. Da wir auf unseren bisherigen Fahrten durchs Land diese Tiere noch nie in freier Wildbahn erlebten, sehen wir den nächsten Stunden mit Neugier entgegen.

Mühsam erklimmen wir die Uferböschung. Vor uns liegt eine sonnenüberflutete Savanne. Seit etwa einer Stunde wandern wir schwitzend hügelauf, hügelab, beobachten verschiedene Antilopenarten, finden aber keine Spur von Zebras. Während unsere Hoffnung zusehens schwindet, bewahren unsere äthiopischen Begleiter ihre Zuversicht. Und tatsächlich, plötzlich, wir durchqueren eine kleine Senke, steht etwa achtzig Meter vor uns eine Gruppe von sieben Tieren, andere Rudel grasen in weiterer Entfernung. Offensichtlich stört sie unsere Gegenwart nicht im geringsten. Schweigend verharren wir, um uns an diesem herrlichen Anblick zu weiden. Zufrieden, daß sich diese beschwerliche Wanderung doch noch lohnte, treten wir den Heimweg an.

Südlich des Chamosees lebt eine ethnographisch interessante Völkerschaft, die Konso, die sich weder durch die Amharisierungsbestrebungen der Kaiser, durch die italienische Invasion noch durch Islam oder orthodoxes Christentum ebensowenig wie durch einige bis zu ihnen vorgedrungene christlich-protestantische Missionen in ihrer Lebensweise tiefgreifend beeinflussen ließen. Vermutlich gelangten sie mit der großen Oromo-Wanderung als Abkömmlinge der Borana-Oromo in dieses Gebiet. Sie vermischten sich mit den negroiden Urbewohnern, den Mando, und wurden im Gegensatz zu ihren Nachbarn, den viehzüchtenden Borana, seßhafte Ackerbauern am großen Bogen des Sangaflusses.

Ursprünglich lebten wohl auch die meisten Konsogruppen in Streusiedlungen. Kriegerische Überfälle ihrer Nachbarn, Streitigkeiten der verschiedenen Clans untereinander, – noch 1953 sollen blutige Auseinandersetzungen stattgefunden haben –, aber auch Angriffe durch Raubtiere zwangen sie offensichtlich, sich in Dorfgemeinschaften zu vereinen, ihre Ortschaften auf Hügeln anzulegen und sie durch lose zusammengefügte Steinmauern mit stets bewachten Toren zu befrieden. Solche Ortschaften beherbergen heute durchschnittlich etwa 1500 Bewohner. Insgesamt schätzt man die Zahl der Konso auf 55 000 bis 60 000.

Wie die Wälle um die Dörfer bestehen auch die Wände der Rundhütten aus zusammengefügten Steinen. Dicht unter dem strohgedeckten Dach dienen kleine Öffnungen als Fenster und Rauchabzug. Die sehr niedrige Türöffnung erklärt man uns als eine Sicherheitsmaßnahme, denn ein Angreifer, der sich tief gebückt durch den Eingang zwängen muß, ist verständlicherweise im Nachteil. Um die Ortschaften herum erstrecken sich sorgfältig angelegte Terrassenfelder, teilweise mit künstlich geschaffenen Wasserreservoirs zur Bewässerung der Gemüsekulturen während der Trockenzeit. Feldbestellung und Ernte bewältigen Bauer und Bäuerin in gemeinsamer Handarbeit.

Eine besondere Rolle im Leben der Dorfgemeinschaft spielt der meist langgestreckte Dorfanger, Ort für Zusammenkünfte und Zeremonien, Tanz und Kultur. An seinen Zugängen ragen die heiligen Bäume gen Himmel, abgestorbene Juniperus, zu Ehren der tapferen Krieger. An einer Schmalseite liegen schwere Basaltbrocken, die »Steine der Männlichkeit«, zu einem Haufen aufgetürmt. Nach erfolgreichem Kampf oder auch einer Jagd schleppen die Kühnsten und Tapfersten oft von weither solche Steine heran und fügen sie als Erinnerung ihrer Tat in den Steinhaufen ein.

»Und was bedeutet dieses Denkmal?« fragen wir unseren Übersetzer und zeigen auf eine aus etwa eineinhalb Meter langen Baumstämmen grob geschnitzte, speerbewaffnete Kriegergruppe. »Das ist eine Waaka«, flüstert er uns halblaut zu. »Sie symbolisiert einen der verstorbenen oder auch gefallenen großen Helden der Gemeinde mit seinen speertragenden Mannen.«

Als kleinste soziale Einheit in der Konsogesellschaft gilt die Familie, der Mann mit seinen Frauen und Kindern. Ganz recht, der Konsomann darf bis zu vier Frauen heiraten, wenn er für jede innerhalb des Gehöftes einen Tukul errichtet, in der sie und ihre Kinder Platz finden. Getrennt davon stehen eine Kochhütte zur gemeinsamen Benutzung ebenso wie kleinere Lagerhütten zur Aufbewahrung der Vorräte.

Wie bei zahlreichen anderen ethnischen Gemeinschaften spielt im Leben der Konsomänner die Rangordnung innerhalb eines Altersklassensystems eine entscheidende Rolle, die wir später in recht ursprünglicher Form bei den Borana kennenlernen werden. Zur unteren sozialen Schicht zählen auch hier alle die Handwerker, die keine agraren Produkte verarbeiten, so der Schmied, der die »Erde verbrennt, um Eisen zu gewinnen«, und der Töpfer, der die »Erde kocht und formt, statt sie zu pflügen und Samen einzulegen«. Von dieser Gruppe ausgeschlossen werden Holzbearbeiter und Weber, da sie Naturprodukte veredeln und somit den Bauern nahestehen.

Als »Außenseiter« ihrer Gesellschaft betrachten die Konso, und das mag verwunderlich klingen, bis zu einem gewissen Grade auch ihre Frauen. Ausgehend von den Vorstellungen im patrilokalen Clan, gelten die Männer im Dorf als die Bodenständigen, ihre Frauen dagegen, die sie sich aus anderen Dörfern, aus anderen Clans holen, als Unstete, Wandernde, Hinzugekommene. Die gleiche konträre Stellung der Geschlechter ergibt sich aus den religiösen Vorstellungen. Eine Autorität für die Männer in moralischen Fragen stellt ihr Gott Wega dar, der Beherrscher des Regens und des Donners, der ursprünglich unter ihnen weilte. Einst verließ er die Erde und setzte als seinen Stellvertreter den Ältesten des Clans ein, der die Verbindung zwischen ihm und der Männerschaft herstellt. Die Frauen gelten als erdverbunden, sie bereiten die Nahrung aus Pflanzen, die der Erde entsprießen, sie sind wie die Erde Träger der Fruchtbarkeit.

Somit bilden in der Vorstellungswelt der Konso die Männer den Mittelpunkt der Gesellschaft. Ihre Vorbilder sind die tapferen Helden des Volkes, deren Männlichkeit durch den Phallus symbolisiert wird. Sein aus Ton geformtes Symbol ziert die Dachspitzen der Männerhäuser, in denen die Krieger ihre Waffen aufbewahren und sich vor einem Kampf oder einer Jagd, von ihren Frauen getrennt, mehrere Tage aufhalten. Hier schöpfen sie gemeinsam Kraft, erzählen von ihren erfolgreich bestandenen Kämpfen, bringen sich in Kampfesstimmung. Schwächlinge haben im Männerhaus keinen Platz, und auch Mädchen bleibt jeglicher Zutritt verwehrt.

Das Phallussymbol schmückt aber auch die Hütten der Priester als Zeichen dafür, daß sie die Manneskraft zu hüten und zu bewahren haben. Aus Blech geformt, tragen sie es bei Festlichkeiten an die Stirn gebunden, oft als Ergänzung mit gleichem symbolischem Wert ein Rhinozeroshorn in der Hand.

Betrachten wir uns noch einmal die Waaka, die hölzerne Kriegergruppe auf dem heiligen Platz. Auch hier trägt der Held der Gruppe ein kräftiges, hölzernes Phallussymbol auf der Stirn. Waren einige Berichterstatter bisher geneigt, diesen Kult als eine Besonderheit der Konso herauszustellen, so beweisen ältere Aufzeichnungen, daß er auch von anderen ethnischen Gemeinschaften kuschitischer und omotischer Herkunft, wie den Borana, Kefitscho und Afar, gepflegt wurde. In Ermangelung schriftlicher Überlieferungen waren es besonders die Hofsänger, die für eine bleibende Erinnerung an Helden und Könige, an die ruhmreiche Geschichte ihres Volkes sorgten. So sang einer ihrer letzten zu Beginn dieses Jahrhunderts vom heldenhaften Kampf des großen Minjo, des Heerführers der Kefitscho, der seinen tapferen Kriegern befahl, in die Reihen des angreifenden Feindes zu stürmen und die Anführer zu erschlagen. »Die Getöteten aber entmannt! In der Mannheit liegt die Manneskraft. Wer die Mannheit nimmt, erhält die Manneskraft . . . nehmt sie deshalb als sichtbares Zeichen!« Und als der Tag sich neigte, trugen die Sieger manchen Phallus erschlagener Feinde am Stirnband.

Im Land der Borana Ebenso interessant in Sitten und Gebräuchen wie die Konso scheinen uns ihre Nachbarn, die Borana. Besteht auch der Eindruck, daß sie sich trotz gleicher Abstammung konträr entwickelten – hier Bodenbauer, da Viehzüchter –, ergänzen sie sich dennoch gegenseitig. Außerdem bewahrten die Borana infolge ihrer Abgelegenheit hier im Süden des Landes althergebrachte Traditionen der Oromo, die, je weiter man zu den nördlicheren Oromogruppen kommt, abgeschwächt oder bereits ganz verschwunden sind. Besondere Bedeutung erlangte das sogenannte Gada-System, das wir bei den Konso in seiner vereinfachten Form als Altersklassensystem vorfanden.

Es wäre möglich, durch sehr unwegsames Gelände von den Siedlungen der Konso zu den Borana zu gelangen. Sicherer erscheint uns jedoch die neue, ausgezeichnete Fernverkehrsstraße von Awasa über Dila, Yabelo bis Moyale, der Grenzstadt zu Kenia. Vor zwei Jahren waren wir schon einmal im Morgengrauen von Awasa aus aufgebrochen, um unseren Freund Dr. Wario im SORDU (Southern Rangeland Development Unit), dem südäthiopischen Weideprojekt, zu besuchen. Damals verhinderten die lang anhaltende Dürrekatastrophe und unsere unzureichende Ausrüstung das Vorhaben. Wir kamen nur bis Dila, einer Kleinstadt am nordwestlichen Ufer des Abayasees. Diesmal sind wir besser mit Zelten, gefüllten Wasserkanistern, Verpflegungsbüchsen und einem von der Landwirtschaftsschule Awasa gestellten Landrover versorgt. Etwa zweihundert Kilometer durchqueren wir die uns bekannte waldreiche, hügelige bis bergige Landschaft des Rifttales. Nach Agere Maryam wechselt das Bild. Die hohen Bäume, der feuchtwarme Wald sind einer heißen, trockenen Buschsavanne gewichen.

Am späten Nachmittag treffen wir in Yabelo, unserem Tagesziel, ein. Nun glaube man nicht, hier, dicht an der Grenze zu Kenia eine Stadt wie Awasa vorzufinden. Yabelo, etwa halb so groß wie Alem Maya, beherbergt rund 7000 bis 8000 Menschen, und das Yabelo-»Hilton«, das erste Hotel am Platze, bietet nur Zimmer für zweieinhalb Birr pro Nacht mit äußerst schlichter Ausstattung. Freudig gestaltet sich das Wiedersehen mit Dr. Wario, der sich bei der Besichtigung unserer heutigen Ausrüstung ein zufriedenes Schmunzeln nicht verkneifen kann. Nach Erledigung der erforderlichen Formalitäten beginnt er gleich mit seinem Einführungsvortrag über SORDU, das Weideprojekt, in dem er bereits das dritte Jahr arbeitet. Es wird teils von der Weltbank, teils von der äthiopischen Regierung finanziert und hat die Aufgabe, den Tierbestand der in einem Gebiet von etwa 95 000 Quadratkilometern lebenden 400 000 Nomaden mit ihren Viehherden von rund einer Million Tieren – jüngste Schätzungen sprechen von 600 000 bis 800 000 Rindern, 20 000 Kamelen und 80 000 Schafen und Ziegen – konstant zu halten und eine Überstockung zu verhindern. Natürlich gehören auch die veterinärmedizinische Betreuung, die Verbesserung der Tierqualität und eine geregelte Zuführung der Rinder zur Versorgung des Marktes dazu.

Eine besondere Rolle spielen in diesem Projekt die Wasserversorgung und die Regulierung des Weideganges. Mit der Bezeichnung »Nomaden« für die Borana erklärt sich Dr. Wario jedoch nicht einverstanden, weil sie nicht permanent mit ihrer Herde wandern, sondern feste Lager errichten. Generell rechnen sie sich zu den Tierhaltern, nennen Rinder, Ziegen, Schafe sowie Dromedare ihr Eigentum. Die Größe ihres Viehbestandes bildet neben einer gewissen Ernährungssicherheit ihr Statussymbol. Das erklärt auch, warum eine Familie Hunderte von Tieren besitzt und dennoch nur alle drei Wochen Fleisch ißt. Die dem Markt zugeführte Stückzahl ist relativ gering und ergibt sich aus dem Bedarf an Lebensmitteln und Kleidung. Eine weitere Erwerbsquelle finden die Borana in der Salzgewinnung aus Kraterseen, wobei der Umsatz auf bloßem Tauschhandel besonders mit den Konso beruht, und zwar ganz einfach mit einem Sack Salz gegen einen Sack Hirse.

Ein Ausflug nach dem siebzig Kilometer südlicher gelegenen Ort Dublo läßt uns einen Einblick in die Art der Wasserversorgung im recht regenarmen Boranaland gewinnen. Neben großen Mulden oder Senken, in denen sich das Regenwasser sammelt, aber nur für eine begrenzte Zeit als Viehtränke dienen kann, wurden Brunnen bis zu 33 Meter Tiefe gegraben. Der Begriff Brunnen schließt nicht ein, daß über ein Saugrohr und eine mit Elektrizität oder Benzin betriebene Pumpe das Wasser nach oben gefördert wird. Alles beruht hier auf Handarbeit, angefangen mit dem Ausschachten. In Dublo bemüht man sich bereits seit vier Monaten, in die entsprechende Tiefe vorzustoßen. Hat man den Grundwasserspiegel erreicht, steigen die Wasserschöpfer mit aus Giraffenhäuten gefertigten Gefäßen in die Tiefe, suchen auf hervorspringenden Wurzeln, Steinen oder kleinen Plattformen Halt und bilden eine Wassertransportkette. Flink wandern die leeren Drei- bis Fünfliterbehälter von Hand zu Hand nach unten und gefüllt zurück, immer wieder, stundenlang. Da gibt es keinen Unterschied zwischen Männern und Frauen, die Tiere brauchen Wasser, zumindest alle drei bis vier Tage. Täglich müssen etwa 300 versorgt werden. Für je zwanzig Rinder stehen am Brunnenrand, er hat manchmal nur zwei Meter Durchmesser, tönerne Tränken, die unablässig gefüllt werden. Für einen geregelten Ablauf sorgt der Abba Ela, der »Vater des Brunnens«, der die Wasserentnahme Tag für Tag überwacht.

Verständlich, daß bei den Borana im Gegensatz zum Bodenbauer nicht der Markt, sondern der Brunnen das Zentrum des sozialen Lebens darstellt. So wurde er zum Symbol der Heimat, nicht etwa das zeitweilig gebildete Lager, nicht die Hütte mit ihrer begrenzten Lebensdauer, er, der lebenspendende Brunnen demonstriert das Beständige.

Diesmal müssen wir am Abend die Zelte aufstellen, unser Essen am Lagerfeuer zubereiten. Rasch überzieht Dunkelheit und Kühle das Land. Während die Sterne am Himmel in ihrem vollen Glanz stehen, findet Dr. Wario, selbst ein Borana, Zeit, uns ein wenig über dieses Volk zu erzählen.

So erfahren wir, daß sich das Siedlungsgebiet der Borana nicht auf äthiopisches Staatsterritorium beschränkt, sondern weit nach Kenia hineinreicht. »Die von der britischen Kolonialmacht um die Jahrhundertwende festgelegte Grenze zwischen Kenia und Äthiopien teilt zwar das Stammesland, hindert aber die Borana keinesfalls, sich als ein einheitliches Volk zu fühlen. Dies wurde bisher von den staatlichen Organen beider Länder weitgehend respektiert, ebenso wie der Grenzverkehr zu Besuchen untereinander, vor allem aber zur Teilnahme an traditionellen, kultischen Zeremonien. Die wichtigsten dieser Kultstätten befinden sich im äthiopischen Teil bei Negele, Arero und Gabelo.«

»Die Borana«, fährt Dr. Wario fort, »sind als Hirtenvolk in ihren Lebensgewohnheiten nicht mit den Nomaden der Danakilebene oder des Ogaden gleichzusetzen. Letztere ziehen mit ihren Herden, ihren Familien und ihrem ganzen Hab und Gut im Laufe eines Jahres von Nord nach Süd und zurück, von Weideplatz zu Weideplatz in Abhängigkeit von Futterqualität und -menge. Demgegenüber errichten die Borana feste Lager, die ganzjährig vor allem von Müttern mit Kleinkindern sowie den alten Leuten bewohnt werden. Und auch die mit ihren Familien wandernden Hirten richten sich relativ stabile zeitweilige Lager ein. Heute morgen haben wir an einem solchen gehalten.« Wir erinnern uns. Da standen zwanzig reichlich zwei Meter hohe, aus Strohballen zusammengefügte und geschnürte Rundhütten mit einem Durchmesser von acht bis zehn Metern in einem großen Halbkreis. In einer der vorderen Hütten begrüßte uns der Vormann der Gruppe und erklärte uns, daß fünf der hier wohnenden Familien nur eine Saison verweilen würden, während die übrigen bereits das dritte Jahr hier leben. Im Innern des großen Halbkreises befanden sich mit Dornbuschgestrüpp abgesicherte Kraale, in denen die Herden aller Familien während der Nacht gemeinsam untergebracht werden.

»Den Bau dieser Hütten«, erzählt Dr. Wario, »sowie ihre Einrichtung besorgen ausschließlich die Frauen, während die Männer die volle Verantwortung für die Herden tragen. Die Familien zurücklassend, wandern sie von solchen Lagern aus zu ergiebigen Weideplätzen, verbringen oft mit ihren Herden über mehrere Wochen Tage und Nächte unter freiem Himmel. In der Umgebung von Wachile ist Ihnen sicherlich aufgefallen, daß neben der Viehhaltung auch vereinzelt Bodenbau betrieben wird. Die betreffenden Familien leben dort im Stammlager und überlassen es den Söhnen, ihre Herden in den feuchten Tälern am Dawa- und Genalefluß zu weiden. Ob sich hier bereits eine gewisse Umorientierung in den Lebensgewohnheiten vollzieht, wird die Zukunft zeigen.«

Uns interessiert die gesellschaftliche Struktur der Borana. »Welcher Religion folgen sie?« fragen wir Dr. Wario. »Die Borana betrachten sich zwar als Moslems, huldigen aber teilweise wie die Konso dem Gott Wega. Solche Mischungen stellen bei diesen Völkern bekanntlich keine Seltenheit dar. Als gesellschaftliche Grundeinheit gilt die Familie, wobei die Männer dieses

Hirtenvolkes nur eine Frau heiraten, bedingt durch das genealogische System, dem sich die Männer unterwerfen müssen. Ich hoffe, Sie werden noch Gelegenheit finden, einen Einblick in dieses recht komplizierte Gefüge zu erhalten. Zurück zur Familie. Aufgrund der oft harten Lebensbedingungen bleibt sie nicht isoliert, sondern ist auch bei den Borana in die Sorge der Großfamilie und diese wiederum in die des Clans eingebettet. Insgesamt setzt sich das Boranavolk aus zwei großen Clangruppen zusammen, jeweils von einem religiösen Oberhaupt geführt. Sein Lager bildet gleichzeitig das kultische Zentrum. Beide Clans werden als genetisch nicht miteinander verwandt angesehen. Das bedeutet, daß die Männer der einen Gruppe, um Inzucht auszuschließen, nur Frauen aus der anderen heiraten dürfen.«

Erstaunlich sind für uns immer wieder die einfachen, aus der Erfahrung entstandenen, sinnvollen Reglements im gesellschaftlichen Zusammenwirken solcher Völker, die die Erhaltung und Stabilität einer Gemeinschaft selbst unter den schwierigsten Umweltbedingungen sichern. Dieser Eindruck soll sich am nächsten Tag noch vertiefen. Für heute wird es Zeit, im Zelt Schlaf zu finden. Die nächtliche Kühle zwickt spürbar unter der dünnen Decke, und das macht auch uns um eine Erfahrung reicher, nämlich beim nächsten Mal das Zelt nicht wieder zu tief im Tal aufzustellen.

Am folgenden Morgen erwartet uns eine besondere Überraschung. Dr. Wario gelang es, für uns eine Audienz beim höchsten Repräsentanten des Boranavolkes zu arrangieren, beim Abba Gada Arbora, was soviel wie »regierender Gadavater« bedeutet. Seine Residenz befindet sich in Suto, etwas abseits der Hauptstraße, mitten in der weitläufigen Savanne. Die im Halbkreis aufgestellten Strohhütten, wie wir ihnen überall im Boranaland begegnen, verraten keineswegs den Wohnsitz einer höhergestellten Persönlichkeit. Jilo Aga, ein Mann in den fünfziger Jahren, begrüßt zuerst sehr herzlich Dr. Wario. Nachdem dieser das Anliegen unseres Besuches vorgetragen hat, heißt er auch uns willkommen und bittet uns mit würdevoller Geste in sein Haus. Fest in der Hand hält er sein Zepter, einem unten gegabelten Hirtenstab ähnlich, oben mit vergoldetem Knauf. Seinen Kopf ziert ein bunter Turban, und wie eine Toga umschlingt ein langes, blütenweißes Baumwolltuch die Schultern. Die Füße stecken in derben Sandalen.

In der Hütte lächelt uns aus dem Hintergrund die junge Frau des Abba Gada entgegen. Mit Töpfen und Schalen hantierend, bereitet sie einen »Buna kalla«, einen eigenartig duftenden Kaffee, bei dem die getrockneten Kaffeefrüchte in zerlassener Butter gedämpft werden. Den Sud füllt die Hausfrau mit heißer Milch auf und serviert das dampfende Getränk in kleinen Gläsern. Auf niedrigen Hockern sitzend, kosten wir davon zu Ehren des Gastgebers und zögern nicht länger, unsere Fragen an den seit 1976 regierenden Gadavater zu stellen.

»Was bedeutet zunächst ›Gada‹, von dem sich die Bezeichnung ›Gadavater‹, ›Gadastruktur‹ und ähnliche ableiten? Bezieht das Gadasystem alle Mitglieder des Volkes oder nur einzelne Gruppen ein?«

»Als ›Gada‹ bezeichnen sich die Männer derjenigen Altersklasse, die für acht Jahre die Regierungsgeschäfte übernimmt. Natürlich bezieht das Gadasystem das gesamte Boranavolk ein«, lautet die kurze Antwort.

»Auch die Frauen und Mädchen«? wollen wir wissen.

Bei dieser Frage schaut uns unser Gastgeber erstaunt an. Offensichtlich wurde sie ihm vorher nie gestellt. Freilich wissen wir von der Dominanz der Boranamänner und lächeln verlegen ob unserer unqualifizierten Frage. Aber Jilo Aga läßt sich nicht aus der Fassung bringen:

»Im weitesten Sinne werden die Frauen und Mädchen nicht ausgeschlossen, konkret handelt es sich jedoch um eine gesellschaftliche Differenzierung ausschließlich der männlichen Mitglieder des Boranavolkes.«

Grundgedanke dieser Gruppenbildung ist, daß sich die Leistungsfähigkeit eines Mannes im Laufe seiner Entwicklung und seines Lebens verändert. Auf dieser Beobachtung beruht das auch von anderen afrikanischen Völkern bekannte Altersklassensystem, in dem die Männer eines Stammes oder Volkes während bestimmter Altersphasen eine genau festgelegte politische, militärische und ökonomische Verantwortung zu tragen haben. Diese Altersklassen durchlaufen im allgemeinen einen achtjährigen Zyklus.

»Zur ersten Klasse zählen die Jungen bis zu acht Jahren«, berichtet Jilo Aga weiter. »Sie sind noch Kinder und stehen unter der Obhut der Mutter. Wie die Mädchen tragen sie bis zu den Schultern reichendes, mit Kaurimuscheln verziertes Haar und werden bis zum Überwechseln in die nächste Altersklasse nur mit einem Spitznamen bedacht. Danach bekommen sie die Haare geschoren, erhalten Pflichten innerhalb der Weidewirtschaft und ihren endgültigen Namen. Aus diesem Anlaß feiern wir ein großes Fest am Schrein von Nura bei Negele. Sobald sie mit sechzehn Jahren die dritte Altersklasse erreichen, was ohne großes Aufsehen geschieht, wird von ihnen Mut und Kraft verlangt, zum Beispiel bei der Betreuung der Herden, ihrem Schutz vor wilden Tieren oder Dieben.«

»In dieser Altersklasse drängt es die Jugendlichen hinaus auf den Pfad des Abenteuers. Oft verlassen sie für zwei bis drei Jahre das elterliche Lager, verdingen sich bei entfernten Verwandten als Hirten oder arbeiten auf den Salzfeldern«, ergänzte Dr. Wario, der als Dolmetscher fungiert.

Jilo Aga fährt fort: »Die vierte bis sechste Altersklasse stellt das Heer der Krieger. Mit 32 Jahren erhalten die Männer die allgemeine Erlaubnis zur Heirat, doch empfiehlt es sich wegen ihres unsteten Lebens und längerer Abwesenheit bei eventuellen kriegerischen Auseinandersetzungen, in diesem Alter auf eine feste eheliche Bindung zu verzichten. Sobald sie das vierzigste Lebensjahr erreicht haben, naht der große Tag, an dem sie am Schrein von Doyyo östlich von Negele während der Vaterschaftszeremonie öffentlich von ihren Heldentaten berichten. Danach gehört es zu ihren Pflichten, Söhne zu zeugen. Noch während der sechsten Stufe übernimmt diese Altersklasse die Regierungsgeschäfte, erhält sie den Gadagrad, den sie acht Jahre lang führt.«

Das geschieht in einer erhabenen Zeremonie am Schrein von Ejersa Gugura in der Nähe von Nura, verbunden mit dem Durchstechen der Ohrläppchen, der Beschneidung der reifen Männer, denen nun auch erlaubt wird, Mädchen zu zeugen, erfahren wir von Dr. Wario.

»In den darauffolgenden Altersklassen wirken die Männer als Berater der regierenden Gruppe und verbringen schließlich als weise Alte ihren Lebensabend im Schoße der Großfamilie.«

Jilo Aga macht eine kleine Pause, die wir nutzen, einige Fragen zu stellen: »Das bisher beschriebene System kennen wir, von einigen Abweichungen abgesehen, auch von anderen Oromogruppen. Uns wurde jedoch erzählt, daß das Gadasystem der Borana sich als einziges die ursprüngliche Form und Komplexität erhalten hat. Wodurch wird dies charakterisiert?«

»Zu dieser, auf bestimmte Altersabschnitte ausgerichtete Gruppierung kommt eine zweite, auf Generationen orientierte, also Großvater-, Vater- und Sohngruppierungen, die sich wechselseitig beeinflussen.«

»Die Fachbezeichnungen dafür sind chronologische und geneologische Gruppierungen«, fügt Dr. Wario hinzu.

»Dabei werden die Generationen nicht allgemein gesehen«, fährt unser Gastgeber fort, »sondern stets im konkreten Fall. So müssen beispielsweise zwischen Vater und Sohn stets fünf Altersklassen von jeweils acht Jahren, also vierzig Jahre liegen. Sie erinnern sich, daß ich die Vaterschaftszeremonie betonte, die den Vierzigjährigen verpflichtet, Söhne zu zeugen.«

Zwangsläufig ergeben sich daraus für uns weitere Fragen: »Da ein junger Mann bereits mit 32 Jahren heiraten darf, erklären Sie uns bitte, was mit den Kindern geschieht, die vor seinem vierzigsten Lebensjahr auf die Welt kommen, mit den Mädchen, die seine Frau vor seiner Beschneidung gebirt? Was passiert, wenn die Ehe kinderlos bleibt?«

»In den ersten beiden Fällen werden die Kinder von anderen Familien innerhalb der Verwandtschaft oder auch von außerhalb adoptiert und großgezogen. Handelt es sich um Jungen, erfolgt ihre Einstufung in das System nach dem Alter ihres Stiefvaters«, lautet die knappe Antwort.

Zunächst schwierig vorstellbar, erklärt sich manches Fremdartige, wenn man sich ernsthaft bemüht, die engen Beziehungen innerhalb der Familien und darüber hinaus der Großfamilie und des Clans zu begreifen.

»Sicher wird Ihnen nicht entgangen sein«, ergänzt Jilo Aga, »daß wir auf eine feste eheliche Bindung der jungen Männer vor ihrem vierzigsten Lebensjahr keinen besonderen Wert legen. Das zwingt keinesfalls zur Askese. Nicht nur Witwen verehren die tatkräftigen, mutigen Männer unseres Volkes und wählen sich unter ihnen ihre Liebhaber aus. Solche Beziehungen nennen wir Zisbanehen. Und läßt der Zisban seinen Speer vor der Tür einer verheirateten Frau stehen, akzeptiert ihr Mann seine Anwesenheit, denn die Kinder, die aus solchen Verbindungen hervorgehen, bleiben in seiner Familie und werden, soweit es sich um Jungen handelt, nach dem Alter des Ehemannes eingestuft, auch wenn dieser nicht mehr unter den Lebenden weilt.«

Alles scheint bestens geregelt zu sein. »Aber wie kommt es, daß Sie bereits heute den Namen Ihres Nachfolgers Boru Guyyo kennen, der als Abba Gada von 1984 bis 1992 das Boranavolk regieren wird?«

»Auch das ist nicht so kompliziert, wie Sie glauben«, meint Jilo Aga. »Alle acht Jahre findet nicht weit von hier bei Arero unsere große Volksversammlung, die Gumi Gaya, statt, auf der die Delegierten der Clans und Großfamilien über Wasser- und Landnutzung, Einhaltung von Riten und kultischen Handlungen, Streitfragen auf den verschiedenen Ebenen, praktisch über alle Probleme, die sich für unser Volk ergeben, beraten.« Diese große Versammlung bildet jeweils ein Jahr nach der Übernahme der Herrschaft durch den neuen Abba Gada und seiner Regierung den Höhepunkt im Leben der Borana. »Anläßlich dieser Konferenz benennen die Delegierten aus der dritten Klasse, der Gruppe der Vierundzwanzigjährigen, ihre Kandidaten und wählen schließlich denjenigen, der in einundzwanzig Jahren Abba Gada sein wird. Ich kenne also nicht nur den Namen meines Nachfolgers, sondern auch die, die nach der Jahrhundertwende unser Volk führen werden.«

Später auf dem Heimweg ergänzt Dr. Wario die Antwort des Abba Gada mit dem Hinweis, daß die gesamte Wahl einen zwar recht demokratischen Anstrich habe. Schaue man sich aber die Abfolge der Abba Gada genauer an, so teilten sich nur wenige Großfamilien im Zyklus von etwa vierzig Jahren in die Macht. Ein Abba Gada bleibt meist auch noch nach seiner Regierungszeit Sprecher seines Clans. In dieser Funktion preist er bei der Vorstellung der Kandidaten nicht etwa die Vorzüge seines Sohnes, sondern erinnert die Delegierten an seine persönlichen Erfolge, berichtet, wie er dem Volk den Wohlstand brachte. Und da im Boranavolk der Glaube an die Vererbung und damit an die Fortführung guter Taten durch den Sohn tief verwurzelt ist, kann er auf diese Weise die Wahl zugunsten seiner Familie leicht beeinflussen. So regierte beispielsweise der Vater des künftigen Abba Gada, Mada Galma, von 1952 bis 1960.

Zurück zur letzten Frage an unseren freundlichen Gastgeber: »Wenn wir das Gadasystem betrachten, spielen Zahlen und vor allem Daten eine sehr große Rolle, die präzise einzuhalten sind. Wie kann dies ein des Lesens und Schreibens unkundiges Volk bewerkstelligen?«

Jilo Aga scheint diese Frage zu kennen, denn er lächelt und antwortet: »Wir Borana folgen in unserem Altersklassensystem weder Ihrem noch dem äthiopischen Kalender, denn wir haben unseren eigenen, der sich auf zwölf Monate mit jeweils siebenundzwanzig Tagen stützt. Diese Rechnung geht zwar nicht ganz auf, aber in unseren Reihen gibt es erfahrene Zeitexperten, die mittels Sternbeobachtungen die nötigen Korrekturen vornehmen.«

Dr. Wario bestätigt uns, daß wissenschaftliche Untersuchungen nur sehr geringe Abweichungen im Vergleich zur modernen Zeitmessung ergaben, und hebt das ausgezeichnete Gedächtnis dieser Experten für alle wichtigen Ereignisse der Vergangenheit hervor.

Es wäre unhöflich, unseren Gastgeber noch länger mit unseren Fragen zu strapazieren. Deshalb erheben wir uns und bringen unseren Dank für seine geduldigen Erläuterungen zum Ausdruck, die uns einen interessanten Einblick in die komplizierten Verhältnisse seines Volkes gewährten, den beachtlichen politischen und kulturellen Stand erkennen ließen. Gern kommen wir seinem Wunsch nach einem Familienfoto entgegen. Da steht er in würdevoller Haltung mit seinem Zepter, neben ihm seine junge Frau mit kleidsamer Zöpfchenfrisur, in einem mit großen Ornamenten besetzten Gewand, das farbige Tuch um die Schultern, den ältesten Knaben auf dem Arm, der vielleicht in zwanzig Jahren bei der Wahl des Abba Gada kandidieren wird.

Während der nächsten Tage studieren wir sehr intensiv das Weideprojekt, seine Ergebnisse und Probleme. Und dann kommt die Stunde des Abschieds von unserem Freund Dr. Wario. Auch ihm gilt für all seine Bemühungen großer Dank und ein herzliches »Auf Wiedersehen«.

Auf der Rückfahrt steuern wir zunächst Awasa an und nehmen am späten Nachmittag an einer Beratung in der Landwirtschaftsschule teil. Der nächste Morgen findet uns noch vor Sonnenaufgang auf den Beinen. Wir haben einen Abstecher in die Baleregion vor, die, obwohl der Boden beste Fruchtbarkeit besitzt, über eine sehr geringe Bevölkerungsdichte verfügt. Daß sich diese Situation in den nächsten Jahren ändern soll, deuteten wir bereits im Rahmen der im Staatsplan vorgesehenen Umsiedlung von Bauernfamilien aus übervölkerten oder durch permanente Trockenheit gefährdeten Gebieten an. Hier und dort sehen wir neu entstandene Reihendörfer. Die leuchtendgelben Strohdächer der Tukuls verraten, daß das Richtfest nicht lange zurückliegt. Es fehlen noch Wege, schattenspendende Bäume. Doch diese Mängel können nicht der Grund sein, weshalb nur wenige der Siedlungen vollständig bewohnt sind. Zu den Problemen der Umsiedler gehört unter anderem, und das mag wiederum unverständlich sein, wer ihre toten Ahnen betreut, wenn sie die Heimat verlassen. Dabei steht nicht die Pflege der Gräber im Vordergrund, sondern die enge Bindung innerhalb der Gemeinschaft, die über den Tod hinausgeht und sich im »Tasker«, den mehrmals in bestimmten Zeitabständen erfolgenden Ehrungen eines Verstorbenen, manifestiert.

Die ausgedehnten Hochflächen dieser Region gestatten den Einsatz landwirtschaftlicher Großmaschinen. Kein Wunder, daß in diesem Gebiet in den letzten Jahren mehrere Staatsfarmen entstanden, auf deren Feldern auch Mähdrescher vom Kombinat Fortschritt zum gewohnten Bild gehören. In einer davon, bei Scheneka, wirkte im Jahre 1979 die neunzehnköpfige FDJ-Brigade »Werner Lamberz« aus unserer Republik. Als Erntebrigade avisiert, mußten sich die Jugendfreunde bei ihrer Ankunft auf die Erschließung von Neuland umstellen – ein harter Brocken für Mähdrescherfahrer und Monteure. Wenige Tage vor ihrer Heimreise trafen wir sie in der Hauptstadt. Nach den Ergebnissen ihres Einsatzes befragt, berichteten sie stolz von 6 000 Hektar gepflügtem Acker in nur zwei Monaten und unter schwierigsten Bedingungen. Herzlich lachten wir bei ihren Schilderungen über ihre kulturellen und sportlichen Leistungen. Aber wer will schon kneifen, wenn die äthiopischen Freunde deutsche Volkslieder hören möchten oder einen Ausscheid im Fußball von wenig trainierten Tiefländern in einer Höhenlage von 3 000 Metern wünschen?!

Hinter Adaba steigt die Straße in steilen Serpentinen an. Statt der sonst kahlen, schroffen Felsen bedeckt dichter, verfilzter Latschenwald die Steilhänge. In den Tälern leuchten saftige Wiesen. Längst haben wir die 3 000-Meter-Grenze überschritten. Unvermittelt nach einer Kurve stehen wir dem Batu, dem höchsten Berg der Region mit über viertausend Metern, gegenüber. Er bildet das Zentrum des idyllischen Bale-Nationalparks. Wie von Zyklopen aufgetürmte Felsen bilden die fast ständig von Wolken verhüllte Bergspitze. In dieser Höhe fällt uns das Atmen schwer, die Füße hängen bald wie Blei an den Beinen.

Nicht weit von Goba entfernt, locken die Sof-Omar-Höhlen des gleichnamigen Dorfes am Wabfluß zur Besichtigung. Früher bahnte sich der Fluß seinen Weg von den Bergen herab durch dichtes Dornbuschgestrüpp in die Ebene. Eines Tages verließ er sein altes Bett, war in einem Höhlenlabyrinth verschwunden und kam erst nach eineinhalb Kilometern wieder zum Vorschein. Gewiß hat er großen Anteil an der Ausformung der mächtigen Kalksteinhöhlen, durch deren domähnlich gestaltete, bis zu zwanzig Meter hohe Kammern er seit Hunderten von Jahren in unterschiedlicher Tiefe und Breite sein tiefgrünes Wasser schickt. Diese Höhlen besitzen seit alters her als heiliger Ort große kultische Bedeutung für die Menschen dieses Gebietes.

8

Eine Maus,
die sterben will,
schnuppert an der Nase
der Katze.

Im Kaffeewald des Südwestens

Die Behauptung, das Wort »Kaffee« sei von Kefa abgeleitet, lassen wir dahingestellt. Als Tatsache aber gilt, daß das wichtigste Kaffeeanbaugebiet Äthiopiens im Südwesten des Landes, in den Regionen Kefa und Ilubabor, unserem nächsten Reiseziel, liegt. In Jima, der Regionalhauptstadt von Kefa, wollen wir die Landwirtschaftsschule, das nahe gelegene Forschungsinstitut für Kaffeeproduktion (IAR) sowie einige der landwirtschaftlichen Genossenschaften besuchen. 335 Kilometer Reiseweg liegen vor uns.

Wenige Kilometer nach der Hauptstadt zweigt im ersten größeren Ort Alem Gena eine Piste in südlicher Richtung nach Butajira-Hosaina ab, die aber nur mit einem Jeep oder Landrover befahren werden kann. Sie führt zum Furiberg, zu seinen zahlreichen, angeblich bis in die jüngste Vergangenheit bewohnten Höhlen. Kurz danach schauen wir von der Awaschbrücke auf einen der vielen Wasserfälle, die dieser lebenspendende Fluß ab seinem Ursprung, etwa 40 Kilometer nördlich von hier, passiert.

Die Fahrt geht weiter. Wir gelangen in ein sehr feuchtes, sumpfiges Gebiet. Hunderte schwarzweißer Störche, offensichtlich dem Winter in Europa entflohen, stolzieren hier im sonnigen Süden über die Wiesen. Zu ihnen gesellen sich laut schreiende, große, olivschwarze Vögel mit feuerroten Kehllappen, die Kehllappenibisse. Die Tukuls entlang der Straße tragen sorgfältig geschichtete, etwas nach außen gewölbte Strohdächer, deren Spitzen mit schönen, tönernen Gefäßen verziert sind. Wir befinden uns im Land der Gurage, einer den Amharen nahestehenden ethnischen Gemeinschaft, wegen ihres Fleißes, ihrer Emsigkeit und Ehrlichkeit im ganzen Land gerühmt. Im Gegensatz zu ihren im Norden lebenden semitischen Sprachverwandten huldigen sie zu einem großen Teil der islamischen Religion. Ihr Alltag gestaltet sich ähnlich dem ihrer Nachbarn. Als Besonderheit der Gurage ist im Vergleich zu den Völkern des Hochlandes die Herausbildung einer Art Frauenbundes erwähnenswert. Dieser Bund widmet sich unter anderem auch der Vorbereitung junger Mädchen auf die Ehe.

In abseits gehaltenen Lagern werden sie im Verlaufe eines Monats in praktischen Dingen des Familienlebens unterwiesen und danach in einer feierlichen Zeremonie in den Bund der Frauen aufgenommen. Übrigens, die Guragefrauen gelten als besondere Schönheiten.

Im westlichen Gurageland liegt an der Fernverkehrsstraße nach Jima der etwas größere Ort Weliso, im Zuge der Amharisierung auch unter dem Namen Giyon bekannt, was soviel wie »Sprudler«, »heiße Quelle« bedeutet. Und eine solche gibt es hier. Dies hat sich ein cleverer Hotelbauer zunutze gemacht und das Thermalwasser direkt in die Bäder seiner Hotelzimmer geleitet. Aus kräftigen Messinghähnen strömt das warme, mineralhaltige Wasser nicht in übliche Badewannen, sondern in geflieste Bassins, in denen sich eine mittelgroße Familie gemeinsam tummeln kann.

Kurz hinter Welkite, dem nächsten größeren Ort, bricht die Hochebene abrupt ab. Die Straße führt zwölf Kilometer in Serpentinen hinab in das Gibe- oder Omotal. Auf dieser Strecke müssen wir einen Höhenunterschied von rund 500 Metern überwinden, ehe wir die streng bewachte Hängebrücke über den breiten Fluß erreichen.

Der Gibe-Omo entspringt im Hochland in der Nähe von Nekemte, der Regionalhauptstadt von Welega. Von der Quelle bis zur Hängebrücke zwischen Welkite und Abelti nennt man ihn »Gibe«, von nun an bis zur Mündung »Omo«, was wohl durch den unterschiedlichen Sprachgebrauch der seine Ufer bewohnenden ethnischen Gemeinschaften bedingt sein dürfte. Neben den Niloten ganz im Süden leben hier Gruppen der Ometo, der Sidancho, auch der Oromo und nicht zuletzt der Gurage. Sein tief in den Felsen geschnittenes Bett bildet eine natürliche Grenze für ethnische Gemeinschaften, aber auch für die administrative Gliederung des Landes zwischen den Regionen Kefa und Schewa sowie Gamo Gofa. Sein lehmigbraunes Wasser schlingert über Stromschnellen durch das Waldgebiet, bis es sich nach 760 Kilometern in den Turkanasee ergießt.

Jima, Tor zum Kaffeewald Die Hauptstadt der Region Kefa, Jima, ist das Eingangstor zum Kaffeewald. Das feuchtwarme Klima, der tropische Regenwald südlich und westlich von ihr bieten für das Gedeihen des Kaffeestrauches beste Bedingungen. Mit der zunehmenden wirtschaftlichen Entwicklung dieser Region, insbesondere der Kaffeeproduktion, in den vergangenen vierzig Jahren wuchs die Bevölkerung Jimas relativ schnell um das Vierfache auf rund 64 000 Einwohner an.

Ehe wir die von grünen Wäldern umsäumte Stadt im Tal erreichen, entdecken wir in den Eukalyptusbäumen nahe der Straße eine Schar

Colobus-Affen, auch unter dem amharischen Namen Guereza bekannt. Man nennt sie auch Stummelaffen, weil ihre Daumen bis auf einen kleinen Stummel zurückgebildet sind. Guerezas gehören mit ihrem kontrastreichen schwarzweißen, langhaarigen Fell, ihrer pechschwarzen Haarbürste auf Kopf und Stirn und einem von weißen Haaren umrahmten schwarzen Gesicht mit zu den schönsten Affenarten. Ihr Ruf, fast mit dem Quaken eines Frosches vergleichbar, schallt uns entgegen, als wir das Auto verlassen. Am Waldrand knistert es. Die Tiere springen wie im Gleitflug von einer Baumkrone zur anderen, immer tiefer in den Wald hinein. Unser Freund Negusi erzählt uns später, daß diese Affen nicht selten bis zum Fenster seines Arbeitszimmers kommen, neugierig hereinschauen und auf Leckerbissen hoffen.

Über eine kleine Steinbrücke erreichen wir den zentralen Platz der Stadt, seitlich das mit frischem rotbraunem Anstrich versehene mehrstöckige Rathaus, vor uns ein Rondell. Einst mit einer Statue des letzten Kaisers bestückt, zieren es heute große, bunte Plakate, den revolutionären Kampf demonstrierend.

Jima beherbergt den Sitz der Regionalverwaltung im ehemaligen kaiserlichen Palast auf der Anhöhe, umgeben von prunkvollen Villen und ansehnlichen Häusern, dereinst das Viertel der Creme der Gesellschaft. Einer davon galt als der reichste Mann der Umgebung, der nicht nur riesige Kaffeeplantagen verpachtete und in Jima ein Hotel besaß, sondern mehrere Hotels in der Hauptstadt und anderen größeren Städten unterhielt. Jima wirkt als wirtschaftliches Zentrum weit über die regionalen Grenzen hinaus, ist charakterisiert durch das täglich bis spät in die Nacht hinein reichende rege Treiben auf dem großen, mit Geschäften ausgebauten Markt. Auch der Flugplatz sowie der große Busbahnhof ließen die Stadt zu einem Mittelpunkt werden, und nicht zuletzt die zahlreichen Schulen einschließlich mehrerer Oberschulen, mit dem erst vor kurzem eingeweihten Lehrerbildungsinstitut analog dem von Awasa, den während öffentlicher Veranstaltungen dicht umlagerten Sportstätten, den mit jungen Leuten überfüllten Cafés, den Kinos, deren Lautsprecher unablässig und lautstark über das Programm informieren.

In der Landwirtschaftsschule machen wir uns mit deren Direktor Negusi bekannt, der in den nächsten Tagen unser Begleiter sein wird, denn er spricht Sidama, eine Grundvoraussetzung für eine Unterhaltung mit den Bauern der umliegenden landwirtschaftlichen Genossenschaften. Wir schlendern mit Negusi durch die Stadt und nehmen die vielfältigen Eindrücke in uns auf. Uns umgibt rege Betriebsamkeit, aber keine übertriebene Hektik.

Und dennoch finden wir eine Ausnahme. In einem geräumigen Hof hocken auf Holzbänken zusammengedrängt Männer und Frauen. Vorn am Rednerpult wird heftig diskutiert. Auch aus der Menge kommen hitzige Zurufe. Eine politische Versammlung? Nein, grüner Kaffee wird auktioniert. Vorn auf den Bankreihen sitzen die Aufkäufer, dahinter die Verkäufer, Vertreter der Bauernvereinigungen und Genossenschaften, die die Versteigerung gespannt verfolgen. Vor Beginn der Auktion nahmen die Aufkäufer die Gelegenheit wahr, die angebotene, unter einem Schuppendach in Säcken aufgestapelte Ware kritisch zu prüfen. Jede Charge oder besser jedes Los trägt als Kennzeichen einen Buchstaben, der auf den Verkäufer verweist, und eine Zahl von eins bis drei, die Qualität charakterisierend. Negusi langt in einen mit der Qualitätsstufe eins versehenen Sack und zeigt uns die großen, einheitlichen, abgerundeten Bohnen. Unter der Bezeichnung Perlkaffee bekannt, sind sie eine Augenweide. Sorte zwei erfaßt die normal großen, einseitig etwas abgeflachten Kaffeebohnen, die an der Form erkennen lassen, daß sie zu zweit in der Steinfrucht, einer Kaffeekirsche, heranreiften. Die in der Sorte drei eingestuften Säcke enthalten kleine Bohnen, Bohnenbruch und Schalenreste.

»Die Qualität der Bohnen wird zu einem großen Teil durch die Art der Aufbereitung bestimmt«, erläutert Negusi. »Vor jeder Versteigerung gibt es heftige Auseinandersetzungen, denn jeder der Verkäufer möchte für sein Angebot zumindest die Qualitätsstufe zwei erreichen.«

Jetzt, während der Auktion, haben die Käufer das Wort. Es wird geboten und gesteigert. Bei den Losen mit bester Qualität kommt selbst der Auktionator ins Schwitzen, so rasch folgen die Angebote. Bei den Chargen minderer Qualität bemühen sich die Verkäufer, die Summen ein wenig höher zu bringen. Endlich ist das letzte Angebot gemacht, der Zuschlag gegeben. Die Versammlung löst sich auf, die meisten der Beteiligten scheinen zufrieden zu sein.

Der folgende Tag bringt uns zur landwirtschaftlichen Versuchsstation hinter dem Flugplatz, mitten in dichtem Regenwald gelegen. Die Hauptaufgabe dieser wissenschaftlichen Station liegt einerseits in der Verbesserung der Ertragsleistung bei der Kaffeeproduktion durch Auslese und Anzucht gesunden Pflanzmaterials, Verbesserung der Bodenverhältnisse und einer sinnvollen Nährstoffversorgung der Pflanzen, andererseits in Möglichkeiten zur Bekämpfung einer sich immer stärker ausbreitenden Krankheit der Kaffeefrüchte, der Kaffeekirschenkrankheit. Wir erfahren auch, daß das äthiopische Hochland als Heimat des Arabica-Kaffees angesehen wird. Von hier gelangte diese Art nach Arabien, doch bildet nach wie vor die hiesige Waldregion das Genzentrum. Alljährlich werden in Äthiopien etwa 200 000 Tonnen Kaffeebohnen, rund fünf Prozent der Weltproduktion, erzeugt.

Anschließend besuchen wir die Genossenschaft Jeteloku Chorche in der Nähe von Agaro, dem zweiten Zentrum der Kaffeevermarktung. Diese Genossenschaft befaßt sich vornehmlich mit Kaffeeproduktion, wurde im Jahre 1976 gegründet, umfaßt vier Bauernvereinigungen mit 3 300 Mitgliedern und rund 1 600 Hektar Land. Wie üblich, umringt uns bei unserer Ankunft eine neugierige Menschenmenge. Einige fragen nach dem Woher und Wohin. Die Kaffee-Ernte hat begonnen. Überall an den unter hohen Schattenbäumen in Reihen angepflanzten, sehr gepflegten Kaffeebüschen leuchten an langen Zweigen zwischen den länglich-spitzen, ledriggrünen Blättern die knallig-roten Steinfrüchte, die Kaffeekirschen, hervor. Daneben befinden sich, wie auf eine Schnur gefädelt, noch grünlichgelbe und grasgrüne. Da sich die Fruchtreife nicht gleichmäßig vollzieht, erstreckt sich zwangsläufig auch die Ernte über nahezu zwei Monate. In Abständen von zehn Tagen muß ausgepflückt werden, da die überreifen Früchte sonst abfallen und auch an Aroma einbüßen. Gegenwärtig wechseln die Pflücker, einen großen Beutel um die Hüfte geschlungen, von Strauch zu Strauch und zupfen die reifen, roten Früchte ab. Ist der Beutel prall gefüllt, wird sein Inhalt in Körbe am Rand der Plantage entleert. Unentwegt schleppen Träger von hier die gefüllten Körbe auf dem Kopf entweder zur Aufbereitungsanlage oder verladen sie auf Tafelwagen.

Auf einer etwa zweihundert Quadratmeter großen, eingeebneten und festgestampften Fläche nehmen mehrere Bauern die geernteten Früchte entgegen und breiten sie flach auf dem Boden zum Trocknen aus. »Drei Wochen lang müssen wir das Erntegut täglich mehrmals wenden«, erklärt uns der Vorsitzende. »Abends wird es zu Haufen zusammengeschoben, mit Planen zum Schutz gegen Tau abgedeckt, morgens erneut in der Sonne ausgebreitet. Das Klappern der Samen beim Schütteln der eingetrockneten schwarzen Früchte verrät, daß das Fruchtfleisch entfernt werden kann.« Er führt uns zu großen, mit Draht bespannten Trommeln, die das Entschälen übernehmen. Danach werden viele Hände gebraucht, um über Siebe die Bohnen zu sortieren, die schlechten, die sogenannten Stinker, herauszulesen und nach Qualität in Säcke zu verpacken.

»Mit dieser Trockenaufbereitung erzielen wir leider nicht die gewünschte Qualität«, fährt der Vorsitzende fort. »Unsere Genossenschaft entschloß sich deshalb, mit Hilfe staatlicher Kredite eine Kaffeewaschanlage zu erwerben. Im vergangenen Jahr kam sie in den Probebetrieb, dieses Jahr muß sie voll genutzt werden.« Wir stapfen hinter ihm durch den Wald, von einer Plantage zur anderen. Der Schweiß rinnt in Bächen. Zunehmend lästiger werden kleine Insekten, die unsere Köpfe umschwirren. Endlich erreichen wir eine große Lichtung. Mit Stolz erklärt er uns die wertvolle Anlage, die hier tatsächlich auf Hochtouren läuft. Aus einem der großen Vorquelltanks, es stehen mehrere nebeneinander, gleiten über das Transportband die Früchte in einen Entpulper, eine Art Quetsche, die das aufgeweichte Fruchtfleisch von den Samen entfernt, ohne sie zu verletzen. In einer Waschanlage werden die grünen Bohnen von anhaftenden Resten befreit und gleichzeitig nach Größengruppen sortiert. Die sich anschließende Trocknung auf Betonflächen währt etwa zwei Tage. Ein ausgezeichneter Fortschritt, der außerdem die Verwendung des Fruchtfleisches, ebenfalls getrocknet, zu Dünger verarbeitet, einschließt. Der Vorsitzende winkt uns zum Lagerschuppen, greift in einen offenen Sack und läßt auf seiner Handfläche große, abgerundete Bohnen tanzen, den Perlkaffee. »Für diese ausgezeichnete Qualität erhielt Äthiopien auf einer der Leipziger Frühjahrsmessen eine Goldmedaille.« Und darauf können diese Genossenschaftsbauern gewiß stolz sein.

Auf unserem Gang durch die Kaffeeplantagen gelangen wir in ein Waldstück mit sechs bis acht Meter hoch aufgeschossenen, strauchartigen Kaffeebäumen, vierzig Jahre und älter, bemoost, wenig belaubt, mit magerem Fruchtbehang, der Boden sehr feucht, die Luft stickig und voller schwirrender Mücken und Fliegen. So sieht also der natürliche Kaffeewald aus! Keiner hat die Bäume je gepflanzt, jeder hat nur geerntet, aber wie, bei dieser Höhe und den dünnen Zweigen? »Unsere Väter machten sich darüber wenig Gedanken«, meint unser Begleiter. »Sie ließen die Früchte reifen, geradezu abtrocknen, schüttelten sie von den Bäumen und lasen sie auf, das war am einfachsten.«

»Natürlich, doch wie sah es dann mit dem Ertrag, mit der Qualität der grünen Kaffeebohnen aus?«

»Fragen Sie lieber nicht danach. Bald mußten sie erkennen, daß sich die Nutzung eines solch natürlichen Kaffeeaufwuchses nur in den ersten zehn bis fünfzehn Jahren rentiert. Und heute wissen wir, welch intensive Pflege die Sträucher benötigen, wollen wir hohe Erträge erzielen.«

Am frühen Nachmittag verabschieden wir uns vom Vorsitzenden der Genossenschaft Jeteloku Chorche und wandern durch den Wald zurück. Trommeln und Gesang lassen uns aufhorchen. Langsam zieht auf einem der schmalen Waldwege eine Prozession herauf. Richtig, heute, am 19. Januar, elf Tage nach dem äthiopischen Weihnachtsfest, begehen die orthodoxen Christen das Epiphanios-Fest, das sie Timkat nennen. Zur Erinnerung an die Taufe Christi versammeln sich die Gläubigen am Abend vorher in der Kirche, nehmen die Tabots, die Gebetstafeln, von ihrem heiligen Platz und tragen sie zu einem nahe gelegenen See oder Fluß. Negusi erzählt uns, daß sie dort die Nacht verbringen, die Priester nach Trommeln und Chorgesang religiöse Tänze vollführen, wie sie schon dereinst am Hofe Davids getanzt wurden. Morgens gegen zwei Uhr beginnt die Messe, die mit der Verteilung von Brot und Wein endet. Bei Tagesanbruch schöpfen die Priester Wasser, weihen damit die Gläubigen.

An der Spitze des Zuges schreiten die Priester, in ihrer Mitte die ranghöchsten, hochwürdigen in herrlichen, goldbestickten Roben, durch bunte, golddurchwirkte Schirme gegen Sonnenstrahlen geschützt, umtanzt von Debteras, Diakonen in weißen Beinkleidern und dunklen Umhängen, einen weißen Turban auf dem Kopf, den langen Hirtenstab in der linken Hand. Nur langsam kommt die Prozession auf der steilen, vom See heraufführenden Schneise voran. Der Priestergruppe folgen würdigen Schrittes die Alten der Gemeinde, stolz ihre Waffen tragend. Männer mittleren Alters stoßen in steter Folge ein langgezogenes, tiefes Haaaa - hoooo hervor. Von Trommeln, rhythmischem Händeklatschen und religiösen Liedern angespornt, tanzen die jungen Männer im Kreise. Sie haben sich an den Schultern gepackt, schleudern die Beine zu wilden Sprüngen, als wollten sie alle bösen Geister auf einmal vertreiben. Den Abschluß des langen Zuges bilden die Frauen in festlichen Kleidern, ausgelassen schwatzend, umkreist von vielen Kindern.

Der Jima-Staat im 19. Jahrhundert Seit dem 16. Jahrhundert drangen die Oromo wellenartig vom Süden, dem heutigen Sidamo, immer weiter nach Norden vor, ließen sich als Ackerbauern nieder und vermischten sich mit den ansässigen ethnischen Gemeinschaften. Durch ständige Eroberungszüge suchten sie mit der Besetzung weiterer Ländereien ihre bodenbauliche Basis auszudehnen. Ihren erfolgreichen Heerführern gelang es, sich zu Territorialherrschern aufzuschwingen. Unter den Titeln Moti, König, oder mit zunehmender Islamisierung Sultan, machten sie sich zu Herrschern über ihre Gemeinschaften und die eroberten Gebiete. So bildeten sich Anfang des 19. Jahrhunderts zwischen dem Gibe- und Gojebfluß mehrere Oromo-Staaten heraus. Einer davon nannte sich Jima.

Ursprünglich traf im Clan der seßhaften Oromo-Bodenbauer der Rat, bestehend aus den Ältesten der Familien unter Vorsitz des gewählten Abba Boku, des Vaters des Zepters, alle für die Gemeinschaft wichtigen

Entscheidungen sowohl hinsichtlich der Nutzung von gemeinschaftlichem Landbesitz als auch der Verteidigung und kriegerischen Expeditionen. In weiser Voraussicht auf Notzeiten organisierten sie eine Art öffentliche Versicherung, indem ein Mitglied des Rates von den Familien der Gemeinschaft einen bestimmten Ernteanteil als Rücklage einsammelte und verwaltete. Benötigte einer der Bauern Hilfe bei der Einbringung der Ernte, lud er als Abba Dabo seine Nachbarn zum gemeinsamen Ernteeinsatz ein und spendierte dafür Bier und geröstetes Getreide. Diese Bier-Ernte-Gemeinschaften stellen aber keine Besonderheit der Oromo-Bauern dar, wir kennen sie auch von ethnischen Gemeinschaften anderer afrikanischer Länder. Interessant scheint vielmehr, daß sich von »Abba Dabo« heute die Bezeichnung »Dabo« für das gebackene Weißbrot ableitet, welches man zu jener Zeit noch nicht kannte.

Allmählich begann sich mit zunehmendem Verlust des bis dahin gültigen Gada-Systems bei diesen ethnischen Gemeinschaften eine soziale Differenzierung durchzusetzen. Eroberungskriege und Landbesetzungen taten das ihre. An die Stelle der Clanältesten setzten sich die Könige, führten ein despotisches Regime, betrachteten sich als Obereigentümer allen Landes und übergaben an ihre Offiziere und Günstlinge, die Abba Lafa, Teile der eroberten Gebiete. Die dort ansässigen Bauern verloren ihren gemeinschaftlichen Besitz an Grund und Boden und wurden zu abgabepflichtigen Pächtern. Es entwickelte sich eine Klassengesellschaft, vergleichbar mit jener der altorientalischen Despotie, die gegen Ende des 19. Jahrhunderts zusätzlich feudale Züge trug.

Einer der bedeutenden Moti der Cheka-Jima hieß Abba Jifar I. (1830 bis 1855). Ihm gelang es, seinem Staat die benachbarten Kleinstaaten einzuverleiben und tributpflichtig zu machen. Unter diesen Bedingungen erblühte während seiner fünfundzwanzigjährigen Regierungszeit die Wirtschaft im Lande. Das Ränkespiel seiner Söhne um die Macht brachte dem Volk jedoch mehr Elend als Wohlstand. Erst Abba Gomol konnte Friede und Ordnung im Jima-Staat wiederherstellen. Nach seinem Tod übernahm im Jahre 1878 sein Sohn, Abba Jifar II., das Zepter.

Die Residenz der Jima-Könige befand sich etwas nördlich von der heutigen Regionalhauptstadt in Jiren. Sie stellte weder ein Handelszentrum noch eine Gemeinde dar, sondern diente ausschließlich als Hofstatt des Königs. Auf einer Fläche von etwa einem Quadratkilometer beherbergte sie die geräumigen Hütten der königlichen Familie mit ihren nächsten Verwandten, die Empfangs- und Speisehalle, Unterkünfte für Gäste und hohe Würdenträger, Behausungen für die sehr umfangreiche Dienerschaft und schließlich Feldlager der unter Waffen stehenden Krieger. Zum Hofstaat zählten nicht nur Generäle, Gesandte und Konkubinen, sondern auch Musikanten, Dichter und Sänger, die unter dem besonderen Schutz des Königs standen. Die Streitmacht des Herrschers setzte sich aus der Königsgarde, meist ausländischen Söldnern, den Kriegern der Gouverneure, die auch im Lande Polizeidienst verrichteten, und schließlich den Reservisten aus den einzelnen Provinzen zusammen. Abba Jifar II. verfügte im Januar 1882 über 2 000 Krieger, 50 Gewehre, einige Pistolen, dazu Schwerter, Schilde und Pferde. Speere brachten die Krieger als persönliche Waffen selbst mit zum Kampf.

Dennoch war das Jima-Heer der Streitmacht Meneliks II. offenbar nicht gewachsen. Als diese an den Grenzen des Jima-Staates aufmarschierte, zog es Abba Jifar II. vor, sich dem Kaiser zu unterwerfen, mit ihm zu kollaborieren und Tribut zu entrichten. Das ermöglichte ihm, bis zu seinem Tod im Jahre 1932 seine lokalen Machtbefugnisse zu erhalten. Anders sah es dagegen in den angrenzenden ethnischen Gemeinschaften und Kleinstaaten aus, die sich der Expansionspolitik Meneliks II. zu widersetzen suchten. Zu diesen gehörten die Kefitscho oder Gonga, die nach Angaben des österreichischen Forschers Bieber im Zuge der kuschitischen Völkerwanderung Ausgang des 14. Jahrhunderts unter Führung ihres legendären Häuptlings Minjo in das Gebiet südlich von Jima jenseits des Gojebflusses vordrangen. Sie unterwarfen die Mando, die Ureinwohner, und errichteten den Kefa-Staat, der jahrhundertelang allen Anstürmen seiner Nachbarn widerstand. Bieber führt uns ein eindrucksvolles Bild dieses im Charakter altorientalischen, despotischen Kefa-Staates vor Augen. Der Herrscher, als Gott verherrlicht, vereinte weltliche und geistliche Macht in einer Person. Bieber nennt ihn Kaisergott. Nur über den Hohen Priester stand er mit dem Volk in Verbindung. Stets wurde er von Sklaven getragen, was verhinderte, daß seine Füße die Erde berührten. Mutig widersetzten sich die Kefitscho den Angriffen der amharischen Armee unter Ras Wolde Georgis, bis sie schließlich überwältigt und unterjocht wurden. Ihr letzter König, Garki Seroko, verbrachte sein Leben als Gefangener an seinen Diener gefesselt am kaiserlichen Hof, wo er im Jahre 1935 verstarb.

Die kaiserliche Expansionspolitik brachte gegen Ende des 19. Jahrhunderts tiefgreifende Veränderungen in der sozialen Struktur der im Süden des Landes lebenden ethnischen Gemeinschaften vor allem dort, wo sie den lokalen politischen Überbau der Oromo-, Sidamo- und Kefastaaten liquidierte. Die durch Eroberungszüge der Moti bereits begonnene feudale Ausbeutung der Bauern als abgabepflichtige Pächter wurde erweitert und ausgebaut. Der Kaiser konfiszierte das gesamte eroberte Land und übernahm die alleinige Verfügungsgewalt. Kollaborationswillige Führer der unterjochten Völker ernannte er zu Balabbat, zu Bodenbesitzern, die als Verbindungsleute zwischen dem Staat und der eingesessenen Bevölkerung fungierten und sich als neue herrschende Klasse herauskristallisierten. Offiziere der kaiserlichen Armee, die in den okkupierten Gebieten verblieben, erhielten an Stelle des Soldes auf die Dauer ihrer Dienstzeit »Maderia«-Land, das von Pächtern bearbeitet und bewirschaftet wurde, während die Erträge in die Speicher der Herren flossen. Auf diese Weise etablierte sich in den besetzten Gebieten zusätzlich eine Art militärische Hierarchie. Auch amharische Siedler und vor allem die christlich-orthodoxe Kirche erhielten Land, wurden zu privaten Grundbesitzern. Ihnen gegenüber standen die ehemals freien Bauern, vom Land ihrer Väter enteignet, zu Pächtern, Fronknechten herabgesetzt. Damit war die Basis der feudalen Produktion und Ausbeutung in den südlichen sowie südöstlichen Provinzen geschaffen. Einen weiteren Schritt bildete die Vergabe von »Rist-Gult«-Rechten, Besitzrechten an großen Ländereien für Mitglieder der kaiserlichen Familie und des Hochadels. Unter Aufsicht von Verwaltern entwickelten sich profitable Baumwoll-, Zitrus- und Kaffeeplantagen, deren Besitzer in der Hauptstadt residierten. Auf diese Weise hielten in Verbindung mit der zunehmenden Verarmung der Pächter sowie der Herausbildung eines Landproletariats kapitalistische Ausbeutungsverhältnisse Einzug auf dem Lande.

Gambela Dort, wo der fischreiche Barofluß und seine Nebenadern sich unter dichtem Blätterdach des Tropenwaldes den Weg bahnen, wo der Mais innerhalb von drei Monaten reift, wo die Fischer in ihren Kanus die Netze in den quirlenden Flüssen auslegen, das Bergmassiv hinabgleitet in die mörderisch heiße Dabussteppe, wo der Sudd, die malariaverseuchten Sümpfe des Weißen Nils, sich über riesige Flächen erstrecken, leben zu beiden Seiten der äthiopisch-sudanesischen Grenze vom äußersten Süden bis zum nördlichen Takazefluß die Niloten. Sie umschließen negroide Stämme, die in früheren Zeiten – und das ist noch gar nicht so lange her – von arabischen Händlern auf Sklavenmärkten als »Ware« feilgeboten wurden. Unter der kaiserlichen Herrschaft fanden sie kaum Beachtung, und so hat manche dieser Gruppen einen drastischen Rückgang in der Bevölkerungszahl zu verzeichnen. Heute schätzt man beispielsweise die Omo-Murle nur noch auf 200, die Kwegu-Muguju auf 600 Stammesmitglieder.

Es wird angenommen, daß vor fünf- bis sechstausend Jahren die Präniloten, aus dem Westen Afrikas südlich der Sahara kommend, die einheimischen Jäger verdrängten oder sich mit ihnen vermischten und sich als Bodenbauern niederließen. Gegenwärtig lassen sie sich in Bodenbau treibende Stämme, wie die Anuak und die Kunama, und in Hirtenstämme, beispielsweise repräsentiert durch die Nuer, untergliedern.

Sie führen ein sehr einfaches Dasein, hatten noch wenig Berührung mit der zivilisierten Welt. Deshalb blieben ihnen auch Diebstahl, Lüge, Eifersucht, Neid und andere zivilisatorische Übel unbekannt. Gegenseitige Achtung und Hilfe zu üben, lehrten die unbestechliche Natur und nicht zuletzt die Sklavenräuber. Kriegerisch sind sie nicht. Grabstock und Hacke bilden die täglichen Arbeitsgeräte der Bodenbauern, der gegabelte Stab das für den Hirten. Zum Fischen dient ihnen der Speer. Sie pflegen ihren Kult und das Handwerk, die Frauen als geschickte Töpfer, die Männer als Gerber von Häuten.

Zum Zeichen ihrer Männlichkeit schneiden sich die Nuer sechs Streifen quer in die Stirn. Auch das Ausbrechen der unteren Schneidezähne gilt als besonderes Schönheitsmerkmal. Schmuck an der Unterlippe oder in den Nasenflügeln bilden ebenfalls keine Seltenheit, doch sind diese Zierden nicht so entstellend wie bei den Suri, deren Frauen die Unterlippe aufschlitzen, um immer größere tönerne oder hölzerne Lippenplatten einzulegen. Entstammen diese Traditionen tatsächlich dem Schönheitsideal dieser Völkerschaften, oder war es nicht eher eine Form der Selbstverstümmelung, um den Sklavenfängern zu entgehen? Daneben lieben die Frauen aller Nilotengruppen reichen Kettenschmuck um Hals, Stirn, Arm- und Fußgelenke, ergänzt durch Tätowierungen auf Brust, Bauch, Rücken und Armen.

Kurios erscheint uns der Wunsch eines jeden Kunama, im Verlaufe seines Lebens möglichst viele Namen zu erhalten. Gelegenheiten dazu bieten sich nach der Geburt, der Beschneidung oder der Aufnahme in eine Religionsgemeinschaft. So kommen einige auf die stattliche Zahl von zwanzig. Wenn sich zwei alte Bekannte treffen, zählen sie bei der Begrüßung wechselseitig die Namen des Partners auf. Damit bezeugen sie sich gegenseitige Achtung und Respekt und bestreiten gleichzeitig die Unterhaltung.

Einmal verdrängten Aufregung und Hast die Stille dieser abgeschiedenen Gegend. Das geschah, als man um die Jahrhundertwende in der Dabussteppe und Umgebung Goldvorkommen entdeckte, als die Oromo und andere Völkerschaften das große Goldfieber packte. In Massen strömten die Schürfer aus den nördlichen und östlichen Gebirgen nach Gimbi, Nejo, Mendi und wie die Orte nordwestlich von Nekemte alle heißen, um von dort aus mit Hacken und Sieben den Boden umzuwühlen, während der Trockenheit in versiegten Flußbetten zu scharren und zu graben. Malaria, Hitze und spätere Dürre forderten viele Opfer. Das hinderte die Fürsten keinesfalls, die Gunst der Stunde zu nutzen und von ihren Untertanen Abgaben in Form von Goldstaub und -nuggets zu erpressen. Schließlich gelangte die Kunde von der Fündigkeit auch nach Europa. Und schon waren sie zur Stelle, die Abenteurer, um beim Kaiser wegen einer Schürfgenehmigung anzuklopfen. Unter ihnen befanden sich die Italiener Zappa und Prasso, die bald von sich reden machten, einerseits wegen ihrer Skrupellosigkeit, andererseits weil sie gleichzeitig auf Platinvorkommen stießen. Davon angelockt, trafen nun auch die Vertreter europäischer Bergbaugesellschaften ein, die bald kräftig gegeneinander konkurrierten. Das ungesunde Klima in der öden, fieberverseuchten, unbewohnten Wildnis, die geringe Ergiebigkeit der Schürfplätze und nicht zuletzt die hohen Abgaben an die kaiserliche Kasse sowie der Verlust durch räuberische Überfälle ließen im ersten Drittel unseres Jahrhunderts den Goldrausch verebben und schließlich ganz in Vergessenheit geraten.

Ein Wort zum Sklavenproblem Die Abschaffung der Sklaverei bildete eine wichtige Voraussetzung zur Aufnahme Äthiopiens in den Völkerbund. Mit dem Begriff »Sklaverei« verbinden sich bestimmte Vorstellungen von Sklavenjägern und -händlern, die Afrikaner einfingen, in Ketten legten und in Karawanen zur Küste schleppten, wo Schiffe vor Anker lagen, um diese armen Menschen unter erbärmlichen Bedingungen nach Zentralamerika zu transportieren und dort zu verkaufen. Ohne Zweifel gab es diese Form des Sklavenraubes und -handels im vergangenen Jahrhundert noch in den Westgebieten Äthiopiens. Es fehlt nicht an Berichten, wie die in Sennar eingetroffenen zierlichen Oromomädchen, sehr begehrt als Sklavinnen und Haremszierden, bis in den vorderen Orient gelangten. Baker, der 1862 einem solchen Sklavenzug begegnete, schreibt über die Oromosklavinnen: »Man sieht mehr als eine Venus unter ihnen, und nicht genug, daß ihr Gesicht und Wuchs vollendet schön sind, beweisen sie denen, welche sie gut behandeln, die größte Anhänglichkeit und werden brave, treue Frauen.«

Ein berühmter Sklavenmarkt befand sich bis zur Jahrhundertwende im Jimastaat, in Harmita. Dort sammelten die Händler ihre »Ware« aus den umliegenden Gebieten. Selbst im ersten Viertel unseres Jahrhunderts galt die Grenze westlich vom Tanasee als wichtige Sklavenschleuse zum Sudan. Aber wer waren die Sklavenfänger, woher kamen sie? Keinesfalls aus Äthiopien. Wie sich die äthiopischen Kaiser bemühten, diesen Sklavenexport zu unterbinden, beweisen Maßnahmen, die Theodros II. einleitete, zeigt ein Erlaß von Yohannes IV. aus dem Jahre 1884.

Auch Kaiser Menelik II. verbot den Sklavenhandel. Doch bei der Durchsetzung all dieser Maßnahmen darf man die Größe des Landes nicht vergessen, die in bestimmten Fällen auch die Macht eines Kaisers begrenzt.

Bis zur Jahrhundertwende war dagegen die Versklavung von Kriegsgefangenen und Völkern eroberter Gebiete nicht verboten. So hatte beispielsweise Abba Jifar II., den Kaiser Menelik II. als Jima-König weiterregieren ließ, im Jahre 1882 folgenden Tribut zu entrichten: 60 Pferde, 30 Esel, 100 große Krüge Honig, 30 Stoßzähne von Elefanten, 100 Sack Kaffee, 20 Löwen- und Leopardenfelle, 30 Hörner, gefüllt mit Moschus, eine nicht genau bekannte Summe Maria-Theresia-Taler und nicht zuletzt 60 Sklaven.

Neben dem Sklavenraub als besonderes Geschäft der Araber bildete sich die sogenannte Haussklaverei heraus, die teilweise mit der Unterjochung besiegter Völkerschaften im Zusammenhang stand. Diese Haussklaven arbeiteten als Diener ohne Bezahlung, ihr »Besitzer« hatte sie zu ernähren, zu kleiden und ihnen Unterkunft zu gewähren. Im allgemeinen erfuhren sie keine schlechte Behandlung und waren teilweise in den Kreis der Familie integriert. Das geschah aber wohl mehr aus persönlich ökonomischer Einsicht ihrer Herren als aus humanitären Gründen.

Durch die Auflagen des Völkerbundes sah sich die äthiopische Regierung im Jahre 1923 veranlaßt, erneut Maßnahmen insbesondere in Form von Gesetzen gegen die Sklaverei einzuleiten. Diese richteten sich zunächst vornehmlich gegen den Sklavenhandel, dafür wurde die Todesstrafe angedroht, später auch gegen die Haussklaverei. Diese Gesetze fanden jedoch beim Feudaladel und auch in der Priesterschaft der orthodoxen Kirche wenig Anklang. Hinzu kam, daß die Befreiung der Haussklaven natürlich zwei Seiten hat und eine bloße Verordnung ohne entsprechende Vorbereitungen auch ins Gegenteil umschlagen kann. So fühlten sich die 1924 »befreiten« Haussklaven unvermittelt als Heimatlose. Sie hatten nie gelernt, für sich zu sorgen, Entscheidungen zu treffen, sondern waren ihr Leben lang blinde Gefolgsleute ihres Herrn gewesen. Wer bot ihnen nun Nahrung, Kleidung und Schutz vor den Unbilden der Witterung? Zu Hunderten und Tausenden wanderten sie durchs Land, arbeitslose, hungrige

Bettler. Entweder kehrten sie zu ihren ehemaligen Herren zurück oder liefen heimlichen Sklavenhändlern in die Fänge und verkauften sich selbst.

Um diesem Treiben Herr zu werden, erließ die Regierung im Jahre 1931 erneut Gesetze, eröffnete 1932 in Addis Abeba ein spezielles Regierungsbüro zur Lösung der Sklavenproblematik. Im August 1934 befanden sich 3647 ehemalige Sklaven auf freiem Fuß, 293 Verurteilungen mußten wegen Verstoßes gegen die Sklavenbefreiungsgesetze registriert werden. Daß damit das Problem keinesfalls gelöst war, zeigt ein erneuter Erlaß aus dem Jahre 1942.

In den Debatten der europäischen Staaten zum Thema Sklaverei in Äthiopien spielten aber nicht nur die genannten Formen eine Rolle, sondern auch die in Verbindung mit Eroberungsfeldzügen entmündigten, in okkupierten Gebieten ansässigen Bauern, die zu Pächtern und Leibeigenen wurden. Sie mußten neben hohen Abgaben zusätzlich Frondienste für die neuen Landbesitzer, zu denen neben dem Feudaladel auch die christlich-orthodoxe Kirche gehörte, leisten. Diese Form von Unterdrückung und Ausbeutung empfanden die regierenden Kreise Äthiopiens jedoch nicht als Sklaverei. Sie verglichen diese in der öffentlichen Diskussion mit der schamlosen Ausbeutung der Arbeiter in den kapitalistischen Ländern. Man stellte auch die Frage, wer sich im Völkerbund in den zwanziger Jahren am meisten über die Sklaverei in Äthiopien ereiferte. Es waren vor allem jene europäischen Mächte, deren Reichtum und Weltmacht zur damaligen Zeit hauptsächlich auf der Entmündigung jener Völker beruhten, deren Siedlungsgebiete sie als ihre Kolonien erklärten.

Heute gehören in Äthiopien Haussklaverei und Frondienste der Vergangenheit an.

9

Das Essen ist wichtiger
als der Negus oder
Stolz ersetzt kein Essen.

Tanasee und Blauer Nil

Über Nekemte, der Regionalhauptstadt der Region Welega, kehrten wir wohlbehalten nach Addis Abeba zurück, besuchten unterwegs eine landwirtschaftliche Versuchsstation, die Landwirtschaftsschule und das von der Sowjetunion eingerichtete wissenschaftliche Laboratorium in Hagere Hiywot, auch Ambo genannt, rasteten im Menegeschaforst, einem urwüchsigen Tropenwald am Wuschaschigebirge, und hielten im Töpferdorf an der Schwelle der Hauptstadt, um die dort angebotenen Tonkrüge, Kerzenständer, Vasen, Schalen, Madonnen, lustigen Tiere und vieles andere mehr, aus Ton geformt und gebrannt, zu bewundern. Unser Aufenthalt in der Hauptstadt soll nur so lange dauern, bis die nötigen Formalitäten für eine Reise nach dem Norden erledigt sind. Da uns die Addis-Abeba-Universität dafür einen Toyota zur Verfügung stellt, in dem acht Personen während der langen Fahrt bequem sitzen sollen, muß jeder von uns sein Gepäck beschränken. Als erstes Tagesziel steht Bahir Dar auf dem Plan, 578 Kilometer, die längste Strecke, die wir je an einem Tag hinter uns brachten.

Nach zwei Tagen ist es soweit. Noch im Dunkeln rollen wir am Rathaus von Addis Abeba und am Reiterdenkmal von Menelik II. vorbei hinauf zum Entoto. Verschlafen prüft der Kontrollposten an der Stadtgrenze unsere Papiere. Es geht weiter. Vorsicht, Schlagloch! Es setzte vor etwa acht Monaten unserer Reise mit demselben Ziel ein jähes Ende, zwang uns zur Umkehr, weil die Ölwanne unseres Lada ein Leck bekam.

Vor uns breitet sich eine weite Hochebene aus, unterbrochen von Hügeln und kleinen Bergen. Hier beginnt die Heimat der Schewa-Oromo. Regen ließ die Wiesen sprießen. Das Vieh steht gut im Futter. In Bächen und Flüssen drängt das braune Wasser zu Tal in Richtung Süden zum Awaschfluß. Wohlweislich bauten die Bauern ihre Gehöfte auf verstreut liegenden Hügeln, damit auch während der Regenzeit, wenn große Flächen unter Wasser stehen, der Lehmboden ihrer Hütten trocken bleibt. Der Tef ist herangereift. Goldgelb reflektieren die Felder die Morgensonne. Schon bei

Sonnenaufgang arbeiten die Bauern mit Frau und Kind auf den Feldern. Tief gebückt schneiden sie mit der Sichel die kurzstrohige Hirse und legen die Bündel zum Trocknen flach auf den Boden.

Nach etwa einhundert Kilometern steigt die Straße bis auf 2500 Meter über N. N. Wir überqueren die Wasserscheide. Ab hier nehmen die Flüsse ihren Lauf nach Norden, zum Blauen Nil und seinen Nebenflüssen. Kurz vor Fiche, wo dereinst Exkaiser Lij Iyasu gefangengehalten wurde, zeigt ein steinerner Wegweiser die Abzweigung nach Debre Libanos an. Dieser kleine Ort erhielt seine Bedeutung durch das im 14. Jahrhundert gegründete gleichnamige Kloster. Sowohl im klerikalen Leben als auch in politischen Auseinandersetzungen spielte dieses Kloster eine besondere Rolle. Sein Abt, der Etschege, gleichzeitig Vorsteher aller Klöster des christlich-orthodoxen Glaubens in Äthiopien, bezeichnet sich selbst als ersten Mönch.

Zur Zeit der italienischen Okkupation bildeten die Mönche von Debre Libanos ein Zentrum des nationalen Widerstandes. Das brachte ihnen die Rache der faschistischen »Schwarzhemden« ein, die das Kloster stürmten, viele Mönche ermordeten. An diese schwere Zeit mahnt ein Friedhof mit monumentalen Grabstätten.

Am Rande des Hochplateaus ragt die berühmte Kirche Medhane Alem von Debre Libanos empor. Weithin sichtbar glänzt ihre Kuppel, leuchtet das goldene Kreuz. Ein flacher Vorbau mit meisterhaft geschnitzten Türen und prächtigen, golddurchsetzten Malereien trägt den Glockenturm. Dahinter liegen am felsigen Hang das Kloster und etwas abseits, klein, bescheiden und schlicht, die Frauenkirche. Im Ort begegnen uns meist ältere Leute. Viele tragen einen Hirtenstab mit geschwungenem Knauf aus Metall, Elfenbein oder Holz, das Symbol der Priester und Diakone. Sie bilden das Ende eines langen Zuges, der vom Sonntagsgottesdienst heimwärts strebt. Die Jüngeren sind bereits auf schmalem Pfad vorausgeeilt und ziehen nun am gegenüberliegenden Hang in langen Reihen gleich einem weißen, sich schlängelnden Band die steile Schlucht hinauf. Unterhalb eines tosenden Wasserfalls führt ihr Weg zwischen den Felsen hindurch höher und höher, bis sie das darüberliegende Plateau erreichen.

Urwüchsig, wild gestaltet sich die Landschaft um Debre Libanos am Rande der Hochebene. An den Steilhängen stürzen Bäche in rauschenden, kleinen und großen Fällen tief hinunter ins Tal, ergießen sich in den Jemafluß, dessen braune Wassermassen dem Blauen Nil zustreben. An einer natürlichen Verengung des Tales, dort, wo sich die Felsen nahezu treffen, spannen sich die robusten, klobigen Bögen einer primitiven Steinbrücke. Die Meinungen, ob sie im sechzehnten oder neunzehnten Jahrhundert entstand, gehen auseinander, aber Fußgänger, Hirten mit Eselkarawanen und Ziegenherden balancieren heute noch darüber.

Nach weiteren rund einhundert Kilometern wird die Hochebene von einem gewaltigen Einschnitt unterbrochen, den der Blaue Nil seit Tausenden von Jahren immer tiefer aus dem Felsen herausgewaschen hat. Von unserem Standort bis hinüber zum Rand des gegenüberliegenden Plateaus beträgt die Luftlinie etwa drei Kilometer. Da sich unser Fahrzeug auf Rädern bewegt, müssen wir 800 bis 1000 Meter Höhenunterschied bewältigen, auf dieser Seite hinunter, auf der anderen wieder hinauf. Unwillkürlich denken wir an die Beschreibung von Rey, der vor über fünfzig Jahren mit einer kleinen Karawane den Blauen Nil in der Nähe der Einmündung des Guderflusses überquerte. Zu dieser Zeit gab es noch keine Straße, keine Brücke. So stand die Karawane im Januar 1927 nach mehrtägigem Marsch in Asendabo am Rande des Hochplateaus und schaute hinab in die Tiefe – nichts als Felsen und dornige Vegetation. Am folgenden Tag begann der Abstieg, und sie erreichten am späten Nachmittag oberhalb des felsigen Flußufers die Ansiedlung Chara. Zeitig am Morgen des zweiten Tages wurde der Abstieg beendet. Am Ufer sammelten sich Soldaten mit Gewehren, um die Karawane bei der Durchquerung des Nil vor Krokodilen zu schützen. Vierzig Oromoschwimmer standen bereit, die Lasttiere und die »lebende Verpflegung«, die damals stets mitgeführt werden mußte, sowie das Gepäck überzusetzen. Für letzteres bedienten sie sich kleiner Transportflöße aus zusammengenähten Rinderhäuten, mit trockenem Gras ausgestopft. Ein Dutzend Schwimmer zog, ein weiteres schob die Flöße, während sie der Rest zum Schutz vor Krokodilen schwimmend umkreiste. Dazu gehörte schon eine Portion Mut. Rey schreibt: »Während der Fahrt herrschte lauter Jubel, von Salutschüssen begleitet. Wir liefen mehr Gefahr erschossen als gefressen zu werden.«

Wie schön, daß es heute eine Straße gibt! In Serpentinen führt sie hinab, eingekeilt in das Gestein, manchmal außerhalb der Felsen auf Betonsäulen. Sie benutzen nicht nur Kraftfahrzeuge, sondern auch Eselkarawanen, Viehherden und Frauen mit schweren Lasten. Unser Fahrer hält es für angebracht, vor jeder unübersichtlichen Kurve zu hupen, weil er nicht weiß, was ihn dahinter erwartet. Die in den sechziger Jahren erbaute, fast 300 Meter lange, geschwungene Nilbrücke wird wie andere wichtige Objekte bewacht. Nach der Ausweis- und Gepäckkontrolle fahren wir im Schritttempo hinüber, schauen in die schmale Schlucht, in der sich glitzernd der Blaue Nil schlängelt. Am anderen Ufer geht es unversehens wieder hinauf. Fast eine Stunde benötigen wir für das kurvenreiche Manöver, dann erreichen wir Dejen, den ersten Ort nach dem Niltal mit Poststelle, Restaurants und einer großen Schule.

Aus welchem Umkreis kommen die Schüler, die hier unterrichtet werden? Diese Frage stellen wir uns des öfteren, wenn wir Kindern in kleinen Gruppen auf Landstraßen begegnen, wo weit und breit kein Ort mit einer Schule zu sehen ist. Teilweise müssen sie zweimal täglich sechs bis acht Kilometer zurücklegen. Da gibt es keinen Schulbus, keinen Pferdewagen, das Wissen muß nicht nur erlernt, sondern auch erlaufen werden, barfuß, in sengender Sonne ebenso wie bei strömendem Regen. In der Schule von Dejen scheint gerade Pause zu sein. Während wir tanken, umlagern uns die großen und kleinen Schulkinder in ihren bunten Kleidchen, in abgewetzten Hosen. Einige machen die Mutprobe, kommen näher und strecken uns die kleine Hand zum Gruß entgegen. Dürfen wir einen Blick in die Schule tun? Natürlich! Helle Räume mit langen Holztischen und Bänken empfangen uns. Voller Stolz zeigen uns die Knirpse ihre Schulhefte, sauber eingeschlagen in Zeitungspapier oder, wer es erwischen konnte, in ein buntes Blatt einer Illustrierten.

In Debre Markos, der Hauptstadt der Region Gojam, haben wir die reichliche Hälfte der Wegstrecke bewältigt. Wieder liegt eine ausgedehnte Hochebene vor uns, von Hügeln und Gebirgszügen durchsetzt. Trotz der Höhenlage brennt die Mittagssonne erbarmungslos. Wie überall im Lande schleppen auch hier die Frauen die schweren Lasten zum Markt oder heimwärts, während ihre Männer, den Knotenstock quer über der Schulter, ihnen leichten Fußes folgen, sie stets im Auge behaltend. Am Straßenrand bieten Kinder Kichererbsen an, eine nahrhafte Näscherei für Reisende. Hinter dem größeren Ort Dangla geht es hinab in eine Senke. In der Siedlung Debekam führt eine Steinbrücke über den zur Regenzeit sehr breiten Kleinen Abbay, der bei der Suche nach der Quelle des Blauen Nil eine große Rolle spielte. Ein bedeutender Forscher auf diesem Gebiet, der britische Konsul Cheesman, hatte gegen Ende der zwanziger Jahre hier in Dangla seine Residenz aufgeschlagen.

Endlich, nach elfstündiger Fahrt erreichen wir, zusammengerüttelt und eingestaubt, das Ghionhotel in Bahir Dar. Wir stehen am Ufer des Tanasees – wieder erfüllt sich einer unserer Träume.

Der Tanasee, ein Binnenmeer Noch vor zwanzig Jahren stellte Bahir Dar, das »Tor zum See«, ein wirtschaftlich unbedeutendes Städtchen mit nicht mehr als dreißigtausend Einwohnern dar. Durch die gewachsene Industrie, aber auch durch Ausbildungsstätten, wie das in den sechziger Jahren von der UdSSR gebaute und eingerichtete Polytechnische Institut sowie die im letzten Jahrzehnt geschaffene Pädagogische Akademie mit der Lehreraus- und -weiterbildung, wuchs die Stadt ständig. In der Pädagogischen Akademie treffen wir Lehrkräfte aus unserer Republik, im Polytechnischen Institut alte Bekannte aus Moskau, Wissenschaftler der Universität der Völkerfreundschaft »Patrice Lumumba«, die die Patenschaft über dieses Institut übernahm.

Bahir Dar macht einen äußerst sauberen Eindruck. Trotz seines ländlichen Charakters sind die Straßen breit angelegt, von reich blühenden Tulpenbäumen und Palmen der verschiedensten Arten umsäumt. Auf dem Markt dominieren im Angebot Felltaschen, Fellkoffer und Lederwaren in vielen Ausführungen. Pferdegerries klingeln durch den Ort, Fahrräder gehören zum Straßenbild, eine Ausnahme, die uns nur noch in Awasa begegnete. Vom See herüber weht eine lauwarme und dennoch erfrischende Brise.

Nach einem arbeitsreichen, eindrucksvollen Tag sitzen wir gegen Abend am Ufer des Tanasees auf großen, porösen, vulkanischen Steinbrocken, gegen die unermüdlich die Wellen branden. Langsam geht die Sonne unter. Die großen und kleinen Inseln verschwimmen im abendlichen Dunst, und die Fischer kehren in ihren Papyrusbooten in die Buchten zurück.

In seiner Form erinnert der Tanasee an die grobe Darstellung eines Herzens, an dessen Spitze das »Tor zum See« liegt. Seine Fläche beträgt 3600 Quadratkilometer. Die Bucht wird im Norden von den Inseln Kebran-Entos, etwas weiter östlich von der Insel Debre Mariam begrenzt.

Groß ist die Zahl der bewohnten und unbewohnten Inseln, man spricht von über hundert, die auf die allgemein geringe Tiefe des Sees von neun bis vierzehn Metern zurückgeführt wird. Der Wasserspiegel soll jährlich um etwas mehr als zwei Meter schwanken. Auf vielen der herausragenden Felsen, auch am Ufergeröll, haben verschiedene Vogelarten ihre Nistplätze gefunden. Westlich von Bahir Dar gedeihen auf der dicht bewaldeten Segi-Halbinsel prächtige Kaffeepflanzen. Uns wird berichtet, daß die dort wild wachsenden Sträucher die jährliche Ernte um etwa 10 000 Tonnen Kaffeebohnen bereichern. Die »Kaffeehalbinsel«, so wird sie auch genannt, ragt rund zehn Kilometer in den See hinein.

Auf den größeren Inseln zählen zahlreiche Kirchen und Klöster zu historischen Denkmälern. Urwüchsiger Wald verbirgt die Behausungen der Mönche und Einsiedler. Zur Regenzeit, wenn der Wasserspiegel steigt, stehen Ufergebüsch und -bäume im Wasser. Aus der Flut herausragende Stümpfe und Zweige, mit Moos besetzt und von Lianen umschlungen, machen die Inseln schwer zugänglich.

Entlang der Gestade leben die Waito, eine kuschitische Volksgruppe, die weit vor unserer Zeitrechnung einwanderte und hier seßhaft wurde. Später drängten sie semitische Einwanderer in die Randgebiete des Tanasees, wo sie lange Zeit als Flußpferdjäger lebten. Der Rückgang ihrer Jagdbeute zwang sie, sich mehr dem Fischfang und Ackerbau zuzuwenden. Da sie im Gegensatz zu den hier lebenden semitischen Völkerschaften das Fleisch von Flußpferden und Wasservögeln essen und auch ihre sonstigen Lebensgewohnheiten von denen ihrer Nachbarn abweichen, gelten sie als Außenseiter. Dennoch gehören sie zu denjenigen, die meisterhaft die Herstellung von Papyrusbooten aus mit Rindenstreifen vom Feigenbaum und mit Bergbambus zusammengebundenen Papyrusbündeln beherrschen.

Das Gebiet um den Tanasee stellte in der Zeit zwischen 1250 und 1550 ein bedeutendes Zentrum der christlich-orthodoxen Kirche und der äthiopischen Herrscher dar. Bereits vor zweitausend Jahren führte eine Karawanenstraße vom Hafen Adulis am Tanasee vorbei in das Landesinnere. Der See spendete den Wanderern Erfrischung und Nahrung durch die an seinen Gestaden gedeihenden Früchte. Die Legende berichtet, daß sich die »heilige Familie« während ihrer Flucht aus Ägypten auf der östlich gelegenen Halbinsel Tana Kirkos für drei Monate und zehn Tage versteckt hielt, ein Ereignis, das die äthiopischen Christen alljährlich in Andacht würdigen. Am selben Ort soll Menelik I. die Steintafeln des dritten Buches Moses', die er in Israel entwendete, aufbewahrt haben.

Mit einigem Glück kann man vom südlichsten Zipfel des Sees zum Nordufer nach Gorgora übersetzen. Dieser historische Ort erzählt vom Einfluß der Jesuiten im Mittelalter. In Alt-Gorgora, etwas westlich der heutigen Kleinstadt, ließ sich Kaiser Susenyos zu Beginn des 17. Jahrhunderts unter Leitung des portugiesischen Jesuitenpaters Paez eine Burg errichten, deren Ruinen heute verwaist vor sich hinträumen. Die enge Verbindung mit den Jesuiten, vor allem sein späterer Übertritt zum katholischen Glauben, brachten sein Volk, geführt von der orthodoxen Kirche, gegen ihn auf und zwangen seinen Nachfolger, die Katholiken des Landes zu verweisen.

Der Blaue Nil und die Tis-Isat-Fälle Blauer Nil, so nennt man diesen Fluß im Sudan, wo er sich bei Khartoum mit dem Weißen Nil vereinigt. Für die Äthiopier heißt er »Abbay«, der »Vater der Gewässer«. Bei Bahir Dar am Tanasee beginnt er seinen Lauf.

Im Jahre 1770 behauptete der Schotte James Bruce nach seinem Besuch des Quellgebietes vom Kleinen Abbay, den wir auf unserer Fahrt nach Bahir Dar bei Debekam überquerten, die echte Quelle des Blauen Nil entdeckt zu haben. Doch bereits 1618 hatte der Jesuitenpater Pedro Paez eine genaue Ortsbeschreibung dieses Gebietes angefertigt. Aber auch dieser war nicht der erste, der sich mit der Frage nach dem Ursprung des gewaltigen Stromes beschäftigte. Erfolglose Expeditionen schickten Alexander der Große und Cäsar aus. Als in Ägypten nach siebenjähriger schlechter Ernte eine Hungersnot ausbrach (1066–1072 u. Z.), vermutete sein Herrscher, die Äthiopier hätten als Wächter über die Quelle den für sein Land so bedeutsamen Fluß umgeleitet oder blockiert, und entsandte einen Botschafter an den Hof des äthiopischen Königs, um ihn umzustimmen. Solche Gedanken, die Bergbewohner besäßen große Macht über den Blauen Nil, könnten seinen Lauf beeinflussen, spukten bis in das neunzehnte Jahrhundert in den Köpfen der Bewohner der angrenzenden Nilländer.

Bleiben wir zunächst beim Kleinen Abbay. Sein Quellgebiet liegt in der Nähe des Ortes Gisch oder, wie es heute geschrieben wird, Gshe oder Wombata, in den Amadamit- oder Chokebergen rund 3200 Meter über N. N. Um dahin zu gelangen, bedarf es eines beschwerlichen Fußmarsches oder der Hilfe von Mauleseln. Bevor man die Quelle erreicht, trifft man auf die St. Michael- und die Zarabruk-Kirche, deren Priester diesen heiligen Ort hüten. Ihnen ist auch im sumpfigen Quellgebiet ein Pfad aus Baumstämmen zu verdanken, auf dem die Gläubigen zur Hauptquelle pilgern. Entspringt an diesem von einer auf Pfählen ruhenden, strohgedeckten Hütte geschützten Ort tatsächlich die alleinige Quelle des Blauen Nil? Diese Frage bewegte lange Zeit die Gemüter.

Über die Stromschnellen plätschert der Kleine Abbay talwärts, mancherorts große Flächen bedeckend, dann in vielarmige Wasserläufe aufgespalten, die sich weiter unten wieder vereinigen. Unter der Brücke bei Debekam hindurch geht sein Lauf in nordwestlicher Richtung, später nach Norden. Seit Jahrtausenden bringt er auf einer Länge von über einhundert Kilometern und einem Gefälle von 1200 Metern Schlamm und Sand aus den Bergen mit sich, die sich an der Einmündung des Tanasees ablagern und ein sumpfiges Delta schufen. In seinen Bambus- und Papyrusdickichten fühlen sich Flußpferde und Wildschweine zu Hause. Die alteingesessenen Waitofischer erzählen auch von Riesenschlangen, wie man sie sonst nirgends findet. Es wird behauptet, daß der Kleine Abbay klar abgegrenzt seinen Weg durch den See nimmt, zunächst östlich, dann nach Süden schwenkend schließlich als Abbay am Chara-Chara-Katarakt den See verläßt. Auf älteren Karten findet man diesen Verlauf auch eingezeichnet. Cheesman hat sich in den zwanziger Jahren sehr ausführlich mit diesem Problem befaßt und kommt zu dem Schluß, daß der Kleine Abbay nicht der einzige Zufluß zum Tanasee ist, sondern einer von vielen, die ein riesiges Gebiet um den See entwässern. So stimmt er weder Pater Paez noch James Bruce zu und gibt den See in seiner Gesamtheit als Ursprungsort des Blauen Nil an, auch wenn man noch heute folgende Geschichte erzählt: Vor vielen Jahren riegelten Lavaströme und Gesteinsmassen den weiteren Verlauf des Kleinen Abbay in der Nähe von Bahir Dar ab, so daß er allmählich eine große Senke ausfüllte und den Tanasee entstehen ließ. Als die Senke bis zum Rand gefüllt war, durchbrachen die Wassermassen am äußeren Südteil die Barriere und bahnten sich ihren Weg durch das Bergmassiv.

Dieser Ausbruch aus dem Tanasee erfolgt nicht so tosend, wie es die Erzählung vermuten läßt. Im Gegenteil, wie aus einer großen Schale mit einer kleinen seitlichen Vertiefung nimmt er über Lavageröll seinen ruhigen Lauf, tritt seine weite Reise von über 1 450 Kilometern, davon 800 Kilometer in Äthiopien, an, bis er sich mit dem Weißen Nil vereinigt. Gemeinsam haben sie dann noch immer über 2 500 Kilometer zu bewältigen, ehe sie sich ins Mittelmeer ergießen. In Khartoum sollen je Sekunde etwa 160 000 Kubikmeter Wasser des Blauen Nil eintreffen. Zuvor hat er bereits von Roseires an fruchtbare Ackerflächen bewässert. Und welche Bedeutung ihm als Transporteur von jährlich einer Billion Tonnen fruchtbaren Bodens aus dem äthiopischen Hochland nach Ägypten zukommt, ist allgemein bekannt.

Auf den ersten Kilometern fließt der Abbay fast träge in seinem breiten Bett, unterbrochen durch kleine Inseln mit üppiger Vegetation. An seinen Ufern dösen Krokodile in der Sonne. Schlangen und Warane leben hier, dagegen sind Flußpferde seltener geworden. Nach etwa 35 Kilometern verbreitert sich das Flußbett, einem Delta gleichend. Der Strom teilt sich in zahlreiche Arme, die schließlich auf einer Breite von etwa 300 Metern rund fünfzig Meter in die Tiefe stürzen. Zehntausende von Tonnen Wasser prasseln dröhnend in den Abgrund, prallen auf eine riesige steinerne Schale, zerstäuben und schicken einen feinen Sprühschleier wieder aufwärts – »Tis-Isat«, das »Rauchende Wasser«.

Wen lockt es nicht, dieses imposante Schauspiel mit eigenen Augen bewundern zu können. Und so machen wir uns am folgenden Morgen trotz des verhangenen Himmels auf den Weg. Vor uns im Dunst liegt ein mächtiger Tafelberg. Nach einer dreiviertel Stunde begehren wir Einlaß oder besser die Durchfahrt durch das bewachte Elektrizitätswerk, wo wir unseren Toyota zurücklassen und auf Schusters Rappen durch hohes Steppengras und dann auf schmalem Felsenpfad zu einer massiven Steinbrücke aus dem 17. Jahrhundert hinabsteigen. Sie nennt sich Portugiesenbrücke und soll zur Zeit Kaiser Fasilides entstanden sein. Das kräftige Gemäuer, etwa fünfzig Meter lang, seitlich mit dicken Wänden aus groben Bruchsteinen überspannt die Schlucht. Auf wuchtigen Säulen lasten schwere Bögen, die dem Wasser des Blauen Nil den Durchfluß gestatten. Wie lange mag man damals wohl daran gebaut haben?

Während der italienischen Okkupation wurde sie zerstört. Bevor ihre Restaurierung gelang, mußten Menschen und Tiere unterhalb der Brücke über Baumstämme balancieren, die an der schmalsten Stelle zwei Felsplateaus verbanden, unter ihnen die tosenden Wasser im Cañon. Jenseits der Brücke geht es auf schmalem Pfad wieder hinauf, mitten durch ein Gehöft. Zwei Frauen stehen vor dem Tukul und drehen mit einer einfachen Spindel Baumwollfäden. Der Weg führt auf halber Höhe um den Berg herum, und schon stehen wir vor den gigantischen Tis-Isat-Fällen. Wo der schäumende Brodel auf den Felsen trifft und die feinen Wassertröpfchen bis zu uns heraufsprühen, entfaltet sich ein farbenprächtig schillernder Regenbogen.

Nach den Tis-Isat-Fällen wird aus dem ruhigen Strom ein Wildwasser, das sich tief in das äthiopische Hochland eingegraben hat. Die Täler bis zu 1 500 Meter tief, die Abstände vom Rand eines Plateaus zum anderen 20 Kilometer und mehr. Oben weht eine frische Brise, im Tal herrscht brütende Hitze. Das sprudelnde Gewässer, durchsetzt mit Geröll und Stromschnellen, gibt der Schiffahrt keine Chance. Mehrere Versuche, den Fluß mit einem Boot zu bezwingen, blieben erfolglos.

Bereits unter Menelik II. mangelte es nicht an Versuchen, Brücken über den Abbay zu schlagen. Zu Beginn unseres Jahrhunderts übernahm der Italiener Castanio einen solchen Auftrag. Nachdem er die erforderlichen Bauarbeiten auf beiden Seiten des Ufers in der Nähe der Einmündung des Guderflusses, etwa einhundert Kilometer westlich der heutigen Nilbrücke, abgeschlossen hatte, wartete er zweimal vergebens auf das bestellte Stahlgerüst aus Italien zur Endmontage. Bis nach Djibouti waren die Transporte zu verfolgen, doch in der Danakilebene ging die Ware jedesmal verloren. Castanio gab auf, geblieben sind Ruinen. Etwa siebzig Kilometer unterhalb der Tis-Isat-Fälle soll es bei Sabera eine weitere Steinbrücke geben, die vermutlich auch von Portugiesen mit dem Ziel erbaut wurde, einen Handelsweg zwischen Debre Markos und Debre Tabor zu schaffen, doch scheint ihre Sicherheit nicht mehr gegeben.

Die Ambara Mit der Überquerung des Blauen Nil zwischen Goha Tsion und Dejen gelangen wir in das eigentliche Gebiet der Amharen, das sich nördlich bis zum Takazefluß erstreckt und östlich sowie westlich durch die steilen Hänge des Hochlandes begrenzt wird. Zu unseren Begleitern auf der Reise nach Gonder gehört unser Kollege Eylachew, ein junger, recht ungestümer Amhare. Mit uns seine Heimat im Norden Äthiopiens zu besuchen, war sein großer Wunsch. Er wird nicht müde, uns auf der langen Fahrt von seinem Volk und dessen Geschichte zu erzählen. Oft lachen wir herzlich über seine derben, drastischen Schilderungen, besonders über die aus seiner Kindheit, die er zeitweise bei seinem Vater in einem Militärlager verbrachte.

Das nördliche Hochland Äthiopiens besiedelten dereinst ethnische Gemeinschaften kuschitischer Herkunft, von denen sich die Kemant, die Kara, die Falascha, die Wag und andere bis heute in Enklaven mehr oder weniger ihre Ursprünglichkeit bewahrten. Als Arbeitsgeräte dienten diesen Bodenbauern Grabstock und Hacke. In der zweiten Hälfte des ersten Jahrtausends v. u. Z. drangen semitischsprachige Einwanderer in das Bergmassiv vor und revolutionierten mit Pflugkultur, dem Bau von Bewässerungsanlagen sowie der Aussaat in diesem Gebiet bisher unbekannter Pflanzenarten die ursprüngliche Bodennutzung. Bereits vor ihrer Ankunft soll es auf den ausgedehnten Plateaus »Königstümer« gegeben haben, die jeweils eine größere Anzahl tributpflichtiger Bodenbaugemeinschaften umschlossen. Diese Annahme deutet darauf hin, daß schon auf dieser frühen sozialen Entwicklungsstufe von den Bodenbauern ein agrares Mehrprodukt erzielt wurde, durch dessen Aneignung sich Sippenälteste, Clanchefs, führende Krieger und andere bereichern, über die Mitglieder der Gemeinschaft erheben und schließlich als politische Herrscher durchsetzen konnten. Durch die semitischsprachigen Einwanderer erweiterte sich die ökonomische Grundlage der sozialen und politischen Entwicklung. Die gesellschaftliche Differenzierung schritt rasch voran, bis sich schließlich zwischen 1250 und 1500 u. Z., getragen von den Amharen und Teilen der ihnen benachbarten Tigray, der erste äthiopische Staat mit christlicher Religion im nördlichen Hochland formierte. Nach langwierigen politischen Auseinandersetzungen innerhalb der herrschenden Kreise, bei denen auch die christlich-orthodoxe Kirche keine unbedeutende Rolle spielte, übernahm ein Kaiser, ein König der Könige, wie die wörtliche Übersetzung von »Neguse Negest« lautet, die Macht. Er, »der von Gott Berufene«, galt als heilig, denn er vereinte Kampf und Weihe in seiner Person. Er, der angebliche Abkömmling und Nachfolger Salomos, des Königs von Israel, übte absolute Macht über

Land und Leute aus. »Jedenfalls wurde er dem Volk so präsentiert«, lächelt Eylachew und weiß von Auseinandersetzungen innerhalb des Hochadels bei der Wahl des Kaisers zu berichten, die nicht selten langfristige Interregnen auslösten. Solche kaiserlosen Zeiten nutzten die Territorialfürsten zur Erweiterung ihrer eigenen Macht.

Als Herrscher über Teilgebiete jenes äthiopischen Staates walteten die Könige. Sie verfolgten häufig eine sektiererische Politik und beschworen damit permanent innenpolitische Krisen herauf. Zur ständepolitischen Hierarchie gehörten außerdem die Fürsten und andere Edle, Generäle und Minister, für die es bei Hofe und im Heerlager die vielfältigsten wohlklingenden Titel gab. Besonders erwähnenswert erscheinen aus dem Kreis der Noblen zwei Figuren, der Afe Negus, wörtlich übersetzt »der Mund des Königs«, einst oberster Richter, der im Namen des Herrschers Urteile zu fällen hatte, und der Like Mekas, seit dem 15. Jahrhundert der Doppelgänger des Kaisers. Ebenso wie der Kaiser gekleidet, sollte er während der häufigen Schlachten die Aufmerksamkeit des Gegners auf sich lenken und in der Öffentlichkeit an der Seite des Kaisers bösartige Zaubereien und Hexereien auf sich ziehen.

Diesen herrschenden Kreisen, einschließlich der streng graduierten Priesterschaft der äthiopisch-orthodoxen Kirche, hatte das Volk, vornehmlich die Bauernschaft, zu dienen. An die Stelle der gemeinschaftlich den Boden nutzenden Verwandtschaftsgruppen war auf dem Lande die einzeln wirtschaftende Kleinfamilie getreten, deren Besitz- und Nutzungsrechte jedoch nach wie vor in der Verwandtschaftsgruppe verankert blieben. Neben verschiedenen anderen Formen des Gemeinschaftseigentums an Grund und Boden in Eritrea und Tigre dominierte im äthiopischen Hochland das »Rist«, bei dem die Verwandtschaftsgruppe den kollektiven Eigentümer am Boden darstellte. Es garantierte dem Bauer Nutzungsrechte auf einen, wenn auch nicht bestimmten Teil des Bodens, sofern er seine verwandtschaftlichen Beziehungen eindeutig nachweisen konnte. Diesem Rist stand der Anspruch des höchsten Herrschers gegenüber, Obereigentümer allen Landes zu sein, mit dem Recht, sich das von den Bauern erarbeitete Mehrprodukt anzueignen und nach seinem Ermessen zu verteilen. So verliehen Kaiser und Könige an adlige Würdenträger, verdiente Beamte, den Klerus, an Offiziere und Soldaten »Gult«-Rechte über ein bestimmtes Gebiet, was nichts anderes bedeutete, als von den dort ansässigen Bauern Abgaben und Dienstleistungen zu fordern. Als Gegenleistung hatte der »Gulteña«, wie er sich nannte, Verwaltungsaufgaben zu erfüllen, im Kriegsfalle Bauern zur Heeresfolge aufzubieten und einen bestimmten Teil der den Bauern abgepreßten Abgaben an den Herrscher weiterzuleiten. Zum besseren Verständnis sei erwähnt, daß er kein Eigentümer des Bodens, kein Großgrundbesitzer, sondern nur ein mit Privilegien ausgestatteter Amtsträger war. Die damit verbundene Ausbeutung beruhte nicht wie unter den feudalistischen Verhältnissen des äthiopischen Südens auf einer ökonomisch und juristisch verankerten Grundherrschaft, sondern auf einem vom Herrscher, meist jedoch vom Gulteña selbst festgelegten Tribut. Darüber hinaus verfügten auch die Kirchen und Klöster über große Ländereien, das »Semon«-Land, das durch Pflichtleistungen von den Bauern bewirtschaftet werden mußte. In dieser doppelten Eigenschaft des Bauern, einerseits als freier Risteña, andererseits als Tributpflichtiger gegenüber dem Gulteña, reflektierte sich der Grundwiderspruch zwischen Gemeineigentum und Obereigentum. »Diese Diskrepanz«, meint Eylachew, »erklärt auch, warum die Bauernschaft stets bemüht war, sich den zum Teil unvorstellbar hohen Forderungen der Gulteña zu entziehen, was nicht ohne Auseinandersetzungen blieb und nicht selten zu Rebellionen führte.«

Im beginnenden 20. Jahrhundert mehrten sich die Bemühungen der herrschenden Kreise und ihrer Vasallen, ihre ökonomische Position durch die Aneignung von Grund und Boden zu stärken. Im Süden des Landes bot die feudale sozialökonomische Entwicklung dafür günstige Voraussetzungen. Demgegenüber verhinderte im Norden das Rist-System die Herausbildung von Großgrundbesitzern auf der einen, von landlosen Pächtern, Tagelöhnern und Landarbeitern auf der anderen Seite. Nachteilig wirkte sich hier aus, daß das ackerbaulich nutzbare Land innerhalb der Verwandtschaftsgruppe immer weiter aufgeteilt, parzelliert, zersplittert wurde, was seine natürliche Regeneration durch notwendige Brachezeiten einschränkte. Diese Überbeanspruchung des agraren Ökosystems bedingte bis zur Gegenwart fallende Hektarerträge, im Ergebnis Mangel an Grundnahrungsmitteln.

Aus dieser historischen Betrachtung wird ersichtlich, weshalb die zu Pächtern erniedrigten Agrarproduzenten des Südens in der im Jahre 1975 vom PMAC erlassenen Agrarreform verbunden mit der Nationalisierung des Bodens ihre Befreiung von feudaler Ausbeutung erkannten, während die Rist-Bauern des Nordens dieser Maßnahme anfangs skeptisch gegenüberstanden, sahen sie doch darin einen erneuten Angriff auf ihr Gemeinschaftseigentum an Grund und Boden.

Eine Frage steht noch offen. War dieser erste äthiopische Staat im nördlichen Hochland der Staat der Amharen? »Selbstverständlich«, meint Eylachew. Er schlägt sein Geschichtsbuch auf und zitiert: »Yekuno Amlak, äthiopischer Herrscher von 1270 bis 1285, machte das Amharisch zur Sprache des Hofes, zur Lingua regia.« War es damit tatsächlich gleichzeitig die Sprache des Volkes? Betrachtet man auf der Karte die Bezeichnungen und die Verbreitung der zahlreichen ethnischen Gemeinschaften in diesem Gebiet zwischen dem 13. und 19. Jahrhundert, so findet man den Namen Amhara nur nördlich der heutigen Stadt Dese an der Fernverkehrsstraße zwischen Addis Abeba und Asmera im Gebiet der Amba Geschen und Makdela sowie westlich davon als Amhara Saynt im Bergmassiv entlang des Beschilo-Flusses bis zum Abbay reichend. Für Eylachew gelten diese relativ kleinen Territorien als das Kernland der Amhara. In Verbindung mit dem Gebiet der Menz hält er es für die Geburtsstätte zahlreicher Kaiser und betrachtet es auch als deren Zufluchtsort, wenn sie in Bedrängnis gerieten. Es erscheint unwahrscheinlich, daß, sowohl bezogen auf das Terrain als auch auf die Bevölkerungszahl, von diesem Gebiet aus die amharische Völkerschaft ihren Ausgangspunkt genommen haben soll. Neueste wissenschaftliche Untersuchungen weisen vielmehr darauf hin, daß mit dem Begriff »Amhara« ursprünglich keine ethnische, sondern eine soziale Gemeinschaft, die eines Dienstkriegerstandes, umschrieben wurde. In der ersten Hälfte des 15. Jahrhunderts dienten diese Krieger, die »Tschewa«, als spezielle militärische Einheiten dem Schutz des äthiopischen Herrschers. Später übernahmen sie die Sicherung der Staatsgrenzen, unterdrückten Rebellionen im Inneren des Staates und weiteten durch Eroberungen den Machtbereich ihrer Herrscher aus. Diese, allein dem Kaiser unterstellten Dienstkrieger, rekrutierten sich anfänglich aus den herrschenden Kreisen, später aus allen Ständen des Volkes. Sie waren in Gruppen von 50, 100, bis zu 1 000 Kriegern organisiert. Die offensichtlich auf Lebenszeit dem Kriegerhandwerk verbundenen Mitglieder dieser Gemeinschaft lebten nicht getrennt von Frau und Kind. Im Gegenteil, ihre Familien zogen oft im Troß gemeinsam mit ihnen, ließen sich in eroberten Gebieten nieder, wo der Kaiser seinen Kriegern Boden übereignete und steuerliche Vergünstigungen einräumte. Zunehmend avancierten die Tschewa zu einer mittleren Schicht von Edlen, vergleichbar mit dem Bauernadel in anderen Ländern. Bis zum 19. Jahrhundert erweiterten sie die Macht des Reiches nord- und westwärts, drangen in die Gebiete südlich des Tanasees vor, überschritten den Abbay und richteten schließlich ihre Expansionen weiter nach Süden. Dieser Prozeß vollzog sich zu jener Zeit nicht in gewaltigen Vormärschen wie später unter Menelik II. Es war vielmehr ein Driften, ein ständiges Nachdrängen. Auf diese Weise dürften auch die zur semitischen Sprachfamilie gehörenden Gurage bis südlich von Addis Abeba gelangt sein.

Später wurden sie durch die nach Norden drängenden Oromo vom Kernland abgeschnitten.

Offensichtlich war es dieser Dienstkriegerstand, der zahlreiche Ethnologen zur Charakteristik der im nördlichen Hochland lebenden Völkerschaften als kriegerische Gemeinschaften inspirierte, was zwangsläufig zu einer einseitigen Bewertung führte. Während ihrer regulären Aufenthalte im offenen Feldlager der Herrscher kamen die Dienstkrieger mit der Ideologie der herrschenden Kreise unmittelbar in Berührung. Zahlreiche von ihnen, insbesondere die Anführer der Tschewa, entstammten selbst aristokratischen Familien. So prägte sich in Verbindung mit der höfischen Kultur ihre Vorstellung von der Dominanz ihres Volkes innerhalb des Vielvölkerstaates. Schließlich entwickelte sich am Ende des 19. Jahrhunderts die amharische Völkerschaft.

10 Du kannst einen weisen Mann
nicht belehren,
ebenso wie du einen Löwen
nicht schlagen kannst.

Alte Residenzen, vergessene Wunder

Am Ufer des Tanasees entlang fahren wir weiter durch die fruchtbare Dembiahochebene nach Gonder. Bald zweigt eine Straße nach Debre Tabor, einer ehemaligen kaiserlichen Residenz, ab. Dann beginnt das schroffe Hochgebirge. Von Kurve zu Kurve strebt unser Auto auf der steinigen Piste aufwärts, vorbei an steilen Felswänden, durch schmale Hochtäler, über Bergpässe. Wie gewaltige Nadeln ragen Granitfelsen empor, die über Millionen von Jahren den Witterungseinflüssen trotzten.

»Die alte Kaiserstadt Gonder zu erfassen, erfordert, ein wenig in die Geschichte unseres Landes und seiner Völkerschaften zu blättern«, hatte uns ein Freund vor unserer Abreise geraten. Neuzeitliche Berichte und viele alte Legenden, die wir in Büchern nachlasen, halfen uns, Geschichte und Gegenwart besser zu verstehen. So berichtet eine Legende, ein Sohn Noahs habe sich nach überstandener Sintflut in Mesepotamien niedergelassen. Seine Frau gebar ihm vier Söhne, einen davon nannten sie Kusch. Da es ihm in den heimatlichen Gefilden zu eng wurde, wanderte er mit einem Teil der Sippe gen Westen, gelangte an die Küsten des heutigen Äthiopiens, wo er den Küstenstreifen bis zum Horn von Afrika besiedelte. In seinem Sohn Äthiops (Ityopis) sieht man den Stammvater der Aksumawi, der späteren Aksumiter.

Historisch exakter dürfte die bereits beschriebene kuschitische Völkerwanderung sein, die diese Völkerschaften das sagenumwobene Land »Punt«, das Land des Weihrauchs und der Myrrhe, wegen seiner Fruchtbarkeit auch »Gottes Land« genannt, finden ließ. Lange vor unserer Zeit sandten ägyptische Pharaonen Expeditionen zu den »Myrrhebergen«, so auch die ägyptische Königin Hatschepsut (etwa 1520–1484 v. u. Z.). In Palästina schlossen sich die israelitischen Stämme unter König Saul zusammen. Um 1 000 v. u. Z. gründete König David den jüdischen Staat und überließ seinem Sohn Salomo die Herrschaft. Aus dieser Zeit weiß eine andere Legende zu berichten: Im Norden Äthiopiens versetzte die Schlange Arwe die Menschen

in Angst und Schrecken. Alljährlich erzwang sie von ihnen Tier- und Menschenopfer. Diesmal war das Los zu aller Betrübnis auf die strahlende Jungfrau Makeda gefallen. Sollte sie tatsächlich zum Schlangenopfer werden? Da kam ein großer Held, tötete die Schlange, befreite die Jungfrau, das Volk jubelte und erkor des Mädchens Vater zum König. Als nach seinem Tod Makeda den Thron bestieg, wurde sie zur legendären Königin von Saba. Das von ihr regierte Land erstreckte sich entlang der beiden Küsten des Roten Meeres. Ihre Schönheit priesen die Kaufleute, die es bereisten, in aller Herren Länder. Eines Tages erfuhr auch der berühmte und weise Salomo von ihr und lud sie zu einem Besuch an seinen Hof ein. Als sie sich weigerte, drohte er mit Krieg. Königin Saba sah sich veranlaßt, Schiffe zu rüsten und sich auf die Reise zu begeben. Längere Zeit verweilte sie am Hofe des berühmten Königs. Stets gelang es ihr, sich seinen Werbungen zu entziehen, bis der Abschied nahte. Da gab Salomo ihr zu Ehren einen großen Festschmaus mit sehr scharf gewürzten Speisen und bat sie, die letzte Nacht in seinem Palast zu verbringen. Unter der Bedingung, daß er ihr keine Gewalt antue, willigte sie ein. Salomo stimmte zu, nahm ihr aber das Versprechen ab, nichts anzurühren, was ihm gehöre. Nachts quälte sie arger Durst. Leise schlüpfte sie vom Lager, schlich zur Wasserkaraffe und trank. Da sprang der listige König herbei, wies ihr nach, daß sie ihr Versprechen gebrochen habe und er dadurch von seinem Gelübde befreit sei. Andere Berichte besagen, daß sie eine zeitweilige Ehe mit dem großen König einging.

Nach ihrer Rückkehr in die Heimat gebar die Königin von Saba einen Sohn namens Ebna Hakim. Wie vereinbart, schickte sie ihn, nachdem er herangewachsen war, zur Erziehung an den Hof seines Vaters. Dort verbrachte er eine glückliche Jugend und erhielt eine hervorragende Bildung vor allem in höfischen Sitten und dem Kriegshandwerk. Zum jungen Mann gereift, zog es ihn zurück zu seiner Mutter. Doch bevor er mit einer Gruppe junger Edelleute, es sollen auch Priester und Künstler darunter gewesen sein, Jerusalem verließ, stahl er aus der im Tempel aufbewahrten Bundeslade das dritte Buch Moses, Steintafeln mit Aufzeichnungen über dessen Gespräche mit Gott. Unentdeckt gelangte er mit seinen Begleitern nach Aksum. Zuerst wurde die Beute am Tanasee versteckt, 600 Jahre später soll sie nach Aksum überführt worden sein. Ebna Hakim vergrößerte das Reich seiner Mutter durch Eroberungen und wurde schließlich als König Menelik I. Herrscher der Agasjan, trug den Titel König von Israel und gründete einen Staat im Norden Äthiopiens. Darüber hinaus gilt dieser Salomonide als Urvater aller äthiopischen Kaiser.

Übrigens, eine ähnliche Legende wie von Makeda wird auch von der Königin Bilkis und dem Königreich Saba im Nordjemen erzählt, wo man Ruinen und Bewässerungsanlagen fand, die denen im Norden Äthiopiens gleichen.

Zwischen 750 und 500 v. u. Z. gelangten semitischsprachige Einwanderer von der arabischen Halbinsel aus den sabäischen, minäischen und himyaritischen Königreichen über das Rote Meer und siedelten an der Küste Äthiopiens. Am bedeutendsten unter ihnen waren die Agasjan (Singular Gees) und die Habaschat. Vom letzten Stamm leitet sich wahrscheinlich die Bezeichnung »Habesch« oder »Abessinien« ab.

Allmählich bildeten sich in den von Kuschiten und Semiten besiedelten Gebieten Stadtstaaten heraus, von denen vermutlich im ersten Jahrhundert Aksum den größten Einfluß ausübte und damit die Entwicklung des aksumitischen Reiches auslöste. Erstmals wird Aksum 150 u. Z. erwähnt. Zunehmender Handel mit ägyptischen, griechischen und später auch römischen Kaufleuten ließ den Hafen Adulis am Golf von Zulu erblühen und stärkte die wirtschaftliche und politische Macht von Aksum. Zusätzliche Eroberungen führten schließlich vom Stadtstaat zum aksumitischen Reich, an dessen Königshof um 240 u. Z. sich Gesandte aus Byzanz, Ägypten, Persien und Rom drängten. Vom Aufstieg dieses Reiches zeugen die Stelen oder Obelisken, die man in der Stadt Aksum bewundern kann. Die Stadt selbst weist nur wenig vom einstigen Glanz auf. Früher ragte die größte dieser Stelen dreiunddreißig Meter hoch empor. Heute sind viele von ihnen umgestürzt, teilweise verfallen. Einst in einem Ensemble vereint, standen sie auf einer aus poliertem Kalkstein gefertigten Terrasse, jede auf einer gesonderten Plattform mit rechteckigem Opferstein oder Steinaltar. Ihre Inschriften in Sabäisch, Griechisch und Gees berichten von den Kämpfen und Siegen der Könige, aber auch über Verordnungen und Anweisungen, die auf eine der damaligen Zeit entsprechende wohlorganisierte Staatsmacht schließen lassen.

Ein bedeutender König, der im Verlaufe zahlreicher Eroberungszüge das aksumitische Reich formierte, war nach 400 u. Z. Sembruthes, dessen Herrschaft bis zur Nubischen Wüste, zum Tanasee und entlang der Küste weit hinein in die Danakilebene reichte. Durch Stützpunkte am jenseitigen Ufer des Roten Meers gelang es ihm, die Handelswege nach Asien zu kontrollieren. Unter seinem Nachfolger Ezana erreichte das Territorium des aksumitischen Staates seine größte Ausdehnung. Meroe, einst ein bedeutender Staat im nördlichen Sudan, stand unter seiner Kontrolle. Östlich reichte seine Macht bis in das Gebiet der Somali. Zu seiner Zeit faßte das monophysitische Christentum festen Fuß, was den damaligen, als Zahlungsmittel geprägten Münzen zu entnehmen ist. Trugen sie anfangs die Symbole Sonne und Mond, zeigten sie später das Kreuz.

Innenpolitische Krisen im 6. Jahrhundert begannen das Reich zu schwächen. Durch das Vordringen der Araber nach Südarabien verlor Aksum die Kontrolle über die Handelswege nach Asien, was zu erheblichen wirtschaftlichen Einbußen beitrug. Der aufkommende Islam bedrängte die christlichen Aksumiter. Um 640 u. Z. plünderten und verwüsteten die Araber den Hafen Adulis und besetzten die Dahlakinseln. Obwohl Ende des 9. Jahrhunderts König Kaabar den verlorenen Zugang zum Meer zurückeroberte, schritt der Zerfall des aksumitischen Reiches voran. Den Todesstoß erhielt die Herrschaft der Aksumiter vermutlich zu Ausgang des 10. Jahrhunderts durch eine Revolte unter Führung der Falascha-Königin Judith, die damit der nachfolgenden Zagwedynastie zur Macht verhalf.

Heute erinnern in der Stadt Aksum nur noch die Stelen, die große Wasserzysterne, sie soll einst das Bad der Königin von Saba gewesen sein, die Gräber von Äthiops, König Kaleo und dessen Sohn sowie die in zwei Reihen aufgestellten Steinsitze, jeweils sechs einander zugewandt, an der Stirnseite durch zwei wuchtige steinerne Throne für König und Bischof begrenzt, an jene glorreichen Zeiten. Als hervorragendes Bauwerk des Zentrums, nicht weit von den Stelen entfernt, sei die Basilika der Heiligen Maria von Zion erwähnt, in der sich die von Menelik I. in Jerusalem gestohlenen heiligen Tafeln befinden sollen. Zu ihren Schätzen zählen die kostbaren Kronen von Kaiser Johannes und Menelik II.

Lalibela, der Welt vergessenes Wunder Auch die Zagwedynastie hinterließ im äthiopischen Hochland sichtbare Spuren. Zu ihnen gehört Lalibela mit den weltberühmten Felsenkirchen, fast vergessene Wunder am Südhang des Berges Abune Josef, über 2 500 Meter hoch gelegen.

Huldigten die Zagwe zu Beginn ihrer Regierungsperiode dem judaistischen Glauben, wurde der sechste König in der chronologischen Folge zum Christentum bekehrt. Wie allgemein in der altorientalischen Klassengesellschaft vereinten auch die Herrscher der Zagwe als Königspriester oder Priesterkönige weltliche und geistliche Macht in ihrer Person. Einer der hervorragendsten Persönlichkeiten dieser Dynastie war Lalibela (1181 bis 1221), auch als Gebre Meskal, Diener des Kreuzes, bekannt. Er verlegte das Zentrum seines Staates von Aksum in das rauhe Lasta-Gebirge nach Roha, einem bis dahin unbedeutenden Ort, der seither seinen Namen trägt. Sich selbst weihte er zum Heiligen, stellte gute Beziehungen zum

Patriarchen in Alexandria her, förderte die Einrichtung von Klöstern und ließ zahlreiche Kirchen bauen. Zu letzteren zählen jene einzigartigen Baudenkmäler, aus dem Felsen herausgeschlagene Kirchen und Grotten, die nicht nur in der äthiopischen, sondern in der damaligen Baukunst allgemein einmalig sind – die Wunder von Lalibela.

In einem alten Manuskript steht zu lesen, daß Hunderte von Künstlern aus Jerusalem und Alexandria kamen, um auf Befehl Gottes diese Kirchen zu vollenden. So entstanden innerhalb von drei Jahrzehnten elf Felsenkirchen. Und die Legende berichtet: »Engel begleiteten das Werk und bewirkten erstaunliche Leistungen.« Es wird wohl eher das Werk der fleißigen Hände Hunderter ungenannter äthiopischer Arbeiter und ausländischer Meister gewesen sein.

Felsenkirchen untergliedert man allgemein in drei Gruppen: Zur ersten rechnet man Höhlen, die als Kirchen dienen und nur durch einen entsprechenden Vorbau am Eingang ergänzt wurden. Bei der zweiten hat man im Innern einer sehr geräumigen Höhle mit hohem Gewölbe ein normales Kirchengebäude errichtet. Zur dritten Gruppe zählen schließlich solche, die als solide Blöcke durch die Anlage von Schächten aus dem Felsen herausgearbeitet und deren Fassade sowie das Kircheninnere nachträglich von Steinmetzen gestaltet wurden. In Äthiopien findet man Vertreter aller drei Gruppen, während in Lalibela die Mehrzahl der Felsenkirchen zur letztgenannten gehören.

Als man im zwölften Jahrhundert die Bauarbeiten begann, wurden zunächst steile Schächte bis zu einer Tiefe von zwölf Metern senkrecht in den festen Sandstein getrieben. Dadurch entstanden gigantische Steinquader, gewissermaßen die Rohlinge. Dann gingen die Steinmetze ans Werk, stemmten Säulengänge, Kapitelle, Skulpturen und Reliefs in diese Quader. Fenster wurden erst später von innen herausgemeißelt. Inschriften und sakrale Gegenstände bildeten die Krönung. Alles wurde aus einem Steinblock geschaffen, ohne Mörtel oder Zement, ohne Dachbalken und Holzstützen! Welch geniale Konstruktion, die Fehler mit verheerenden Folgen für Handwerker und Künstler von vornherein ausschließen mußte.

Die elf Kirchen von Lalibela bilden zwei Komplexe, der eine zählt fünf, der andere sechs Felsenkirchen. Sie sind durch Gänge miteinander verbunden. Keine unter ihnen wird an Feiertagen von Priestern und Pilgern so umlagert wie die monolithische Marienkirche. Vom schmalen Freiraum aus, der sie umgibt, betritt man durch eine kleine Pforte in der Felsenmauer die größte Kirche dieser Gruppe, die Erlöserkirche, in der Form einem griechischen Tempel ähnelnd. Das mit Reliefnischen versehene Dach tragen achtundzwanzig massive Säulen mit strengen Kapitellen.

Die Legende erzählt, daß nach Vollendung dieser beiden Kirchenkomplexe der berittene Schutzheilige der Äthiopier, der Heilige Georg, in voller Rüstung und mit gezogenem Schwert vor König Lalibela erschien und sich bitterlich beschwerte, daß keine der Kirchen ihm geweiht sei. Der König versprach, sein Versäumnis durch den Bau der schönsten aller Kirchen wieder wettzumachen. So entstand westlich der elf Felsenkirchen die Georgiskirche. Der Heilige Georg scheint sich auch von der Ernsthaftigkeit des königlichen Versprechens persönlich überzeugt zu haben. Als Beweis dafür zeigen die Mönche den Besuchern die Hufabdrücke seines Schimmels.

Gonder, die alte Kaiserstadt Endlich tauchen auf einem flachen Bergkamm vor uns die ersten Häuser von Gonder auf. Zunächst suchen wir das Bezirkskrankenhaus mit einer medizinischen Schule, um fünf unserer Kollegen von der Karl-Marx-Universität, Mediziner, die mit großem persönlichem Einsatz geradezu Pionierarbeit bei der Einrichtung und dem Ausbau des medizinischen College der Addis-Abeba-Universität leisten, zu treffen.

Wenngleich Gonder hinsichtlich seiner wirtschaftlichen Entwicklung hinter anderen modernen äthiopischen Städten zurückblieb, gelangte es durch reiche Zeugnisse der Vergangenheit zu historischem Ruhm und wurde zum touristischen und wissenschaftlichen Anziehungspunkt im Zentralen Hochland. Von der Terrasse des idyllisch am Hang gelegenen Terarahotels erhalten wir einen guten Überblick über die Umgebung. Gegenüber, von dichtem Wald umrahmt, steht das Schloß von Ras Michael Sehul aus Tigray, einem der mächtigsten Männer in der zweiten Hälfte des 18. Jahrhunderts, mit dem Beinamen »Kaisermacher«. Daran anschließend verbirgt sich hinter Mauern der kaiserliche Bezirk, ein etwa siebzigtausend Quadratmeter großes Terrain, dessen Paläste und Ruinen von der Geschichte Äthiopiens zwischen 1630 und 1750 berichten.

Nach dem Tod von Kaiser Gelawdewos, der während des dreißigjährigen Glaubenskrieges auf dem Schlachtfeld blieb, kam es innerhalb der Herrschergeschlechter zu Machtkämpfen um den Thron. Diese spitzten sich unter Kaiser Susenyos noch zu, weil er den aus Portugal gekommenen jesuitischen Missionaren freien Raum für ihr Wirken ließ und schließlich selbst zum katholischen Glauben übertrat. Als sich die Jesuiten in blinder, bornierter Intoleranz gegen alte Traditionen des Volkes wendeten, einige sogar verboten, kam es im Jahre 1632 unter maßgeblicher Beteiligung von Wolata Petros, einer glühenden Verfechterin des christlich-orthodoxen Glaubens, zur Revolte. Während diese später heiliggesprochen wurde, mußte der Kaiser, inzwischen der »Ketzer« genannt, abdanken.

Die Macht übernahm sein als Jesuitenhasser bekannter Sohn Fasilides. Er ließ die katholischen Missionare und ihre Gefolgsleute internieren, verwies sie 1634 des Landes und gab der christlich-orthodoxen Kirche ihre einstige Geltung zurück. Unter den Vertriebenen befand sich auch ein Äthiopier, Abt Gregorius. Er floh nach Rom und gelangte auf Einladung von Herzog Ernst dem Frommen von Sachsen-Gotha 1649 nach Thüringen. Während seines dreijährigen Aufenthaltes auf Schloß Friedenstein förderte er durch Erzählungen über sein Heimatland und das Leben seiner Bewohner die Forschungsarbeiten des weitgereisten Dr. Hiob Ludolf, der sich leidenschaftlich der Sprach- und Religionsgeschichte Äthiopiens widmete, unter anderem eine amharische Grammatik und ein Lexikon erarbeitete und noch heute als der Begründer der Äthiopienwissenschaft in Europa gilt.

Neben der Klärung der innenpolitischen Probleme befaßte sich Kaiser Fasilides auch mit der Planung und dem baulichen Beginn des kaiserlichen Bezirks, womit er den Grundstein für ein Zentrum des geistigen und religiösen Lebens legte. Die Architekten aus dieser Zeit blieben unbekannt.

Dreihundertfünfzig Jahre sind vergangen, seit Fasilides die erste zweistöckige Burg des Landes aus roh behauenem Basaltgestein, mit Kalkmörtel zusammengefügt, für sich errichten ließ. Bewundernd stehen wir vor dem immer noch gut erhaltenen Gemäuer. Vier zylindrische Türme, in halbkugeligen Kuppeln endend, zieren die Ecken. In der Mitte der Westseite erhebt sich ein viereckiger Turm mit zwei weiteren Stockwerken auf quadratischer Grundfläche insgesamt 35 Meter hoch. Das flache Dach umschließt eine Brustwehr mit Schießscharten.

In der geräumigen Empfangshalle befindet sich hinter Säulen versteckt der Thronraum. Heute kahl und nüchtern, war er früher durch einen kostbaren Vorhang verschlossen, hinter dem sich der Herrscher während der Audienz vor den Augen des Volkes verbarg. Daneben führt eine Tür in die Kammer des ehemaligen kaiserlichen Ratgebers aus den Reihen des Klerus sowie zu einem geheimen Gang, durch den der Kaiser ungesehen Thronraum und Burg verlassen oder betreten konnte. Damit er und seine Untertanen nicht froren, spendete ein wuchtiger Kamin gegenüber dem Thronraum wohlige Wärme.

Von der Empfangshalle gelangen wir durch eine breite Tür in den ehemaligen Damensalon und zur dazugehörigen schmalen Veranda, die eine wunderschöne Aussicht gestattet. Unterhalb des Vorbaus erkennt man die Ruinen der Toiletten und der Sauna.

Vom Erdgeschoß führt eine steinerne Wendeltreppe zu hallenartigen, schlichten Räumen. Einziger Schmuck sind an den Wänden Reliefs sechseckiger israelischer Sterne, daneben eingemauerte Büffelhörner zum Aufhängen von Kleidungsstücken und Waffen, Nischen zum Aufstellen von Gebrauchs- und Ziergegenständen. Durch eine schmale Tür treten wir hinaus auf die Dachterrasse, die von Brustwehren und einem Ecktürmchen mit kräftigem Gewölbe, das ehemals als Kapelle diente, begrenzt wird. Von hier bietet sich uns ein ausgezeichneter Blick über den gesamten kaiserlichen Bezirk, den ihn umgebenden Burggraben mit mehreren schmalen Steinbrücken. Eingebunden in diese Dachterrasse überragt sie der schon genannte quadratische Turm. Auf seiner steilen Außentreppe klettern wir hinauf zur Turmkammer, zum ehemaligen Schlafgemach des Kaisers, winzig klein, dafür schwer erreichbar und günstig für eine sichere Bewachung.

Nun hätten natürlich die nachfolgenden Kaiser diese Burg als Residenz nutzen können, aber nein, jeder ließ sich sein eigenes Schloß bauen. Nach Fasilides bestieg sein Sohn Johannes, vom Volk John I. genannt, den Thron, eine zutiefst religiöse Persönlichkeit, auch unter den Namen »Priester Johannes« oder der »Gerechte« bekannt. Er kämpfte gegen die Rebellen in Lasta und die Einfälle der Oromo. Viel lieber widmete er sich jedoch der Literatur. Noch strenger als sein Vater entschied er in Glaubensfragen. Dem kaiserlichen Bezirk fügte er die Kanzlei und die Bibliothek hinzu. Erstere, mit Turm und Terrasse, erscheint wie eine kleine, elegante Burg. Die schräg gegenüberliegende Bibliothek, ein zweistöckiges Gebäude mit quadratischem Grundriß, befindet sich in ausgezeichnetem baulichem Zustand und beherbergt heute die Burgverwaltung. In den in langer Reihe stehenden Käfigen waren einst die kaiserlichen Löwen untergebracht.

Nach Kaiser Johannes kam im Alter von zwanzig Jahren sein Sohn Iyasu I., der Große, an die Macht. Er gilt als der bedeutendste aller Kaiser der Gonderperiode, denn er sicherte sein Reich nicht nur militärisch ab, indem er eingedrungene Stämme vertrieb, sondern er festigte seinen Staat auch durch umfassende Verwaltungsreformen. Daneben bemühte er sich um die kulturelle Entwicklung des Landes, wobei die religiöse Literatur den Vorzug genoß. Er selbst war des Schreibens mächtig, galt als bester Reiter seiner Tage, liebte die Geselligkeit, kämpfte für die Rechte der Exilprinzen, der Rasellas, und bestrafte korrupte Zolleinnehmer. Im kaiserlichen Bezirk ließ er dicht neben der Burg seines Großvaters seinen eigenen Palast erbauen, der wegen der Form der Dachkonstruktion »Sattelburg« genannt wird. Während der italienischen Okkupation fielen große Teile dieses Palastes britischen Bomben zum Opfer. So stehen nur noch die Außenmauern und ein Deckengewölbe im marokkanischen Baustil, eine mächtige, bogenartige Steinkonstruktion, die sich von einer Wand zur anderen spannt.

Am Ende seiner vierundzwanzigjährigen Regierungszeit begannen erneut Machtkämpfe unter seinen Nachfolgern. Die große Zeit der Gonderkaiser schien beendet. Da gelangte nach einigen unbedeutenden Herrschern im Jahre 1721 Bekaffa, ein Sohn Iyasus I., an die Macht, der viele Jahre wie andere seiner männlichen Verwandten auf der Amba Wehni interniert war. Auch er trug zur Erweiterung des kaiserlichen Bezirks bei.

Nach seinem Tod übernahm seine Frau, die Kaiserin Mintwab, die Regierungsgeschäfte. Sie gilt als eine der hervorragendsten Persönlichkeiten auf der politischen Bühne Äthiopiens. In ihrem Auftrag entstand ein aus rötlichem Tuff gebautes Schloß im Nordteil des Bezirkes, von dessen Turm man in eine gepflegte Gartenanlage schauen konnte. Die Fenster des Gebäudes erinnern an die italienische Renaissance. Über die mit einem Gewölbe überspannte Steintreppe gelangt man in einen kleinen Pavillon, in das türkische Bad der Kaiserin. Während ihrer Herrschaft wurde auch in der Nähe von Gonder unterhalb des Sonnenberges das Nonnenkloster Kuskwam gegründet. Der Name dieses Klosters entstammt dem Ort, an dem sich die »Heilige Familie« eine Zeitlang am Tanasee versteckt gehalten haben soll. Heute findet man nur noch Ruinen.

Wie es vor über hundert Jahren am Hofe von Gonder unter der Kaiserin Menen zuging, beschreibt der englische Konsul Plowden in einer lebhaften Schilderung: »Seit Kaiser Fasilides war die Stadt zu einem wichtigen Knotenpunkt des Handels auf der Karawanenstraße zwischen Sennar im Westen und Mitsiwa am Roten Meer geworden. Kein Wunder, daß sich hier viel Volk einfand. Außerhalb der Mauer des kaiserlichen Bezirkes lungerten die Gefolgsleute der adligen Herren herum, Schildträger, Schützen, Maultiertreiber und was sonst noch alles gebraucht wurde, und vertrieben sich die Zeit nach ihrer Art. Reiter kamen angesprengt, um ihrer Majestät eilige Botschaften zu übermitteln. Unter der Menschenmenge befanden sich viele Bittsteller, die sich seit Wochen bemühten, ihren ›Fall‹ der Kaiserin vorzutragen. Diejenigen, die bisher noch nicht empfangen wurden, schrien ihren Jammer aus voller Kehle hinaus in die Welt, in der Hoffnung, daß er das kaiserliche Ohr erreichen möge. Durch Turban und auffallende Kleidung leicht zu erkennen, drängelten sich Priester durch die Menge und Bettler in Lumpen, um Almosen betend. Gelang es, sich durch die Menge der Bittsteller zu drängen und das kleine Tor in der Mauer zu passieren, kam man in einen Hof, dessen Mitte ein elegantes, eingeschössiges Haus zierte. In seinem Inneren saßen oder standen wohlgekleidete Herren im Disput, ihre silber- und goldbeschlagenen Schilde an die Wand gelehnt. Sklaven und Eunuchen der Kaiserin wisperten ihnen als selbsternannte Sendboten Neuigkeiten zu. Hinter einem Vorhang nahe der Tür stritten sich zwei Parteien, bis ein Günstling der Kaiserin als Richter den Disput beendete. Jeden Morgen dieses Zeremoniell mit Fragen nach der Gesundheit der Kaiserin, mit Bittstellungen, die jedoch nur durch den Sprecher ihrer Majestät entgegengenommen und die Antworten überbracht wurden.«

Von der Zinne der Fasilidesburg bietet sich uns ein herrlicher Ausblick über die Stadt nach allen Himmelsrichtungen. Etwa einen Kilometer entfernt erkennen wir die zwischen Zypressen und Sykomoren versteckte Abtei Debre Birhan Selassie, gebaut unter Iyasu dem Großen. Hinter einer hohen Mauer mit vielen Nischen und einem Eingangspavillon steht auf dem schattigen Hof der Abtei die Medhane-Alem-Kirche. Im Gegensatz zu vielen koptischen Kirchen besitzt sie einen rechteckigen Grundriß, hat starke Mauern, die einst vom Monarchen mit denen von Jericho verglichen wurden. Früher soll sie ein mit Gold belegtes Strohdach getragen haben. Heute zieren es bemalte Zinnplatten. Die einfache Außenfassade läßt die wundervollen Gemälde und Ikonen im Innern der Kirche nicht vermuten. Bevor sich die Tür für uns öffnet, müssen wir uns der Schuhe entledigen.

Die Gemälde, in kräftigen Farben mit Gold durchsetzt, sollen seit ihrer Entstehung nie restauriert worden sein. Ihre Motive entstammen dem Alten und Neuen Testament sowie der äthiopischen Kirchengeschichte. Da erhebt sich wuchtig der Heilige Trinitatius. Die Decke symbolisiert den Himmel mit vielen kleinen Engelköpfen. Gold gekrönt, von Engeln umgeben, stehen die vierundzwanzig alten Männer der Apokalypse. Ein anderes Bild zeigt den Sturz der Dämonen in die Dunkelheit. Köstlich ist die urwüchsige Darstellung des Teufels. Wir sehen Adam und Eva im Garten Eden, ihre Verbannung aus dem Paradies nach Versuchung und Sündenfall, einige Schritte weiter den Leidensweg Christi, seine Auferstehung, Himmelfahrt sowie das Jüngste Gericht. Die Südwand bedecken Bilder mit Schilderungen aus dem Leben der Jungfrau Maria, mit Mönchen, Nonnen, Patriarchen, Richtern, Königen und hohen Priestern. Gemälde an der Nordwand zeigen die Märtyrer in ihren Qualen. An den zwölf Pfeilern finden wir die zwölf Apostel und die zwölf Erzengel.

»Diese Kirche besitzt die größte äthiopische Sammlung an religiösen Gemälden und Ikonen«, erklärt uns ein junger Mann, der uns durch die Kirche führt. »Leider wurden die liturgischen Einrichtungen und Manuskripte gestohlen und verschleppt. So stand hier ein in Holz gefaßter Altarstein, mit Elfenbein ausgelegt und goldenen Kugeln, die kleine Kreuze trugen. Nach der Chronik des Hofes sollen auch Juwelen, kostbare Steine, Kristallvasen und Goldbrokat zum Schatz der Abtei gehört haben. Als Kaiser Theodros II. Gonder im Jahre 1866 niederbrennen ließ, nahm er viele Werte mit nach Debre Tabor und Mekdela. Niemand weiß, wohin sie nach seinem Tod gelangten.« »Und was verbirgt sich hinter diesem Vorhang?« fragen wir. »Der wird nur zu besonderen Festtagen geöffnet«, kommt die zögernde Antwort. Dann führt er uns durch einen schmalen Gang in den hinteren Teil der Kirche und läßt uns die sehr alten Gemälde bewundern. Auch an den Außenwänden befinden sich durch Stoff verhüllte Kunstwerke, die von der äthiopischen Kirchengeschichte berichten.

»Die Geschichte dieses Landes ist die Geschichte seiner Kirche«, schrieb Farago im Jahre 1935 über Äthiopien und charakterisierte in wenigen Worten die enge Verflechtung der aristokratischen mit den klerikalen Kräften, wenn auch nur auf die christlichen Völkerschaften des Nordens und die äthiopisch-orthodoxe Kirche bezogen. Ursprünglich huldigte man Naturreligionen. Mit der semitischen Einwanderungswelle gelangte Gedankengut des Judaismus und anderer Glaubensformen in das äthiopische Hochland. Schließlich begann sich seit dem fünften Jahrhundert das Christentum auszubreiten, dem heute 50 Prozent der äthiopischen Bevölkerung angehören.

Der Historiker Rufinus weiß zu berichten, daß nach 400 u. Z. der Kaufmann Meropius, ein griechischer Christ, mit seinem Segelschiff in Adulis vor Anker ging. Die Ureinwohner töteten ihn sowie seine Mannschaft und verkauften die beiden Knaben, die er mit sich führte, Frumentius und Aedesius, als Sklaven an den König von Aksum. Von ihrer Bildung sehr beeindruckt, entließ sie der König als Sklaven und nahm sie in seine Dienste. Nach seinem Tod blieben sie als Berater der Königin Sophia und Erzieher ihres Sohnes Ezana in Äthiopien. Sie lehrten am Hofe die christlichen Gebote und beaufsichtigten den Bau von Kirchen. Als der junge König herangewachsen war, baten sie um den Abschied. Frumentius suchte danach den Patriarchen der koptisch-orthodoxen Kirche in Alexandria auf und empfahl, zur Festigung des Christentums einen Bischof nach Aksum zu entsenden. Wegen seiner langjährigen Erfahrungen in diesem Lande weihte ihn der Patriarch zum Bischof. Als solcher kehrte er unter dem Namen Abba Salama, Vater des Friedens, nach Aksum zurück.

Im Ergebnis der theologischen Auseinandersetzungen auf dem Konzil zu Chalkedon 451 u. Z. beharrte die orthodoxe Kirche auf der monophysitischen Lehre, die in Christus nur eine gott-menschliche Natur anerkannte, was schließlich zur Kirchenspaltung führte. In der Mitte des 5. Jahrhunderts kamen neun Mönche monophysitischen Glaubens vermutlich aus Syrien nach Aksum, lehrten die Heilige Schrift, übersetzten die Bibel in das Gees und gründeten zahlreiche Klöster.

Zwei Jahrhunderte später verkündete Mohammed seine Religion, den Islam, unter Einbeziehung jüdischer, christlicher und arabischer Elemente. Dieser Glaube begann sich rasch auf der arabischen Halbinsel auszubreiten und gelangte über das Rote Meer an die Küsten Äthiopiens. Hier fand er unter den nomadisierenden Stämmen viele Anhänger, Moslems, Muselmanen, Gottergebene. Es bildete sich ein islamisches Sultanat nach dem anderen. Unversehens sahen sich die abessinischen Christen, von diesen umzingelt, in der Isolation. Ihre schwärzeste Zeit kam in der ersten Hälfte des 16. Jahrhunderts mit Ahmed Grañ und dem dreißigjährigen Glaubenskrieg, der sie an den Rand ihrer Existenz brachte. Nur sehr mühsam erholte sich das Volk nach diesem Schrecken, doch sein Glaube blieb fest, auch später, als sich katholische Missionare anschickten, ihn zu beseitigen. Seit ihrem Bestehen unterstand die äthiopisch-orthodoxe Kirche dem Patriarchen von Alexandria, der den Bischof, einen Nichtäthiopier, auswählte und in sein Amt einsetzte. So sah es das Reglement vor. Erst unter dem letzten Kaiser erlangte die äthiopische Kirche im Jahre 1959 ihre Unabhängigkeit.

Die enge Bindung zwischen der orthodoxen Kirche und kaiserlicher Macht reflektiert sich auch in dem Gesetzeswerk »Feta Negest«. In der Mitte des 13. Jahrhunderts von Al Assad Ibn Al Arsal aufgeschrieben, behielt es in seinen Grundzügen Gültigkeit bis zum Jahre 1958. Sein erster Teil umfaßt mit 22 Kapiteln das Kirchenrecht, der zweite mit 23 Kapiteln das Zivilrecht und der dritte in sieben Kapiteln das Strafrecht. Hier spielte die alte Regel »Auge um Auge, Zahn um Zahn« eine wichtige Rolle. Ein weiteres, sich im Klosterschatz befindliches, hervorragendes Werk ist eine Art historischer Roman, »Kebra Negest« – »Die Herrlichkeit der Könige«, der im Leben und in der Kultur der äthiopischen Christen etwa die gleiche Rolle spielte wie das Alte Testament bei den Juden. In einer Mischung von Sage und Überlieferung wird von der Vergangenheit dieses Volkes, besonders aber von den Taten seiner Könige und Fürsten erzählt.

11

Der Reiche hat Honig,
der Arme hat Kraut.

Ethiopia Tikdem!

Am Anfang des 20. Jahrhunderts existierte Äthiopien bereits in seinen heutigen Grenzen. Während jedoch Teile des Feudaladels, der Großgrundbesitzer und des Klerus eine Aufsplitterung der Macht zugunsten einer Kleinstaaterei betrieben, forderten die heranwachsende Handelsbourgeoisie und eine große Zahl junger Intellektueller eine starke Zentralregierung. Sie schlossen sich in der Bewegung »Äthiopische Jugend« unter Führung von Ras Teferi, der in der Zwischenzeit zum Negus von Schewa avanciert war und als Regent neben der Kaiserin Zauditu agierte, zusammen. Ein erster Erfolg ihrer Bestrebungen stellte sich mit der Krönung des Regenten zum Kaiser unter dem Namen Haile Selassi I. am 1. April 1930 ein.

Im Gegensatz zur Mehrheit des Feudaladels zählte Haile Selassi I. zu den aufgeklärten Politikern des Landes, und es wäre ungerechtfertigt, sein ernsthaftes Bemühen um soziale Veränderungen in Äthiopien zu negieren. Dennoch setzten ihm seine Herkunft und Erziehung Schranken. Bereits unter seiner Regentschaft fand Äthiopien im Jahre 1923 Aufnahme in den Völkerbund. Seine Innenpolitik richtete sich gegen die Dezentralisierungsbestrebungen der Feudalaristokratie, die ihrer lokalen Macht nicht verlustig gehen wollte. Einigkeit innerhalb der herrschenden Klasse aber gab es hinsichtlich der Aufrechterhaltung des feudalen Systems. Nach der Krönung von Haile Selassi I. wurde in der ersten, im Jahre 1931 dekretierten Verfassung des Landes die zentrale Regierungsgewalt des Kaisers festgeschrieben. Dagegen mußte die vorgesehene Bildung eines Parlaments mit zwei Kammern zunächst als Gegensatz erscheinen. Indessen war die Macht des Monarchen in keiner Weise angefochten, denn er ernannte die Senatoren und setzte sie auch wieder ab. Die Abgeordneten stellte der Feudaladel. So bedeutete dieses »Zierparlament« nichts anderes als eine Retusche am Feudalsystem, darauf gerichtet, es in der Welt salonfähig zu machen. Im Gegensatz zu den vorangegangenen Kaisern hatte er seine Macht so gefestigt, daß gegen Ende der zwanziger Jahre die ausländische Presse besonders hervorhob, der Regent Ras Teferi sei der erste Herrscher Äthiopiens, der es wage, sein Land zu verlassen, um nach Europa zu reisen, ohne während seiner Abwesenheit einen Umsturz befürchten zu müssen.

Bereits zu Ausgang des 19. Jahrhunderts mußte sich der äthiopische Staat vor allem der kolonialistischen Bestrebungen Italiens erwehren. Obwohl die Italiener in der Schlacht bei Adwa eine vernichtende Niederlage hinnehmen mußten, konnten sie ihre Herrschaft in der Nordprovinz Eritrea behaupten. Anfänglich gelang es Kaiser Haile Selassie I., die unterschiedlichen Interessen der imperialistischen Großmächte Europas für die Sicherung der politischen Unabhängigkeit seines Landes und seiner persönlichen Macht auszunutzen. Später versagte mit dem Erstarken des Faschismus in Europa und der Beschwichtigungspolitik der europäischen Großmächte diese Taktik.

Trotz der Unterzeichnung eines Nichtangriffspaktes waren italienische Einheiten bereits 1930 von Südosten aus bis Welwel im Ogaden vorgedrungen. Der äthiopische Kaiser bemühte sich, mit Hilfe des Völkerbundes eine italienische Invasion abzuwenden. Doch seine Hoffnungen erwiesen sich im politischen Spiel der europäischen Großmächte als trügerisch. Am Morgen des 3. Oktober 1935 überschritten drei italienische Armeekorps mit zehn Divisionen ohne vorherige Kriegserklärung von Eritrea aus die äthiopische Grenze. Unzureichend vorbereitet, schlecht bewaffnet, leisteten die äthiopischen Einheiten gegen die Übermacht des Aggressors heroischen Widerstand. Als es ihnen im Dezember 1935 in einer Gegenoffensive gelang, das Vordringen der Italiener zu stoppen, teilweise die Front sogar zurückzudrängen, griffen die Faschisten zu einem teuflischen Mittel. Den bisher abgeworfenen Spreng- und Brandbomben boten sowohl die lose Gefechtsordnung der äthiopischen Truppen als auch die gestreute Siedlungsform der Bergbewohner nur begrenzte Ziele. Doch nun regneten die Geschwader statt Bomben ein öliges, farb-, geruch- und geschmackloses Chemikal über die Stellungen und Siedlungen im Hinterland ab. Das Landvolk spürte bald dessen für sie unerklärliche Wirkung: ein Brennen in den Augen, schnell voranschreitende Hautentzündungen, Erstickungsanfälle. Hilflos taumelten Frauen, Kinder und Greise, halb erblindet, von Schmerzen gepeinigt, in den Siedlungen umher. Hilfe durch Ärzte gab es in diesem rückständigen Feudalstaat kaum. Viele der Bergbewohner erblindeten für immer, über 290 000 starben unter Qualen. Dieses Verbrechen an wehrlosen Menschen geschah, obwohl Italien am 17. Juni 1926 das internationale Verbot der Anwendung von Giftgas in Genf unterzeichnet hatte.

Gegen die technische Übermacht Italiens konnte der Patriotismus der

Äthiopier allein nichts ausrichten. Die europäischen Großmächte versagten ihnen jede Unterstützung. Hinzu kam der Verrat aus den Reihen der äthiopischen Aristokratie. So lief beispielsweise der Schwiegersohn des Kaisers, Haile Selassie Gugsa, der über 20 000 Quadratkilometer Land besaß, in der Hoffnung auf die Kaiserkrone acht Tage nach Kriegsbeginn zu den Faschisten über.

Es kam der 5. Mai 1936, ein schwarzer Tag in der Geschichte Äthiopiens, der Tag, an dem die faschistischen Truppen in Addis Abeba einmarschierten. Drei Tage vorher hatte der Kaiser mit seiner Familie über Djibouti das Land und sein Volk verlassen. Der nur sieben Monate währende Feldzug kostete rund 300 000 Äthiopiern das Leben. Indessen konnte sich König Victor Emanuel von Italien stolz mit dem zusätzlichen Titel »Kaiser von Abessinien« schmücken. Verräter, wie Ras Hailu, Ras Kebede, Ras Gebre Hiwot und Bischof Kyril, versicherten ihn aus selbstsüchtigen Erwägungen ihrer Loyalität, während Ras Imru, Ras Desta und viele tausend Patrioten ihr Leben für die Freiheit ihres Volkes einsetzten.

Mit dem Einmarsch der faschistischen Truppen in die Hauptstadt war der Widerstand des äthiopischen Volkes keineswegs gebrochen. Versprengte Einheiten sammelten sich in den Bergen, um von dort aus ihre Angriffe gegen den Aggressor zu starten. Was die wehrlose Bevölkerung, besonders die der Hauptstadt und anderer größerer Städte, erleiden mußte, läßt sich kaum in wenigen Sätzen schildern. Mit aller Brutalität sollte jede Befreiungsbewegung im Keime erstickt werden. Nachdem am 19. Februar 1937 ein Bombenanschlag auf den italienischen Marschall Graziani fehlschlug, veranstalteten die Schwarzhemden ein Massaker unter der Bevölkerung, dem allein in der Hauptstadt 30 000 Menschen, vorwiegend Intellektuelle, zum Opfer fielen. Darüber hinaus waren im ganzen Land Strafexpeditionen gegen die wehrlose Bevölkerung an der Tagesordnung.

Inzwischen hatte in Europa der zweite Weltkrieg begonnen, der sich auch im ostafrikanischen Raum bemerkbar machte. Italienische Truppen drangen in den Sudan, nach Kenia und Britisch-Somaliland vor und zwangen die alliierten Verbände, einen Gegenschlag vorzubereiten. Unter der Bezeichnung »Mission 101« setzte sich die britische Heeresführung im August 1940 mit äthiopischen Partisanen bei Fugate in Verbindung. In kurzer Zeit gelang es den Partisaneneinheiten, mit abgeworfenen englischen Waffen ausgerüstet, den größten Teil der Region Gojam zu befreien. Die Generaloffensive der Alliierten begann. Von Kenia aus marschierte im Januar 1941 General Cunningham mit seinen Truppen in Italienisch-Somaliland ein und besetzte im März Dire Dawa. Gleichzeitig drang General

Platt vom südlichen Sudan aus nach Eritrea vor und befreite die nördlichen Gebiete Äthiopiens. Am 18. Januar 1941 überschritt, begleitet von Oberst Wingate, der Kaiser mit 2 000 Mann die äthiopisch-sudanesische Grenze in der Nähe der Ortschaft Omedla. Diese Nachricht stimulierte in vielen Teilen des Landes die Aktionen der Partisanen. Es kam zum allgemeinen bewaffneten Aufstand, der den alliierten Truppen schnelle Erfolge und ein rasches Vordringen sicherte. Gemeinsam mit britischen Truppen besetzten Partisanen am 6. April 1941 die Hauptstadt – Victory Day! Unter diesem Namen zählt er zu den nationalen Feiertagen Äthiopiens.

Der Krieg war zu Ende, verwüstet lagen Äcker und Dörfer, von Bomben zerstörte Teile der Städte. Reichlich 5 Prozent der Bevölkerung kamen ums Leben: 300 000 verhungerten, rund 300 000 Frauen, Kinder und Greise gingen durch Giftgas zugrunde, etwa 50 000 starben in Konzentrationslagern. Hinzu kamen 55 000 Opfer durch Repressalien und Mord, 300 000 Gefallene sowie zahllose Krüppel. Wieder einmal war, wie schon so oft in der Geschichte dieser Völkerschaften, ein Neubeginn vonnöten. Teuer wurde auch die Befreiung erkauft. Im politischen Vertrag wie in der militärischen Konvention von 1942 erzwang Großbritannien Privilegien, die die Souveränität Äthiopiens in hohem Maße einschränkte.

Obwohl das äthiopische Volk mehr als des Friedens bedurfte, flammten die innenpolitischen Differenzen der Feudalaristokratie erneut auf. Die Situation verlangte nach Reformen, aber es fehlten die dazu fähigen Kader. Im Jahre 1950 rebellierten die Bauern in Gojam, gegen Ende der fünfziger Jahre die im Süden des Landes. Ein Gesetz zur »Agrarreform« mit Herabsetzung der jährlichen Pachtzahlung sollte Erleichterung bringen. Der Senat legte im Parlament sein Veto ein und brachte das Gesetz zu Fall. Dem Volk blieb nur das Versprechen des Kaisers, weiterhin für »seine Bauern zu kämpfen«. Konnte der Zynismus größer sein?

Der erste ernst zu nehmende Versuch eines Staatsstreiches durch junge Offiziere und Intellektuelle erfolgte im Dezember 1960 und ging unter der Bezeichnung »Dezemberrevolution« in die Geschichte Äthiopiens ein. Er mißlang. Die Widersprüche nahmen zu. Es kam zu Unruhen an der Universität. Sie wurde geschlossen. Nach dem Muster der »verbrannten Erde« erstickte die kaiserliche Armee gewaltsam Aufstände in Eritrea. Das wohl erschreckendste Ereignis, das den Zynismus, die Raffgier und Menschenverachtung der damals herrschenden Kreise Äthiopiens charakterisiert, war die Hungersnot von Welo-Tigray in den Jahren 1971 bis 1974, die rund 200 000 Menschenopfer forderte. Erschütternd klingen die Berichte, die nachträglich zusammengestellt wurden. Eine mehrjährig anhaltende Trokkenheit hatte zu Mißernten und Massensterben des Viehs geführt, denen eine katastrophale Hungersnot folgte. An Solidarität aus dem Ausland fehlte es nicht, doch die eintreffenden Spenden landeten selten im Katastrophengebiet, sondern zum großen Teil in den Händen von Spekulanten aus dem Kreis der korrupten Regierung. Zunehmende Verschärfung der Ausbeutung und weitreichende Korruption charakterisierten die Lage des Landes am Vorabend der Nationaldemokratischen Revolution.

Der neue Weg Als nach dem Sturz des Kaisers der Provisorische Militärische Verwaltungsrat (PMAC) die Macht übernimmt, organisieren Feudaladel und Großgrundbesitzer konterrevolutionäre Banden, um ihre Macht zurückzuerlangen. In Eritrea bekämpfen Sezessionisten unter den Namen »Befreiungsfront Eritrea« und »Volksfront von Eritrea« die neue Ordnung. Auch im Derg, dem Zentralkomitee des PMAC, gehen die Auffassungen und Meinungen über den einzuschlagenden Entwicklungsweg auseinander. Es gibt Kollaborateure, die mit dem Feudaladel paktieren und die im November 1974 hingerichtet werden.

Imperialistische Geheimdienste versuchen Fuß zu fassen. Aufmerksam registrieren ihre Auftraggeber die revolutionäre Entwicklung. In der Republik Somalia finden sie einen Verbündeten. So marschieren im Juli 1977 somalische Truppen im Osten Äthiopiens ein. Sie stoßen auf einen völlig unvorbereiteten Gegner, auf ein Volk, das sich gerade anschickt, seine sozialen Verhältnisse neu zu ordnen. Unter diesen Bedingungen gelingt es den gut ausgerüsteten zwölf somalischen Infanteriebrigaden mit Unterstützung von Panzern und Kampfflugzeugen bis gegen Ende des Jahres 1977, etwa 320 Kilometer in äthiopisches Territorium vorzudringen. Große Teile des Ogaden befinden sich in ihrer Hand, Jijiga in ihrer Gewalt. Kurz darauf stehen sie vor den Toren von Harer und Dire Dawa. Doch die revolutionäre äthiopische Armee hat sich mit internationalistischer Unterstützung zum Gegenstoß formiert. Der Aggressor muß sich zurückziehen.

Unter welch komplizierten Bedingungen die Bauern dieses Gebietes die erste Ernte nach dem Krieg, für sie unschätzbar wertvoll, einbringen, erleben wir Anfang 1979 in der Staatsfarm Alamahr bei Jijiga. Während die Mähdrescher auf den Sorghumfeldern ihre Bahnen ziehen, riegeln Hunderte von Milizionären den gesamten Komplex von etwa zehn Hektar ab, sichern mit schußbereiten Waffen den Einsatz von Mensch und Technik. Ein Jahr später, von März bis Juli 1980, dringen erneut somalische Einheiten in Bataillonsstärke fast einhundert Kilometer in äthiopisches Gebiet vor. Sie werden von der äthiopischen Armee vernichtet.

Im Norden des Landes erreichen zur gleichen Zeit die Aktionen der Sezessionisten ihren Höhepunkt. Von ausländischen Mächten finanziert, fordern diese konterrevolutionären Gruppierungen die Loslösung Eritreas von Äthiopien und die Bildung eines selbständigen Staates. Die Bevölkerung ist durch ihren permanenten Terror eingeschüchtert. Noch Ende 1981 liegen große Teile der fruchtbaren Felder brach, stehen die Fabriken verwaist, zerschossen, können die Straßen nur unter Gefahr befahren werden. Um diesen Zuständen ein Ende zu bereiten, leitet die revolutionäre Regierung zu Beginn des Jahres 1982 eine große Aufbaukampagne in Eritrea unter der Losung »Roter Stern« ein. Dazu gehört auch eine bedeutende Konferenz vom 25. bis 31. Januar in Asmera, der Regionalhauptstadt, an der Vertreter der Gewerkschaft, der Bauernvereinigung, der Jugend- und Frauenbewegung, der Bürgerschaft der Städte und zahlreicher anderer gesellschaftlicher Organisationen sowie religiöser Vereinigungen und ethnischer Gemeinschaften teilnehmen. Im »Asmera-Manifest« sind die Ergebnisse dieser Beratung zusammengefaßt, die, abgeleitet von der historischen Entwicklung, die Aufgaben und Ziele in naher und ferner Zukunft erläutern.

Große Ereignisse werfen ihre Schatten voraus. In den letzten Wochen herrscht im College und den umliegenden Gemeinden eine rege Betriebsamkeit. Vertreter der Regionalverwaltung aus Harer besuchen das College häufiger als sonst. Es wird beraten, diskutiert, gemunkelt. Am Morgen des 15. Juni 1980 verabschieden wir den Dekan unserer Hochschule als Delegierten des I. COPWE-Kongresses, der ersten Tagung der Kommission zur Organisierung der Partei der Werktätigen Äthiopiens, an der 1 500 Vertreter aller Regionen, Massenorganisationen und gesellschaftlichen Bereiche des Landes teilnehmen. Wir sind stolz darauf, daß unser Dekan mit zur Gruppe der fortschrittlichen Intellektuellen gehört, deren Meinung im Derg gefragt ist.

Anläßlich dieser landesweiten Beratung zieht der Vorsitzende der PMAC und COPWE, Mengistu Haile Mariam, Bilanz über die Ereignisse seit Beginn der Revolution. Mit eindrucksvollen Worten erinnert er an die Auseinandersetzungen mit der »Demokratischen Union« (EDU), in der sich die ehemals herrschenden Kreise mit dem Ziel zusammenschlossen, die einstigen Machtverhältnisse zu restaurieren. Auch die »Revolutionäre Volkspartei Äthiopiens« (EPRP), die großen Zuspruch unter den Jugendlichen fand, zeigte bald ihren anarchistisch-terroristischen Charakter und wechselte auf die Seite der Konterrevolution. Im Norden bedrohten die Sezessionisten, im Osten die somalischen Aggressoren die Revolution. Unter der

Losung »Revolutionäres Vaterland oder Tod« rief der PMAC zum bewaffneten Widerstand gegen die Feinde der Revolution auf, dem 300 000 ehemalige Soldaten spontan folgten. Mit der allgemeinen Mobilmachung griff das ganze Volk zu den Waffen, um die Heimat zu verteidigen.

Obwohl bereits das Büro zur Organisierung der Volksmassen (PMOA) und die politische Schule »Yekatit 66« bestanden, bedurfte es für den revolutionären Aufbau des Landes einer Avantgarde, einer führenden Partei. Ausgangspunkt dafür sollte der Zusammenschluß fortschrittlicher Organisationen in der »Union äthiopischer marxistisch-leninistischer Organisationen« (EMALEDH), auch »Gemeinsame Front« (CFEMLO) genannt, sein. Bald zeigten sich jedoch erhebliche ideologische Diskrepanzen zwischen den einzelnen Gruppierungen, die es dem PMAC für sinnvoller erscheinen ließ, der Revolution ergebene Kämpfer um eine zentrale Führung zu scharen. Diese Entscheidung findet ihren Ausdruck in der Proklamation vom 17. Dezember 1979 über die Gründung der Kommission zur Organisierung der Partei der Werktätigen (COPWE).

Um diese Zeit kehren wir von einer längeren Reise, die uns quer durch das Land führte, zurück. Überall sind die Häuser in den Kleinstädten und Dörfern entlang der Fernverkehrsstraße festlich geschmückt, ihre Bewohner in Festtagskleidung auf den Marktplätzen oder Sportanlagen versammelt. In einem Satz: das ganze Volk ist auf den Beinen. Erst in Harer gelingt es uns, etwas mehr über die Ursache dieser Aktionen zu erfahren. In den folgenden Wochen weisen die »Abyot«-Foren regen Besuch auf, denn hier wird die genannte Proklamation erläutert, den Werktätigen nahegebracht, auch bei uns im College. In diesen Foren berichten auch die Delegierten des 1. Kongresses der COPWE über ihre Eindrücke, über die gestellten Aufgaben und abgesteckten Ziele.

Auf dem 2. Kongreß der COPWE vom 3. bis 6. Januar 1983 in Addis Abeba informiert der Vorsitzende über das große Interesse und den starken Zustrom aus den Reihen der Arbeiter, die sich um die Mitgliedschaft beworben haben, über die Ausbildung von 3 000 Mitgliedern in der politischen Schule »Yekatit 66«. Die 1 950 Delegierten aus allen Regionen und gesellschaftlichen Bereichen beschließen einstimmig, bis zum 10. Jahrestag der Revolution im September 1984 aus der COPWE eine marxistisch-leninistische Avantgarde hervorgehen zu lassen. Doch bis dahin gilt es, noch viele Probleme anzupacken, Fragen zu beantworten, die Werktätigen, vor allem aber die Jugend in Stadt und Land zu mobilisieren.

Ein Fest in Alem Maya Schon Wochen vor dem 1. Mai 1980 begannen die Vorbereitungen für diesen Tag. Der Vorsitzende der Jugendorganisation hatte uns eingeladen, die Aktivitäten der jungen Äthiopier in Augenschein zu nehmen. »Euer Besuch würde für viele ein Ansporn sein«, bat er uns. So fahren wir an einem Sonntag nach Bati. Hunderte von Jugendlichen aller Altersgruppen arbeiten emsig auf dem großen Gelände neben der Schule, wo ein Sportplatz entstehen soll. Während eine Planierraupe die hängige Fläche einebnet, graben die älteren Jungen und Mädchen Löcher in den Boden, setzen Zaunsäulen, die mit Maschendraht verbunden werden. Jeder hat sich sein Werkzeug selbst mitgebracht, eine Hacke, ein Stemmeisen, eine Blechbüchse, und wer nichts hat, nimmt die bloßen Hände. Die Kleineren sammeln von dem bereits eingeebneten Teil Steine und schichten sie seitlich auf. Damit die Arbeit Spaß bereitet, unterhält eine Kulturgruppe das fleißige Treiben mit Kampfliedern.

Unser Begleiter, der gleichzeitig Lehrer in der Schule von Bati ist, fährt mit uns nach Alem Maya weiter. Hier bauen junge Männer aus Knüppelholz, verflochten mit Baststreifen, ein Gebäude für die Literacy Campaign und für Diskussionsforen. Weiter geht es nach Awadaya, dem nächsten Einsatzort. Wochentags agiert der kleine Ort als Umschlagplatz für Chat. Heute stehen auf dem Gemeindeplatz abseits der Hauptstraße Zelte mit Tischen und Bänken. Gegen ein Entgelt gibt es hier alkoholfreie Getränke, Injera und Wot. So etwas wirkt attraktiv und lockt auch die Jugendlichen aus entfernteren Siedlungen. Die Kulturgruppe singt und tanzt. Und wer sich gestärkt hat, geht an die Arbeit. In Vorbereitung auf die Regenzeit müssen verschlammte Straßengräben ausgehoben werden, um den Wassermassen freien Lauf zu geben. Auch die Reparatur beschädigter Häuser sowie die Säuberung und Befestigung der hängigen Gassen stehen an.

Im Städtchen Alem Maya finden wir den Fußballplatz als Festwiese vor, geschmückt mit Transparenten, Tafeln und Bildern führender Persönlichkeiten. Die Mitte beherrscht ein großes, hölzernes Podium, davor stehen unter einem Zeltdach die Bänke für die Ehrengäste. Am frühen Morgen sammeln sich im weiten Rund um die Festwiese viele Frauen und Kinder auf den flachen Wällen, um beim Festaufmarsch dabeizusein. Und da kommen sie auch schon, die Demonstranten, begleitet vom Schlag der Trommeln. Die Spitze bildet eine Delegation der Kebele von Alem Maya mit grünen Mützen und gelben Hemden, mit Transparenten und Bildtafeln. Ihnen folgen in roten oder grünen Overalls die Mitglieder der Jugendorganisation und in farbenfreudigen Kleidern die der Frauenvereinigung. Auch der alte Traktor des College, geschmückt mit grünen Zweigen, Losungen und Symbolen, ist dabei. Am Eingang zur Festwiese scheint er ein kleines Problem zu haben, denn mit seinem hohen Aufbau kommt er unter dem quergespannten Transparent nicht hindurch. Unter allgemeiner Heiterkeit rangiert der Fahrer vor und zurück, bis einige Männer die Lage erkennen. Mit vereinten Kräften werden die Stangen, die das Hindernis tragen, aus dem Boden gezogen und anschließend unter dem Applaus des Publikums wieder eingerammt, unkompliziert, wie so manches hier geregelt wird.

Die Stimmung hat Hochform erreicht. Unter Beifallsrufen und dem vielstimmigen, hohen, langgezogenen »Hulululu« der Frauen marschieren die Gruppen der Bauernorganisationen aus der näheren und weiteren Umgebung in den Kreis, danach die Arbeiter und Angestellten des College, Tesfaye, Theodros, Zewdie und wie sie alle heißen. Höhepunkt und Ende der Demonstration bildet der Einmarsch der militärischen Einheiten. Kurze Befehle ertönen, Augen rechts und im Paradeschritt geht es an der Ehrentribüne vorbei. Ein junger Mann springt auf das Podium, greift zum Mikrofon ruft eine Losung nach der anderen in die Runde. Laut wiederholen oder beantworten die Zuschauer seine Worte. Dann wechseln in bunter Reihenfolge die Darbietungen der verschiedenen Kulturgruppen mit kurzen Ansprachen der Vertreter des Stadtrates, der Jugend- und Frauenorganisation. Wir erkennen die Jungen und Mädchen aus Bati wieder. Hinzu kommen Singe- und Tanzgruppen der Schule aus Alem Maya sowie der Kebele und der Bauernvereinigungen. Laut oder gedämpft ertönen die Trommeln, springen nackte Füße im Tanz, blitzen die schwarzen Augen.

Zaghaft steigt die Vertreterin der Frauenorganisation auf das Podium. Mit leiser Stimme beginnt sie, man merkt ihr an, daß ihr das Reden vor solch einem großen Publikum schwerfällt. »Hulululu ...«, machen ihr Hunderte Mut. Sie lacht, spricht dann frei und ungehemmt. Weiter läuft das Programm, da marschieren erneut einige Formationen der Bauernvereinigungen ein, allen voran unser Freund Tessema aus der Genossenschaft Finkele. Ihr langer Weg, etwa 15 Kilometer zu Fuß, entschuldigt die Verspätung. Tessema, ein sympathischer, aufgeschlossener Mann, der mit Tatkraft und Ungeduld dem neuen Leben zum Durchbruch verhelfen möchte, nimmt das Mikrofon: »Enashenefalen!« »Wir werden siegen!« »Eneteraterem!« »Wir zweifeln nicht daran!« erschallt die tausendfache Antwort.

Inzwischen sind einige Jahre vergangen. Mit großem Interesse verfolgen

wir die weitere Entwicklung in Äthiopien, freuen uns über die Erfolge in diesem Land, in dem wir viele Freunde gewannen. Das Jahr 1984 hat seinen Lauf genommen. Am Vorabend der Feierlichkeiten zum 10. Jahrestag der Revolution reisen fast 2 000 Delegierte aus allen Teilen des Landes in die Hauptstadt, um am Gründungstag der Arbeiterpartei Äthiopiens (APÄ), der marxistisch-leninistischen Avantgardepartei, teilzunehmen. Begeistert umjubeln sie am Ende des Kongresses ihren gewählten Generalsekretär Mengistu Haile Mariam. Ein Stück Revolution, ein Stück konsequenter politischer Arbeit findet damit seinen Abschluß, die vorgelegte Direktive zum Zehnjahrplan der ökonomischen und sozialen Entwicklung ihren Anfang.
Ethiopia Tikdem! – Äthiopien voran!

Die Schreibweise geographischer Begriffe basiert auf dem von der Ethiopian Mapping Agency im Jahre 1981 herausgegebenen Atlas.

Inhaltsverzeichnis